ADMINISTRAÇÃO DE RECURSOS HUMANOS

ADMINISTRAÇÃO DE RECURSOS HUMANOS

Organizador
Miguel Vizioli

PEARSON

São Paulo

Brasil   Argentina   Colômbia   Costa Rica   Chile   Espanha
Guatemala   México   Peru   Porto Rico   Venezuela

2010 by Pearson Education do Brasil

Todos os direitos reservados. Nenhuma parte desta publicação poderá ser reproduzida ou transmitida de qualquer modo ou por qualquer outro meio, eletrônico ou mecânico, incluindo fotocópia, gravação ou qualquer outro tipo de sistema de armazenamento e transmissão de informação, sem prévia autorização, por escrito, da Pearson Education do Brasil.

Diretor editorial: Roger Trimer
Gerente editorial: Sabrina Cairo
Supervisor de produção editorial: Marcelo Françozo
Editores: Jean Xavier e Silvana Afonso
Redação: Thelma Guimarães
Revisão: Renata Siqueira de Campos
Capa: Alexandre Mieda
Editoração eletrônica e diagramação: Globaltec Artes Gráficas Ltda.

Dados Internacionais de Catalogação na Publicação (CIP)
(Câmara Brasileira do Livro, SP, Brasil)

Administração de RH / Miguel Vizioli -- São Paulo : Pearson Education do Brasil, 2010.

ISBN 978-85-7605-576-1

1. Administração de pessoal I. Título.

09-12523	CDD-658.3

Índice para catálogo sistemático:
1. Administração de recursos humanos : Administração de empresas 658.3

2ª reimpressão — abril 2012
Direitos exclusivos para a língua portuguesa cedidos à
Pearson Education do Brasil,
uma empresa do grupo Pearson Education
Rua Nelson Francisco, 26
CEP: 02712-100 — Limão – São Paulo – SP
Fone: (11) 2178-8686 – Fax: (11) 2178-8688
e-mail: vendas@pearson.com

SUMÁRIO

Prefácio vii
Apresentação ix

Parte I **Conhecendo RH**
Capítulo 1   Visão geral
Introdução 4
Evolução histórica no mundo 4
Evolução histórica no Brasil 15
O profissional de RH hoje 18
O processo de ARH 22

Parte II **Planejando RH**
Capítulo 2   Planejamento de pessoas
Introdução 32
Planejamento organizacional *versus* planejamento de recursos humanos 32
Metodologia de planejamento 44

Capítulo 3   Planejamento de cargos
Introdução 60
Análise, descrição e especificação de cargos 60
Métodos para coleta de dados 70

Parte III **Recrutamento e seleção**
Capítulo 4   Recrutamento
Introdução 82
Fontes de recrutamento 82
Políticas e processos de recrutamento 90

Capítulo 5 Seleção
Introdução 98
    O processo de seleção 98
    Técnicas de seleção 112

Parte IV T&D e remuneração

Capítulo 6 Administração de pessoas
Introdução 134
    Motivação 134
    Treinamento e desenvolvimento 148

Capítulo 7 Administração de cargos e salários
Introdução 166
    Conceitos básicos 166
    Elaboração do plano de cargos e salários 168
    Remuneração variável 180
    Benefícios 184
    Tendências em remuneração 185

Parte V Avaliando RH

Capítulo 8 Avaliação de pessoas
Introdução 196
    Avaliando competências, desempenho e potencial 196
    Ferramentas de avaliação 211
    Estratégias para implantar sistemas de avaliação 215

Capítulo 9 Avaliação da gestão de pessoas
Introdução 222
    Balanced scorecard 222
    Indicadores de desempenho em RH 227

Apêndice A Segurança e saúde no trabalho (SST) e qualidade de vida no trabalho (QVT)
Segurança e saúde no trabalho (SST) 240
Proteção legal 240
Proteção voluntária: o Sistema de Gestão em Segurança e Saúde no Trabalho (SGSST) 247
Qualidade de vida no trabalho (QVT) 248

Apêndice B Direito e relações trabalhistas
Particularidades do nosso direito trabalhista 254
Glossário 256

PREFÁCIO

Este é um livro que chega no momento exato! É assim que o vejo. Quando convidado a fazer consultoria técnica, fiquei preocupado se não seria mais um livro sobre recursos humanos cheio de capítulos confusos, simples demais ou complexo demais. Errei! A Pearson foi muito feliz e perspicaz ao conseguir ficar em um meio termo bastante esclarecedor para aqueles que estão iniciando na área e também repleto de conceitos valiosos para aqueles que já atuam em RH.

Trabalho na área de RH há 30 anos, atuando em empresas de diversos campos e tamanhos, tanto como empregado quanto como consultor; faço e ministro diversos cursos desta área e confesso que jamais havia lido um livro que condensasse tão logicamente os conhecimentos e práticas desse campo fértil. Tarefa nada fácil, já que imensa é sua história e inúmeras são suas teorias.

Quando encontro pessoas que estão ingressando na área de recursos humanos, tendo a sentir certa compaixão, pois há muito a aprender, mas pouca bibliografia bem estruturada para facilitar essa jornada de aprendizagem! O que esses ingressantes encontrarão neste livro facilitará muito o processo de assimilação, pela sua forma, por seus conceitos e por propor discussões e pesquisas práticas. Seus capítulos, além da linguagem acessível, possuem dados atuais, apresentados por meio de textos extraídos de jornais e revistas, perguntas de discussão que ampliam seu conteúdo e um resumo dos principais pontos abordados.

Para os mais experientes, esta obra preenche uma importante lacuna, na medida em que oferece uma linha que consolida as principais teorias, descobertas e práticas de RH, o que não é tarefa fácil, tendo em vista o vasto número de livros nessa categoria. Apenas a título de exemplo, ele oferece os principais conhecimentos e eventos que trouxeram evoluções significativas na área sem perder tempo com questões pouco relevantes.

Organizado em capítulos apresentados em uma sequência que facilita a aprendizagem do leitor, o livro começa com uma visão geral da área e vai até a avaliação de pessoas (e de suas competências), passando por temas tradicionais, como recrutamento, seleção, treinamento e remuneração, por meio de capítulos objetivos e claros, trazendo conceitos e práticas que facilitam o dia a dia dos profissionais e estudantes. Além disso, pode ser usado como uma guia para quem deseja implantar ou reestruturar uma área de RH, como também por alunos e professores como método de ensino desta arte.

"De fato, a preocupação em coordenar a capacidade de trabalho das pessoas nasce naturalmente em qualquer grupo social. Mas foi somente nos últimos cem anos que essa atividade ganhou estudos e teorias específicas".

O parágrafo anterior expressa a natural necessidade humana de gerir pessoas, considerada por muitos a tarefa mais difícil e espinhosa dentro de qualquer organização. E com razão! Todos nós, mesmo que não atuemos diretamente em RH, já passamos poucas e boas ao procurar organizar pessoas para alcançar determinado fim. Ora, as pessoas são diferentes e, como tal, exigem tratamentos diferentes. Não é mais concebível em nosso tempo acreditar e atuar dentro de um padrão rígido de administração de RH, pois hoje é impossível gerir pessoas de maneira improvisada e intuitiva.

Apesar de ter dedicado vários momentos de minha vida a discutir e escrever sobre este apaixonante tema, sinto-me bastante influenciado e animado com este livro, e creio que o leitor vai descobrir, como eu descobri, que a área de RH, como bem descreve este livro, é complexa, mas, se bem conduzida, segundo algumas técnicas e preceitos aqui explicados, torna-se uma das mais gratificantes ações humanas! Alcançar objetivos perenes em um ambiente saudável, de apreciação e respeito, em que a autoestima é valorizada, com gente satisfeita e feliz, é tudo que qualquer pessoa, profissional de RH ou não, deseja! Os ambientes de trabalho podem ser transformados em uma local onde as pessoas podem expressar o que têm de melhor, trazendo uma produtividade excepcional.

Boa leitura!

Miguel Vizioli
Psicólogo, professor e coach.

APRESENTAÇÃO

Em algum momento da vida estudantil, todos nós já tivemos um professor inesquecível. Alguém capaz de tornar atraentes os mais áridos temas, lançando mão de exemplos e imagens instigantes. Esse professor especial tinha o dom de falar com simplicidade sobre coisas complicadas. Não porque desrespeitasse nossa inteligência, nem porque caísse na armadilha da simplificação. Mas porque sabia que palavras claras são sinal de respeito pelo interlocutor. Como escreveu o filósofo Friedrich Nietzsche em *A gaia ciência*: "Aquele que se sabe profundo esforça-se por ser claro, aquele que deseja parecer profundo à multidão esforça-se para ser obscuro".

O professor que ficou gravado na nossa memória buscava, ainda, o equilíbrio entre o saber teórico dos livros e o saber prático do cotidiano, que dia após dia revisa e atualiza o anterior. Acima de tudo, era um professor que valorizava nosso conhecimento prévio e, guiando-nos com paciência pelos novos conteúdos, fazia com que nos sentíssemos capazes de superar as dificuldades e aprender sempre mais.

Nós, da Pearson Education do Brasil, também tivemos professores assim. E foi com inspiração neles que criamos a **Academia Pearson**, uma coleção de livros-texto que apresentam os mais importantes conteúdos curriculares do ensino superior de um jeito diferente. Leve e atraente, porém fundamentado na mais rigorosa pesquisa bibliográfica. Claro e didático, porém tão aprofundado quanto exige o debate universitário. Sintonizado com as mais recentes tendências, mas sem deixar de lado os saberes tradicionais que resistiram à passagem do tempo.

Outro diferencial importante da Academia Pearson é que seus livros foram pensados especificamente para o graduando brasileiro. Isso vem preencher uma importante lacuna no mercado editorial, que até agora só oferecia duas opções. De um lado, os livros-texto estrangeiros (a maioria norte-americanos), muitos deles excelentes, mas elaborados para uma realidade diferente da nossa. Tal limitação tornava-se particularmente grave nas áreas em que é preciso conhecer leis, mercados, regulamentos ou sistemas oficiais que variam de país para país. Do outro lado, tínhamos as obras de autores nacionais — escassas e, na maioria das vezes, desatualizadas e pouco abrangentes. Portanto, ao lançar a Academia

Pearson, abraçamos o desafio de unir o melhor desses dois tipos de bibliografia: a contemporaneidade e solidez das edições estrangeiras e o foco na nossa realidade que as edições brasileiras permitem.

Por fim, uma última originalidade desta coleção diz respeito à extensão dos livros-texto. Buscamos oferecer uma alternativa prática e econômica aos gigantescos volumes que tradicionalmente compõem a bibliografia básica dos cursos. Para tanto, apostamos numa única fórmula: objetividade. Todos os pontos importantes de cada área são abordados, com a profundidade e a precisão necessárias, mas sem perda de tempo com redundâncias ou detalhes supérfluos.

Uma estrutura pensada para a sala de aula

Em relação à estrutura, os livros-texto da Academia Pearson foram pensados especialmente para o uso em sala de aula. Cada capítulo representa uma aula completa sobre o assunto que aborda, podendo ser examinado em um ou mais dias, a critério do professor. Para facilitar o processo de ensino e aprendizagem, foram incluídos os seguintes elementos didáticos:

- **perguntas introdutórias** — elas indicam os objetivos de aprendizagem do capítulo e direcionam a leitura, levando o aluno a se concentrar nos conceitos mais importantes;
- **boxes de hipertexto** — situados nas margens, eles acrescentam curiosidades, explicações adicionais, sugestões de leitura e outros detalhes, sem interromper o fluxo de leitura do texto principal;
- **seção "Estudo de caso"** — alguns capítulos são finalizados com um estudo de caso, isto é, uma situação real para os estudantes examinarem e elaborarem propostas de intervenção;
- **seção "Saiu na imprensa"** — os capítulos que não são finalizados com estudo de caso trazem matérias atuais da imprensa a respeito dos assuntos abordados, sempre acompanhadas por questões de análise e reflexão;
- **seção "Na academia"** — esta é a seção de atividades propriamente dita; nela, os alunos são convidados a realizar variados trabalhos de fixação e aprofundamento, individualmente ou em grupo;
- **seção "Pontos importantes"** — esta seção, a última do capítulo, resume os principais pontos estudados, o que a torna a fonte ideal para uma consulta ou revisão rápida.

Por todas essas características, temos certeza de que os livros da Academia Pearson serão importantes aliados de professores e graduandos. E é assim que esperamos dar nossa contribuição para que o ensino superior brasileiro alcance uma qualidade cada vez mais elevada.

Companion Website

No site de apoio do livro (www.pearson.com.br/academia), professores e estudantes têm acesso a materiais adicionais que facilitam tanto a exposição das aulas como o processo de aprendizagem.

Para o professor:

- Apresentações em PowerPoint

Esse material é de uso exclusivo dos professores e está protegido por senha. Para ter acesso a ele, os professores que adotam o livro devem entrar em contato com seu representante Pearson ou enviar e-mail para universitarios@pearson.com.

Para o estudante:

- Exercícios de múltipla escolha
- Links úteis
- Texto complementar

Nossa capa

Em busca de uma expressão universal, o holandês Piet Mondrian (1872-1944) abdicou da figuração e das curvas — para evitar associações subjetivas e sensuais — e construiu uma obra desconcertante em sua aparente simplicidade. Austera e geométrica, sua arte busca revelar o tecido da realidade, que consistiria, segundo um filósofo da época,* no equilíbrio de forças opostas como calor e frio, masculino e feminino, ordem e desordem. Esse equilíbrio, expresso por ele em linhas retas e cores primárias, é o desafio constante de gestores no delicado trabalho com pessoas e a fonte de inspiração desta capa.

* Schoenmakers, M.H.J., *apud* Stokstad, M., *Art History*, Third Edition. Upper Saddle River: Prentice Hall, 2009.

PARTE I
CONHECENDO RH

Embora este livro tenha caráter eminentemente prático, é importante que você conheça as teorias subjacentes aos processos que estudaremos nos capítulos seguintes, bem como a evolução histórica da área de recursos humanos. A função desta Parte I, constituída pelo Capítulo 1, é justamente lhe apresentar esse panorama teórico e histórico. Na última seção do capítulo, você conhecerá também o cenário atual da administração de RH, com destaque para a realidade brasileira.

Capítulo 1

VISÃO GERAL

Neste capítulo, abordaremos as seguintes questões:
- O que é paradigma taylorista-fordista?
- Qual foi a importância dos experimentos de Hawthorne para a administração de recursos humanos?
- Quais as principais abordagens à administração de empresas e que tratamento elas dispensam aos recursos humanos?
- Qual foi a evolução da área de RH no Brasil?
- Qual o papel do RH nos dias de hoje?

Introdução

Mesmo quem ainda não entrou no mundo do trabalho conhece a importância de gerir pessoas. Afinal, para que um simples churrasco de domingo dê certo, é preciso que as melhores habilidades de cada um sejam aproveitadas e que todos estejam motivados para alcançar o objetivo comum.

De fato, a preocupação em coordenar a capacidade de trabalho das pessoas nasce naturalmente em qualquer grupo social. Mas foi somente nos últimos cem anos que essa atividade ganhou estudos e teorias específicas.

À medida que a economia foi se tornando mais complexa, com empresas cada vez maiores, mais numerosas e diversificadas, foi ficando cada vez mais difícil gerir pessoas de maneira intuitiva ou amadora. A administração de recursos humanos tornou-se um campo específico de atuação e pesquisa, cujas descobertas interessam não apenas ao profissional de RH, mas também a líderes e gestores em geral, tanto da iniciativa privada quanto da esfera pública.

Neste capítulo, conheceremos a evolução histórica e o cenário atual dessa área.

Evolução histórica no mundo

A evolução histórica da administração de recursos humanos (como, aliás, qualquer evolução histórica) não pode ser dividida em etapas claramente definidas. Como é natural, as mudanças foram se sucedendo paulatinamente, com um modo de pensar sendo pouco a pouco substituído por outro, ou mesmo — e até mais frequentemente — com vários modos de pensar coexistindo em diferentes países, ou ainda em diferentes setores e empresas do mesmo país.

Por tais motivos, preferimos contar essa história não de acordo com datas específicas, mas sim com conceitos e eventos que trouxeram mudanças significativas à área. À medida que avançarmos, conheceremos também a evolução das principais teorias administrativas, visto que é impossível separar a história da administração de RH da história da administração em geral.

A Revolução Industrial

Chamamos de *Revolução Industrial* o processo que se iniciou por volta de 1730 na Inglaterra e, aos poucos, substituiu o sistema artesanal de produção pelo sistema fabril. Sua mola-mestra foi a *mecanização*, isto é, a introdução de máquinas capazes de realizar tarefas antes dependentes do esforço humano, tendo tido especial relevo as máquinas movidas a vapor.

Mas a mecanização não era a única diferença entre o modo fabril e o artesanal: no novo sistema, o processo produtivo era fragmentado e cada operário ficava responsável por apenas uma tarefa. Assim, com muitas pessoas trabalhando, cada uma em uma tarefa, era possível produzir muito mais. O economista escocês Adam Smith, o mais importante teórico da Revolução Industrial, deu em sua obra *A riqueza das nações* um exemplo da divisão do trabalho que se tornaria clássico — o da fábrica de alfinetes:

> Um homem desenrola o arame, o outro o estica, um terceiro o corta, um quarto faz as pontas, um quinto o afia para fazer a cabeça, o que requer duas ou três operações distintas. Colocar a cabeça já é uma atividade diferente e alvejar os alfinetes é outra. Mesmo embalá-los já constitui uma atividade independente, e o importante negócio de fabricar um alfinete é, dessa maneira, dividido em cerca de 18 distintas operações [...](2006, p. 10).

Adam Smith conta que ele próprio visitou uma fábrica que seguia esse processo e contava com dez trabalhadores, alguns realizando duas ou três das operações descritas. A cada dia, os dez produziam 48.000 alfinetes, ou seja, 4.800 por trabalhador. Pelos cálculos de Smith, um trabalhador sozinho e sem máquinas dificilmente produziria mais que 20 alfinetes. Portanto, a *divisão do trabalho* permitia uma produção 240 vezes maior.

> A palavra proletário já existia na Roma antiga e designava o trabalhador sem bens, que não tinha outra riqueza a não ser sua prole — daí o nome. Contudo, o conceito moderno de proletário está fortemente ligado à obra do alemão Karl Marx. Para esse filósofo, os interesses do proletariado não podiam ser conciliados com os da burguesia, proprietária dos bens de produção. Portanto, o destino da humanidade era viver uma luta de classes, a qual deveria ser vencida pelos proletários. Estes deveriam fazer uma revolução e instalar, no futuro, o comunismo, sistema hipotético em que os bens de produção pertencem a toda a comunidade.

Outra novidade do sistema fabril é que não havia mais necessidade de experiência. Como cada tarefa do processo era simples, qualquer um poderia fazê-la. E foi assim que mulheres e crianças, cujos salários eram bem menores, foram contratadas em massa. Os homens, muitos deles artífices experientes, a princípio continuaram trabalhando em suas oficinas particulares, mas logo viram que era impossível competir com os preços dos produtos industrializados. Falidos, acabaram se sujeitando às péssimas condições de trabalho da época.

Aliás, as condições de trabalho nas primeiras décadas da era industrial são um capítulo à parte. Jornadas de mais de 14 horas, de segunda a segunda, em ambientes mal iluminados, sujos e barulhentos eram a rotina daquela nova massa de trabalhadores — o chamado *proletariado*.

Movimentos em defesa dos operários logo surgiram e tomaram variadas formas. Alguns grupos, como os *luditas*, negavam radicalmente a tecnologia e pregavam a volta aos modos tradicionais de produção. Sua atitude de destruir máquinas a golpes de marreta é até hoje o símbolo máximo da "tecnofobia".

Mais numerosos, porém, eram os operários que não se opunham ao novo sistema, e sim buscavam condições dignas de trabalho. Estes formaram os primeiros *sindicatos*, as chamadas *trade unions*, e se engajaram em protestos e greves que sempre acabavam duramente reprimidos.

Um dos mais emblemáticos confrontos entre trabalhadores e a polícia ocorreu em Chicago, nos Estados Unidos, durante uma greve em favor da jornada de oito horas. O embate, que se estendeu pelos primeiros dias de maio de 1886, resultou na morte de oito pessoas (sete delas policiais). Mais tarde, a data foi escolhida para comemorar as conquistas dos trabalhadores e se transformou no Dia Internacional do Trabalho, em 1º de maio.

O paradigma taylorista-fordista

Surgida na Inglaterra, a industrialização foi aperfeiçoada e modernizada em solo norte-americano. E não é possível falar desse processo sem tocar em dois nomes: Frederick W. Taylor e Henry Ford.

Nascido em 1856, filho de um advogado da Filadélfia, no estado da Pensilvânia, aos 22 anos Taylor foi contratado pela siderúrgica Midvale Steel Company como operário do chão de fábrica. Em menos de seis anos, havia se tornado engenheiro-chefe da companhia.

Tamanho progresso não era à toa: o obstinado jovem não descansava enquanto não encontrava soluções mais eficientes para o trabalho. Taylor começou observando o que cada operário fazia. Daí ele dividia a ação em movimentos menores e cronometrava quanto tempo o operário levava para completar cada passo. Em sua opinião, se os desperdícios de tempo e movimento fossem eliminados, o processo produtivo se tornaria muito mais eficiente.

Taylor foi o pioneiro da chamada *administração científica*, isto é, da aplicação de métodos científicos — especialmente a observação e a mensuração — à administração. Sua doutrina apoiava-se em três princípios: 1) determinar a melhor maneira de fazer uma tarefa; 2) proporcionar o treinamento e as ferramentas adequadas ao trabalhador; e 3) remunerar com salários maiores os trabalhadores que cumprissem a expectativa de produção.

Após ocupar cargos gerenciais em outras indústrias além da Midvale, Taylor passou a viajar pelos Estados Unidos dando palestras e oferecendo seus serviços de aconselhamento, tornando-se, assim, o primeiro consultor de que se tem notícia. Nas primeiras décadas do século XX, o *taylorismo* foi adotado por boa parte das organizações norte-americanas, especialmente na área industrial.

Atualmente, a principal crítica que se faz a essa doutrina diz respeito à divisão radical que ela propunha entre os gerentes, responsáveis pelo planejamento científico das tarefas, e os operários, que deveriam executá-las sem questionamento. Essa filosofia do "você é pago para trabalhar, e não para pensar" intensificou-se na indústria norte-americana com a introdução da linha de montagem, símbolo máximo do *fordismo*.

Nascido em 1863 em uma fazenda próxima a Detroit, em Michigan, Henry Ford tornou-se um ícone da era industrial e do empreendedorismo. Obcecado por motores desde criança, Ford foi um dos inúmeros curiosos que, no fim do século XIX, criavam vários tipos de veículos automotores em seus quintais. Contudo, diferentemente de colegas, que guardavam suas invenções para si, Ford as vendia, conseguindo assim recursos para novos experimentos.

Depois de mais de 20 anos errando e acertando, em 1908 — já à frente de sua própria empresa, a Ford Motor Company —, o industrial anunciou um lançamento que não só faria sua fortuna, mas também mudaria o estilo de vida norte-americano: o Ford modelo T, conhecido no Brasil como Ford Bigode. Em suas palavras, Ford havia feito "um carro para as grandes multidões". De fato, nos 19 anos em que foi fabricado, o modelo T teve 15,5 milhões de unidades vendidas somente nos Estados Unidos. Quando saiu de linha, em 1927, representava metade da frota mundial.

> *Sabe como Henry Ford teve a ideia da linha de montagem? Durante uma visita a um frigorífico em Chicago, ele observou que a carcaça ia deslizando, pendurada em uma corda por um gancho, enquanto cada açougueiro ia cortando um pedaço da carne e empacotando-a.*

Para viabilizar essa gigantesca produção, Ford introduziu técnicas que revolucionariam a industrialização. A principal delas foi a *linha de montagem*, utilizada até hoje em vários setores: o processo produtivo é dividido em estações de trabalho, e o produto a ser fabricado vai passando de uma estação para outra, onde vai recebendo as peças ou acabamentos necessários.

O sucesso do sistema depende de um *timing* perfeito: cada funcionário deve fazer sua parte no tempo exato, de modo que o produto siga avançando para as estações seguintes. Essa padronização de movimentos, com controle rígido do tempo, nada mais é do que uma aplicação plena do taylorismo — tanto que até hoje muitos analistas se referem a esse modo de organização do trabalho como *taylorista-fordista*.

Os experimentos de Hawthorne

Ao que tudo indica, o primeiro departamento pessoal do mundo foi criado em 1890 pela norte-americana NCR, que na época fabricava caixas registradoras. Até a segunda década do século XX, várias empresas de grande porte já haviam seguido o exemplo e implantado seus *personnel offices*. Contudo, a função desses departamentos se limitava a selecionar, treinar e controlar os trabalhadores segundo os métodos científicos do taylorismo.

Isso não significa que não houvesse problemas de natureza social ou psicológica nas fábricas. Muito pelo contrário: absenteísmo, greves, alta rotatividade, fadiga, depressão e alcoolismo faziam parte do cotidiano nas linhas de montagem.

Para estudar melhor esses problemas começaram a ser feitas algumas pesquisas, em geral com o apoio da psicologia e da sociologia, ciências que viviam uma expansão sem precedentes na época. O método preferido era o experimental — ou seja, comparava-se um grupo de controle, cujas condições permaneciam iguais, com um grupo experimental, no qual certas variáveis eram manipuladas.

Uma dessas pesquisas viria a se tornar um marco na administração de recursos humanos. Tudo começou quando o National Research Council, órgão de pesquisa industrial criado pela gigante General Electric, foi encarregado de investigar relações entre a intensidade da iluminação e a produtividade dos trabalhadores. O "laboratório" escolhido foi uma planta da fabricante de equipamentos telefônicos Western Electric Company, em Chicago. Como essa planta se chamava Hawthorne Works, os estudos ficaram conhecidos como *experimentos de Hawthorne*.

A pesquisa toda durou de 1927 a 1932. Na primeira etapa, os cientistas aumentaram a iluminação na área de trabalho do grupo experimental, imaginando que os funcionários produziriam mais em um ambiente mais claro. De fato, eles produziram mais — mas, para surpresa geral, o grupo de controle, cuja iluminação não havia sido alterada, também produziu mais.

Os cientistas fizeram alguns outros testes com luz, mas não chegaram à conclusão alguma: parecia não haver relação entre a claridade do ambiente e a produtividade. Decidiram, então, testar outras variáveis. Ainda convencidos de que havia uma relação inequívoca entre melhora nas condições físicas de trabalho e melhora na produtividade, selecionaram um grupo menor, de seis operárias, e passaram a lhes proporcionar atenuantes para a fadiga: primeiro pausas para descanso, depois lanches e, por fim, jornada semanal reduzida.

Durante os primeiros 18 meses, a produtividade aumentou a cada benefício introduzido. Tudo parecia muito lógico: operárias bem alimentadas e descansadas produziam mais. Contudo, quando os benefícios foram retirados, voltando-se à situação inicial — surpresa! —, a produtividade continuou alta.

Os cientistas fizeram mais alguns testes e entrevistas, mas só conseguiram interpretar os resultados quando questionaram os próprios pressupostos. Na verdade, eles não haviam estudado a relação entre uma variável (iluminação ou pausa para descanso) e outra (a produtividade), por uma razão muito simples: era impossível estudar variáveis isoladas dentro de um contexto social dinâmico, como é o caso de uma empresa.

Ao montar o cenário para a pesquisa, os cientistas haviam criado um novo ambiente de trabalho. As moças diziam que trabalhar na sala de teste era "divertido" e, como a supervisão era mais branda, elas se sentiam livres e tranquilas. Além disso, elas haviam desenvolvido um espírito de grupo, por participar juntas dos testes durante tanto tempo. Tudo isso somado — e não mais ou menos luz, ou mais ou menos pausas para descanso — era o que as fazia render mais.

Apesar de terem recebido críticas por falhas em sua metodologia, os experimentos de Hawthorne tiveram vários méritos. Um deles foi terem aberto caminho para a introdução de estudos psicológicos nas empresas, o que fez emergir a chamada *psicologia industrial e organizacional* (ou *psicologia I/O*), um subcampo da psicologia social.

Abordagens à administração: clássica, humanística e comportamental

Entre os vários especialistas que participaram dos experimentos de Hawthorne, o que mais se destacou foi Elton Mayo, um psicólogo australiano radicado nos Estados Unidos. Na verdade, Mayo pouco participou do trabalho de campo, mas foi quem mais contribuiu para a interpretação dos resultados. Além disso, a partir dos experimentos o psicólogo desenvolveu uma verdadeira teoria, mais tarde chamada de *teoria das relações humanas*, ou *abordagem humanística* à administração.

No campo da administração, a teoria de Mayo opunha-se à *teoria clássica* ou *abordagem clássica*, que havia sido sistematizada pelo francês Henri Fayol em 1908 e era seguida por praticamente todas as empresas na época. A abordagem clássica caracterizava-se pela racionalização e especialização do trabalho (aspectos em que coincidia com a administração científica de Taylor), pela ênfase na hierarquia e na disciplina e pela divisão da empresa em áreas funcionais — técnica, comercial, financeira, de segurança, contábil e administrativa—, um tipo de estrutura ainda hoje comum na maioria das organizações.

A abordagem humanística criticava quase tudo na abordagem clássica, especialmente o pouco relevo que esta dava às relações sociais no ambiente de trabalho. Sua postura radical, e muitas vezes simplista ou ingênua, não a ajudou a ganhar adeptos entre os administradores de empresas.

> As doutrinas de Taylor e de Fayol coincidiam em muitos aspectos. A principal diferença é que o norte-americano preocupava-se mais com a eficiência no chão de fábrica, enquanto o colega francês estava mais voltado à estrutura geral da empresa, à sua administração como um todo. Fayol foi o grande defensor do organograma— ou seja, da representação gráfica da estrutura hierárquica de uma empresa. Hoje isso pode parecer banal, mas era um grande passo em uma época em que cada um tocava seu negócio na base da intuição, sem parar para pensar na estrutura administrativa subjacente a ele.

Com o passar do tempo, porém, na esteira dos experimentos de Hawthorne, foi surgindo uma série de estudos e teorias sobre motivação, satisfação e liderança. O foco nesses três temas ocorria porque, de um lado, acreditava-se que funcionários motivados e satisfeitos trabalhariam melhor e, de outro, atribuía-se aos líderes a responsabilidade por promover essa boa atmosfera no trabalho.

Frequentemente, esses estudos, teorias e as técnicas deles derivadas — como as famosas dinâmicas de grupo idealizadas pelo psicólogo Kurt Lewin — são referidos em seu conjunto como a *abordagem comportamental* à administração. Os comportamentalistas baseavam-se fundamentalmente na obra de Abraham Maslow, criador da conhecida hierarquia das necessidades humanas (você lerá mais sobre isso no Capítulo 6). Entre os principais nomes dessa escola estão Douglas McGregor, Frederick Herzberg e Edward Lawler, além do mencionado Lewin.

Mais pragmática e moderada do que a abordagem humanística, a comportamental conseguiu boa penetração no mundo corporativo entre os anos 1950 e 1960, ainda que a abordagem clássica continuasse dando o tom. Segundo Tonelli, Lacombe e Caldas (2002, p. 71), é nessa época que a área de recursos humanos, antes dedicada quase totalmente a tarefas burocráticas, concentra seu foco "em treinamento e desenvolvimento, na tentativa de formar gestores mais atentos ao 'lado humano da empresa'".

A substituição gradual da denominação *departamento de pessoal* por *departamento de recursos humanos* reflete bem esse novo momento. Outro sinal de mudança foi uma pesquisa realizada em 1969 entre 302 empresas norte-americanas: em 80% das organizações

> Aqui comentaremos o modelo japonês apenas no que diz respeito aos recursos humanos. Contudo, boa parte do sucesso desse modelo deve-se também àquilo que ficou conhecido como Sistema Toyota de Produção (STP), ou produção enxuta.
> Faça uma busca na Internet e tente descobrir quais as principais características do STP. Pesquise também os conceitos de produção just-in-time e sistema kanban. Atenção: dê preferência a páginas ligadas a universidades ou outras instituições respeitadas.
> Uma dica de leitura é a matéria "Por dentro da maior montadora do mundo", de Cristiane Correa, que a revista Exame publicou em maio de 2007. A matéria pode ser lida gratuitamente em: http://portalexame.abril.com.br/revista/exame/edicoes/0892/negocios/m0128084.html.

os administradores reconheciam a importância da psicologia para a produtividade e a rentabilidade do negócio.

Trabalho em equipe: aprendendo com japoneses e suecos

É verdade que nas três décadas seguintes aos experimentos de Hawthorne a maior economia do mundo, os Estados Unidos, passara a prestar mais atenção aos recursos humanos. Contudo, na década de 1970 começou a haver sinais de que esses avanços talvez ainda fossem tímidos. O alerta veio do Japão e de alguns países europeus, que, com seus mercados já plenamente atendidos, começavam a "comer pelas beiradas" o mercado de exportação mundial, do qual os Estados Unidos haviam sido senhores praticamente absolutos até então.

A indústria automobilística japonesa é um bom exemplo: na década de 1970 o Japão havia dobrado sua produção de automóveis e, em 1980, já era o maior fabricante do mundo, com 11 milhões de veículos por ano, contra 8 milhões dos Estados Unidos. A participação norte-americana na produção mundial de automóveis caíra de 57%, no fim da década de 1950, para 20% em 1980. Enquanto isso, os carros japoneses respondiam por cerca de 28% do mercado mundial — e já haviam abocanhado nada menos do que um quarto do próprio mercado norte-americano.

Em 1980, a NBC exibiu um documentário que mostrou ao grande público o que muitos já pressentiam: os norte-americanos estavam perdendo no jogo que eles mesmos haviam inventado. Sob o sugestivo título de "If Japan can, why can't we?" (se o Japão pode, por que nós não podemos?), o documentário afirmava que a vantagem competitiva japonesa apoiava-se em três valores negligenciados nos EUA: compromisso dos funcionários com os resultados da empresa, trabalho em equipe e preocupação máxima com qualidade.

Esses valores derivavam de fatores tanto culturais quanto administrativos. Atributos típicos da cultura japonesa, como lealdade ao líder e orientação para o trabalho em equipe, eram difíceis de ser transpostos para outras realidades. Contudo, os ocidentais podiam aprender muito com o chamado *toyotismo*, isto é, o método administrativo adotado pela Toyota e outras indústrias japonesas.

Em sua essência, o toyotismo era bem parecido com o fordismo: visava à produção em massa e, para tanto, empregava a racionalização do trabalho e a máxima economia de tempo e movimentos — inclusive a máxima economia de mão de obra, visto que a folha de pagamento das indústrias japonesas era, em geral, enxutíssima. A diferença, porém, é que dois princípios do paradigma taylorista-fordista não estavam presentes no toyotismo: primeiro, a separação entre trabalho intelectual e trabalho manual; segundo, a exagerada especialização, na qual o fun No modelo japonês, todos os funcionários eram convidados a opinar — especialmente os de chão de fábrica, que conhecem o processo produtivo melhor do que ninguém. Nesse sentido, a grande vedete era o *sistema de sugestões*, mais tarde copiado por inúmeras empresas ocidentais.

É verdade que o sistema de sugestões já existia nos Estados Unidos, mas tinha características bem diferentes. O sistema norte-americano incentivava apenas aquelas brilhantes (e raras) ideias capazes de gerar considerável impacto nos negócios e que, por isso mesmo, recebiam vultosas recompensas.

Já no sistema japonês as ideias não precisavam ser de grande impacto. Muitos funcionários participavam e a recompensa era bem menor, quase simbólica. Em vez de buscar um avanço repentino, os japoneses preferiam acumular pequenas doses de conhecimento ao longo do tempo. Assim, o sistema de sugestões estava intimamente relacionado à filosofia da *melhoria contínua* (*kaizen*), um dos pilares do toyotismo.

Além disso, nos Estados Unidos as sugestões tinham de passar por vários degraus da hierarquia antes de ser aprovadas, enquanto no Japão o pessoal da linha de frente tinha autoridade para aprovar e implantar novas ideias. Por todos esses atributos, o sistema japonês era mais do que um sistema de sugestões: era uma maneira de favorecer a comunicação dentro da empresa e aumentar o senso de pertencimento do funcionário à organização.

Outra importante ferramenta de participação era o *círculo de qualidade*, um sistema concebido em 1962 pelo professor da Universidade de Tóquio Kaoru Ishikawa, cujos estudos foram fundamentais para formatar o modelo japonês de produção. Em um círculo de qualidade, um número não muito grande de funcionários da mesma área se reúne, durante uma hora por semana, para discutir maneiras de melhorar a qualidade daquilo que produzem. A participação é voluntária, porém remunerada.

Os círculos de qualidade estão na raiz do chamado *controle de qualidade total*, ou *total quality control* (*TQC*), uma filosofia desenvolvida pelo estatístico norte-americano W. Edwards

> *Há uma curiosa ironia por trás da vantagem competitiva japonesa no terreno da qualidade. Durante a Segunda Guerra Mundial, o general MacArthur estava à frente das tropas que ocupavam o Japão e queria rádios para se comunicar com a população dominada. A atrasada indústria japonesa da época não tinha como fornecer rádios decentes, muito menos na quantidade solicitada. Então MacArthur mandou que alguns engenheiros norte-americanos fossem ao país ensinar os japoneses a fazer rádios.*
>
> *Um desses engenheiros sugeriu às forças de ocupação que convidassem o estatístico W. Edwards Deming para ensinar métodos de qualidade no Japão. Deming desembarcou em Tóquio em 1950 e, durante algumas semanas, deu conferências aos líderes das principais empresas do país. Os japoneses aprenderam bem a lição — tão bem que, em poucas décadas, tornaram-se líderes mundiais de qualidade, deixando os conterrâneos de Deming para trás.*

> Mais tarde, em outros países (inclusive nos EUA), surgiriam outros conceitos inspirados no modelo sueco. Um deles é o de equipe de trabalho autogerenciada (self-directed work team, ou SDWT), um tipo de equipe que, como o nome diz, é quase totalmente autônoma. As equipes autogerenciadas desempenham muitas das funções que antes cabiam a seus supervisores, tais como planejamento, estabelecimento do cronograma de trabalho, controle sobre o andamento e implementação de correções. São formadas por 10 a 15 pessoas pertencentes à mesma área ou a áreas próximas.

Deming e aprimorada por outros especialistas, como Joseph M. Juran, Philip B. Crosby, Armand V. Feigenbaum e o próprio professor Ishikawa, que amalgamou os métodos dos colegas e criou um TQC "à moda japonesa".

O TQC japonês busca a *qualidade total*, um conceito formado por cinco dimensões: *qualidade intrínseca, custo, entrega* (atendimento), *moral* (a motivação dos funcionários) e *segurança* (para o cliente, o funcionário e o meio ambiente). Para tanto, o TQC conta com uma metodologia bem definida, segundo a qual todas as pessoas da organização, desde a alta gerência até os operários do chão de fábrica, colocam suas atividades diárias sob controle.

Já contra a especialização exagerada do fordismo, o toyotismo propunha o chamado *job rotation*, ou *rodízio de funções*, um sistema em que o funcionário conhece rotinas diferentes da sua. Vendo o processo produtivo como um todo – e não apenas a sua estação de trabalho – o trabalhador sentia-se mais comprometido com a qualidade.

Nas décadas de 1970 e 1980, uma alternativa ao fordismo que chamou a atenção dos analistas foi o chamado *modelo sueco*, que teve como mais importante laboratório as plantas da Volvo nas cidades de Kalmar e Uddevala. Assim como ocorria no caso japonês, a Suécia tinha significativas diferenças culturais em relação aos Estados Unidos. Para início de conversa, os cidadãos suecos detestavam trabalhar em linhas de montagem, consideradas monótonas e limitadoras. Além disso, os sindicatos tinham um peso político enorme no país.

Levando em conta essas peculiaridades, os executivos da Volvo chamaram os sindicalistas para planejar, junto com eles, uma adaptação da linha de montagem fordista que desse mais autonomia aos operários. O resultado ficou conhecido como *dock-assembly*, ou *montagem em docas*: em vez de uma linha só para montar o veículo inteiro, havia "minilinhas" nas quais eram produzidas partes do veículo. Em cada minilinha, ou doca, trabalhavam *equipes semiautônomas*, que tinham liberdade para decidir detalhes como revezamentos, pausas e a liderança da equipe.

A era do conhecimento

Nos anos 1980, com a divulgação dos modelos japonês e sueco, entre outras experiências bem-sucedidas, conceitos como trabalho em equipe e controle de qualidade entram na pauta da maioria das empresas, inclusive nos Estados Unidos. Lentamente, o paradigma taylorista-fordista vai dando lugar aos chamados modelos flexíveis de gestão. Mas essas não eram as únicas novidades da década.

Desde os anos 1950, a industrialização dos países do Terceiro Mundo, especialmente na Ásia e na América do Sul, vinha possibilitando o *outsourcing*, ou seja, a transferência de partes do processo produtivo (ou às vezes até do processo inteiro) para países com mão de obra mais barata. Nos anos 1980, o *outsourcing* intensificou-se, à medida que os japoneses também passaram a utilizá-lo.

Outro termo em voga na época era o *downsizing*: a eliminação de cargos burocráticos na hierarquia das empresas. Esse corte era um reflexo da crise que o capitalismo vivia, provocada principalmente pelo primeiro choque do petróleo, em 1973, pela saturação dos mercados e pelo pesado endividamento dos países, após quatro décadas de keynesianismo.

Por outro lado, o *downsizing* também refletia uma mudança positiva: a introdução das *novas tecnologias de informação e comunicação* (*NTICs*) nas empresas, uma revolução iniciada na década anterior. Em 1975, Bill Gates havia fundado a Microsoft. No ano seguinte, Steve Jobs e Steve Wozniak haviam criado a Apple. Em 1981, a IBM lançara o primeiro computador pessoal. Começava, assim, uma era que afetaria todos os setores das organizações, inclusive, é claro, o de recursos humanos — a *era do conhecimento*, na qual o conhecimento passa a ser um dos mais importantes, senão o mais importante, fator de produção da economia.

Peter Drucker, considerado por Chiavenato (2009, p. 11) o arauto dessa era, já em 1959 cunhara o termo *trabalhador do conhecimento*. Em texto de 1995, Drucker descreveu as características desse novo tipo de trabalhador:

> *Keynesianismo é a doutrina econômica criada pelo inglês John Maynard Keynes (1883–1946) e que tem em seu cerne a curiosa ideia de que o governo deve gastar mais do que arrecada. Desde 1933, quando o presidente Franklin Delano Roosevelt lançou o New Deal para tirar os Estados Unidos da Grande Depressão, até meados da década de 1970, o keynesianismo foi aplicado por praticamente todo o mundo ocidental. Nos países ricos, traduziu-se na política do Estado de bem--estar social e, nos pobres, no desenvolvimentismo econômico; em ambos os casos, o modelo keynesiano ampliava o tamanho do Estado, devido ao aumento tanto dos impostos quanto dos gastos públicos. Na década de 1980, com o capitalismo em crise e os países endividados, o keynesianismo é abandonado em favor do neoliberalismo, focado justamente em diminuir o peso do Estado na economia.*

a) o trabalhador do conhecimento tem capacidade de *aprendizado contínuo*;

b) diferentemente das gerações anteriores, que podiam apenas aprender na prática, o trabalhador do conhecimento precisa de *educação formal*;

c) o trabalhador do conhecimento é *altamente especializado* e, por isso, precisa trabalhar em uma organização, visto que o "conhecimento especializado em si não gera desempenho"; por exemplo: para que um cirurgião seja eficiente, é preciso que antes outro especialista tenha feito um diagnóstico adequado;

d) o trabalhador do conhecimento pode ter acesso à organização como *consultor* ou *prestador de serviços*, mas um grande número de trabalhadores do conhecimento serão *empregados*.

Contudo, salientava Drucker, o termo *empregado* na sociedade do conhecimento tem um significado diferente do que tinha antes. Na sociedade industrial, o empregado não detinha o meio de produção; portanto, precisava mais da organização do que a organização precisava dele. Na sociedade do conhecimento ocorre o oposto: o empregado *detém* o meio de produção — que é justamente o conhecimento. Logo:

> Na sociedade do conhecimento, a suposição mais provável — e certamente aquela na qual todas as organizações têm de basear seus negócios — é a de que elas precisam do trabalhador de conhecimento muito mais do que ele precisa delas. Cabe à organização negociar seus empregos de modo a conseguir trabalhadores de conhecimento em quantidade adequada e de qualidade superior. Há um crescente relacionamento de interdependência em que o trabalhador de conhecimento precisa aprender quais são as necessidades da organização, e a organização também deve aprender quais são as necessidades, exigências e expectativas do trabalhador de conhecimento. (DRUCKER, 2002, p. 51-52)

Esse pensamento de Drucker resume o atual espírito da administração de recursos humanos, conforme veremos na última seção deste capítulo.

A consagração da abordagem neoclássica

Considerado o "pai da administração moderna", Peter Drucker também está estreitamente associado à última abordagem à administração que comentaremos aqui, a *abordagem neoclássica*. Surgida entre as décadas de 1950 e 1960, essa abordagem foi ganhando desdobramentos e atualizações ao longo do tempo e, na prática, continua sendo a mais seguida até hoje.

Na verdade, conforme explica Idalberto Chiavenato (2006, p. 27), os autores neoclássicos não se preocuparam em construir um paradigma comum, portanto não formam uma escola bem definida, e sim um movimento relativamente heterogêneo que compartilha alguns pontos de vista. Ainda segundo o mesmo autor, esses pontos de vista podem ser resumidos do seguinte modo:

a) *ênfase na prática da administração* — os autores neoclássicos desenvolvem seus conceitos de forma prática e utilizável;

b) *reafirmação relativa dos postulados clássicos* — a teoria neoclássica representa, de certa maneira, uma reação à crescente importância que os temas comportamentais vinham ganhando no campo da administração, em detrimento dos aspectos econômicos e concretos; diante disso, os neoclássicos resgatam e atualizam os princípios da teoria clássica — por exemplo, a ideia de que administrar é prever, organizar, comandar, coordenar e controlar, formulada por Henri Fayol muitas décadas antes;

c) *ênfase nos princípios gerais da administração* — os neoclássicos propõem princípios administrativos válidos para qualquer organização, seja qual for sua natureza (comercial, industrial, religiosa, política, militar etc.); todo administrador precisa saber planejar, organizar, dirigir e controlar o trabalho de seus subordinados;

d) *ênfase nos objetivos e nos resultados* — o foco da administração muda de "como" produzir para o "por que" e "para que" produzir;

e) *ecletismo* — em vez de romper com as outras abordagens à administração, a neoclássica aproveita as melhores ideias de cada uma delas.

No Quadro 1.1, você encontra um resumo das quatro abordagens à administração comentadas neste capítulo: a clássica, a humanística, a comportamental e a neoclássica.

> A abordagem neoclássica absorve muitos conceitos oriundos das abordagens sistêmica e contingencial à administração. Saiba mais sobre essas abordagens no Companion Website do livro.

No seio da abordagem neoclássica nasceram dois conceitos essenciais para o profissional de RH: a *administração por objetivos* e o *planejamento estratégico*, sobre os quais falaremos com mais detalhes no próximo capítulo. Por enquanto, é importante ter em mente que a consagração da abordagem neoclássica e, principalmente, de seus desdobramentos, teve um duplo impacto na área de recursos humanos.

Por um lado, o pragmatismo neoclássico desautorizou práticas de RH que trabalhavam aspectos psicológicos ou sociais sem objetivos claramente definidos. Essa tendência, aliada aos já comentados processos de *downsizing* iniciados nos anos 1980, fez com que a área de recursos humanos "encolhesse" em muitas organizações.

Por outro lado, a ênfase neoclássica nos objetivos deu aos profissionais de RH — ou melhor, aos bons profissionais de RH — a oportunidade de demonstrar o valor estratégico do capital humano. Afinal, quanto mais complexa e competitiva se tornava a economia, mais necessário era criar um quadro pessoal inovador, eficiente e de alto desempenho.

Desse modo, os anos 1990 e a primeira década do novo milênio veem nascer uma área de recursos humanos mais enxuta e descentralizada, cujo papel assemelha-se ao de um consultor para o restante da organização. No campo acadêmico, surge uma série de denominações que buscam captar esse novo momento: *gestão estratégica de recursos humanos*, *gestão do capital intelectual*, *gestão do capital humano*,

> Um conceito essencial para a área de RH surgido nos anos 1990 é o de gestão de competências. Falaremos sobre ele no próximo capítulo.

gestão de talentos ou — talvez a mais popular de todas — *gestão de pessoas*. Outra tendência forte na área é a terceirização (*outsourcing*) das funções burocráticas, para que o departamento de RH concentre-se em tarefas que efetivamente tragam valor à organização.

Você conhecerá esse cenário atual com mais detalhes na última seção deste capítulo. Antes, faremos uma breve revisão histórica da área de recursos humanos no Brasil.

Evolução histórica no Brasil

O Brasil começou a sua história de administração de recursos humanos da pior maneira possível: com a escravidão, eliminada apenas em 1888. De lá para cá, a evolução da área seguiu mais ou menos os passos que vimos na história mundial, mas sempre com significativo atraso.

Quadro 1.1 As abordagens clássica, humanística, comportamental e neoclássica à administração: principais características e tratamento dispensado aos recursos humanos.

Abordagem à administração	Época de maior popularidade	Características	Como trata os recursos humanos
Clássica	Década de 1910 até década de 1940.	■ Enfatiza a racionalização e a divisão do trabalho. ■ Valoriza o organograma, isto é, a estrutura formal da empresa. ■ Estimula a ordem, a disciplina e a hierarquia. ■ Organiza a empresa por funções.	■ Não leva em conta o histórico pessoal nem o estado emocional do funcionário. ■ Ignora os arranjos informais estabelecidos no ambiente de trabalho (as famosas "panelinhas", por exemplo), pois acredita que a organização formal é a única importante. ■ O departamento pessoal limita-se a selecionar, treinar e controlar os funcionários segundo os métodos científicos do taylorismo.
Humanística	Décadas de 1930 e 1940.	■ Enfatiza as relações sociais estabelecidas no ambiente de trabalho.	■ Coloca as relações humanas e sociais no centro das atenções. ■ Peca pelo simplismo e ingenuidade, pois acredita que o mero bem-estar dos funcionários elevará a produtividade.
Comportamental	Décadas de 1950 e 1960.	■ Preocupa-se com temas psicológicos e sociais, como motivação, satisfação, liderança, tomada de decisões ou resolução de conflitos. ■ Propõe técnicas de aplicação prática, embasadas nas teorias comportamentalistas.	■ O departamento pessoal deixa de se restringir a tarefas como recrutamento, seleção e demissão e passa a focar também treinamento e desenvolvimento. ■ Lentamente, a denominação *departamento pessoal* vai sendo substituída por *departamento de recursos humanos*.
Neoclássica	Da década de 1950 até os dias de hoje, com desdobramentos e atualizações.	■ Resgata e atualiza conceitos da teoria clássica. ■ Enfatiza objetivos e resultados. ■ Eclética, aproveita as melhores propostas das outras abordagens.	■ Considera que a administração de recursos humanos deve gerar valor à organização. ■ As práticas de RH passam a estar vinculadas a metas claramente definidas e mensuráveis.

Entre as várias maneiras possíveis de historicizar a administração de recursos humanos no Brasil, elegemos aqui a periodização proposta pelos já citados Tonelli, Lacombe e Caldas (2002). Os três autores dividem o desenvolvimento histórico do RH no Brasil e no mundo em quatro períodos: 1) do final do século XIX até a Primeira Guerra Mundial; 2) o período entre as duas guerras mundiais; 3) da Segunda Guerra Mundial até os anos 1980; 4) de 1990 até hoje. Como já vimos com detalhe a evolução histórica do RH no mundo, aqui reproduziremos, de maneira resumida, o que os autores comentam apenas no que diz respeito ao Brasil, segundo os quatro períodos por eles delineados.

1. *Do final do século XIX até a Primeira Guerra Mundial* — A economia brasileira é essencialmente agrícola, reproduzindo um modo de organização do trabalho muito próximo do recém-abandonado escravismo. Nessa época, a única coisa que tínhamos em comum com os países do hemisfério norte, já em processo de industrialização relativamente avançado, era a desconsideração dos recursos humanos.

2. *Período entre as duas guerras mundiais* — A crise do café, detonada pela quebra da bolsa em 1929, faz com que o capital migre do campo para a cidade, impulsionando a industrialização no eixo Rio-São Paulo. As relações de trabalho são paternalistas e ainda bastante influenciadas pelo recente passado escravocrata. No entanto, já se sente a necessidade de formar mão de obra especializada; exemplo disso é a criação do Liceu de Artes e Ofícios, em São Paulo. Os departamentos de pessoal têm papel limitado e bastante burocrático. Sua função é, basicamente, cumprir as exigências das leis trabalhistas que vêm sendo promulgadas e que, em 1º de maio de 1943, são reunidas na Consolidação das Leis do Trabalho (CLT).

3. *Da Segunda Guerra Mundial até os anos 1980* — Esse período caracteriza-se pela instalação de multinacionais no país, pelo crescimento das empresas privadas nacionais e por uma acelerada urbanização. Também é a época de obras gigantescas, como a cidade de Brasília, a ponte Rio-Niterói e a rodovia Transamazônica. A indústria brasileira copia o paradigma norte-americano em tudo, inclusive no modelo de gestão taylorista-fordista. A função básica dos departamentos pessoais é cumprir a legislação trabalhista, sendo as demais práticas de RH exercidas de modo informal ou incipiente. Em 1966 o FGTS é criado e torna-se possível demitir; como resultado, boa parte do empresariado opta por baixos salários e alta rotatividade. Os poucos esforços de treinamento e desenvolvimento voltam-se para os níveis gerenciais: a ideia é formar líderes bem capacitados para gerir a massa de mão de obra desqualificada.

O choque do petróleo de 1973 e, consequentemente, o fim do "milagre econômico" da Era Médici, fazem com que o Brasil entre na década de 1980 fragilizado e endividado. Para piorar a situação, a maioria das empresas está desatualizada quanto aos métodos administrativos, seguindo um modelo taylorista no qual os recursos humanos têm pouquíssima relevância.

4. *De 1990 até hoje* – A abertura da economia nos anos 1990 colocou o empresariado brasileiro frente a frente com concorrentes do mundo todo. A única saída era se modernizar, reduzindo custos e melhorando a qualidade dos produtos. Nem todos conseguiram, por isso se assistiu a uma forte onda de fusões e aquisições de empresas brasileiras por parte de multinacionais. Essa pressão gerada pela concorrência, aliada aos exemplos vindos de fora, deu um bom impulso à área de RH no país. Hoje, pelo menos no discurso, há grande ênfase no papel estratégico dos recursos humanos e na importância de práticas como treinamento e desenvolvimento.

Infelizmente, porém, pesquisas demonstram que essa filosofia moderna na maioria das vezes fica só no discurso mesmo. Tonelli, Lacombe e Caldas (2002) citam como exemplo um estudo conduzido pelo Senac-SP em 1995 entre cem empresas da Grande São Paulo, a maioria com menos de 500 funcionários.

Para fins metodológicos, os pesquisadores classificaram a estrutura de RH nas empresas em dois tipos: *estrutura de departamento pessoal* (DP), caracterizada por tarefas rotineiras e voltada ao cumprimento da legislação trabalhista, e *estrutura de recursos humanos* (RH), caracterizada por funções e estruturas mais complexas, que abrangem e transcendem a estrutura de departamento pessoal. Na amostra pesquisada, nada menos do que 61% das empresas apresentava estrutura de DP, e apenas 39% estrutura de RH.

O profissional de RH hoje

Na primeira seção deste capítulo, vimos que a área de recursos humanos começou o século XX de maneira muito tímida, cumprindo apenas funções burocráticas, a partir dos anos 1930 ganhou um viés psicológico e social e, nas últimas décadas, passou por alterações que a tornaram mais enxuta e eficiente, com metas claramente definidas e alinhadas às da organização.

Nesta última seção, veremos de modo mais detalhado o cenário atual – ou seja, o que se espera do profissional de RH hoje. Além disso, veremos quais as estruturas mais comuns da área de recursos humanos e como vêm sendo feitos os processos de terceirização, sempre com foco na realidade brasileira.

RH como parceiro de negócios

Se há uma palavra que resume o cenário organizacional dos nossos tempos, ela é *competitividade*. Atualmente, a tecnologia difunde-se a uma velocidade espantosa, inovações são copiadas da noite para o dia, e uma vantagem competitiva pouco sólida pode ser facilmente perdida. A Palm que o diga: pioneira dos celulares com tela sensível ao toque, a empresa viu a receita despencar com a entrada de dois rivais no mercado de smartphones – o BlackBerry, da RIM, que ganhou a preferência do cliente corporativo, e o iPhone, da Apple, que se tornou desejo de consumo no mundo todo. Resultado: apenas entre 2008 e 2009, as vendas da Palm caíram 71%.

Junto com a concorrência acirrada vem a instabilidade. Não que o mundo algum dia tenha sido estável; basta lembrar a época das guerras mundiais ou, no Brasil, os anos da hiperinflação para perceber que turbulência não é novidade na economia. Contudo, duas tendências das últimas décadas vieram adicionar ainda mais imprevisibilidade ao cenário:

a) a *globalização*, que permite a uma organização contar com insumos importados a preços relativamente baixos, bem como alcançar mercados antes inimagináveis – mas, por outro lado, coloca concorrentes do mundo todo nos seus calcanhares;

b) a *desregulamentação* dos mercados, outro legado da onda neoliberal que varreu o mundo a partir dos anos 1990.

Depois da crise financeira de 2008, que abalou a economia global e fez a taxa de desemprego nos Estados Unidos chegar a 8,1%, a maior desde 1983, há sinais de que medidas regulatórias serão tomadas. Por exemplo: os bônus pagos a altos executivos de instituições financeiras provavelmente terão de estar vinculados ao desempenho de tais instituições. Ações desse gênero podem trazer um pouco de racionalidade aos mercados, mas certamente não livrarão as empresas de abalos de maior ou menor proporção nos próximos anos.

Em resumo, quando somamos essas características dos tempos atuais – competitividade, globalização e desregulamentação –, percebemos que qualquer organização, seja qual for seu tamanho ou área de atuação, precisa aprender a lidar com ambiguidade e risco. Ao mesmo tempo, precisa continuamente encontrar soluções criativas e inovadoras para driblar a concorrência.

A boa notícia para o profissional de RH é que, de modo praticamente unânime, executivos e analistas acreditam que o único recurso das empresas capaz de proporcionar essas capacidades são as pessoas – o chamado *capital humano* das organizações. O capital humano é um dos tipos de capital que veio ganhando relevo na era do conhecimento e hoje é considerado tão importante quanto (ou até mais do que) o capital financeiro. Segundo Chiavenato (2009, p. 38), o capital humano faz parte do capital intelectual, o qual também inclui o capital interno e externo da organização, conforme vemos na Figura 1.1.

Mas como exatamente a equipe de RH ajuda a organização a aumentar sua competitividade por meio do capital humano? Talvez a melhor resposta tenha sido dada por Dave Ulrich, considerado um dos maiores gurus da gestão de pessoas na atualidade. Em 1997, Ulrich propôs um modelo de papéis para o RH que até hoje é usado como um guia à atuação na área.

> *O conceito de capital humano nasceu no campo da economia, especificamente na obra de Theodore Schultz (ganhador do Nobel de Economia em 1979) e seu aluno Gary Becker. Segundo os dois autores, capital humano é a soma dos conhecimentos e habilidades que a população de um país detém. Thomas Davenport foi o principal responsável por trazer esse conceito para o mundo organizacional, propondo inclusive maneiras de medir e gerenciar o capital humano em uma empresa. Dica de leitura: DAVENPORT, Thomas. Conhecimento empresarial: como as organizações gerenciam o seu capital intelectual. São Paulo: Campus, 1998.*

Figura 1.1   Composição do capital intelectual das organizações. Adaptado de: CHIAVENATO, 2009, p. 38.

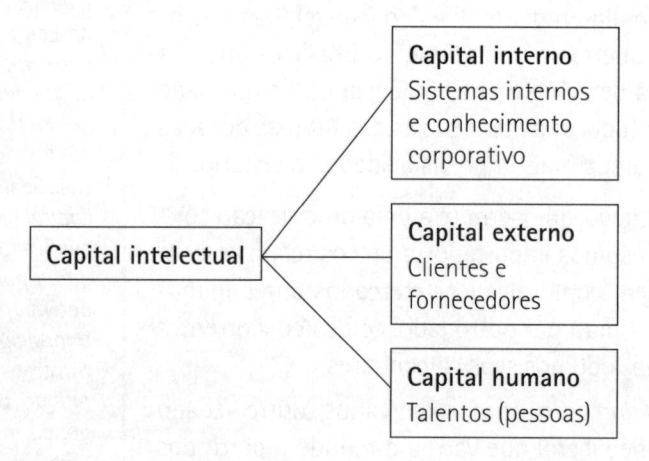

Capital intelectual
- **Capital interno**: Sistemas internos e conhecimento corporativo
- **Capital externo**: Clientes e fornecedores
- **Capital humano**: Talentos (pessoas)

Segundo o autor, nos anos 1990 o papel dos profissionais de RH era geralmente visto em termos de uma transição:

- de operacional para estratégico
- de fiscal para parceiro
- de administrativo para consultivo
- de focado internamente para focado externamente ou focado no cliente
- de focado em atividade para focado em soluções.
- de qualitativo para quantitativo
- de curto prazo para longo prazo
- de reativo para proativo
- de orientado a funções para orientado a negócios

Contudo, advertia o especialista, essas construções do tipo *de... para* podem ser muito simplistas — na verdade, os profissionais de RH desempenham múltiplos papéis. Eles devem cumprir tarefas operacionais e estratégicas; eles precisam ser fiscais e parceiros; eles devem se responsabilizar por atingir metas de curto e de longo prazo. Em resumo: para agregar valor a organizações cada vez mais complexas, os profissionais de RH devem desempenhar papéis cada vez mais complexos.

Ulrich sugeria, então, um modelo de atuação para o profissional de RH que envolvia quatro papéis: *parceiro estratégico, agente de mudanças, especialista administrativo* e *defensor dos funcionários*, conforme representamos graficamente na Figura 1.2.

Observe que o modelo tem a forma de uma matriz cortada por dois eixos. Em um dos eixos, temos, de um lado, o foco estratégico, voltado para o futuro — ou seja, para o longo prazo; do outro lado, o foco operacional, voltado para o dia a dia, para o curto prazo. No outro eixo, temos em um extremo os processos e, no outro, as pessoas. Desse modo, os papéis de *parceiro estratégico* e *especialista administrativo* estão mais relacionados a processos, sendo o primeiro mais estratégico e o segundo mais operacional. Por sua vez, os papéis de

Figura 1.2 Modelo de múltiplos papéis para os profissionais de RH. Adaptado de: ULRICH, 1997, p. 23-25.

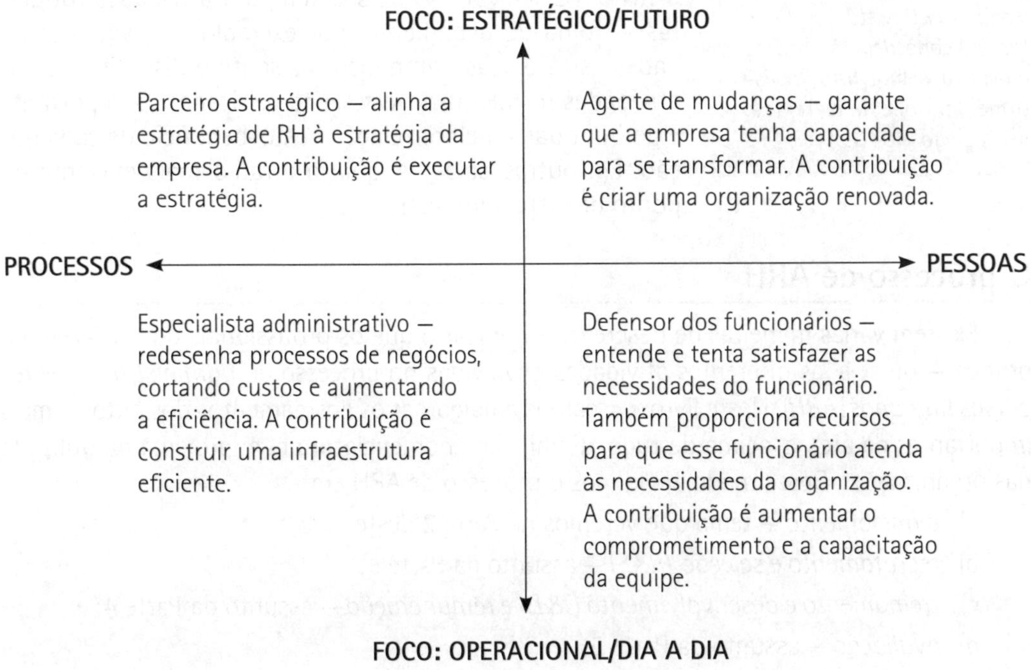

FOCO: ESTRATÉGICO/FUTURO

Parceiro estratégico – alinha a estratégia de RH à estratégia da empresa. A contribuição é executar a estratégia.	Agente de mudanças – garante que a empresa tenha capacidade para se transformar. A contribuição é criar uma organização renovada.
PROCESSOS ←	→ PESSOAS
Especialista administrativo – redesenha processos de negócios, cortando custos e aumentando a eficiência. A contribuição é construir uma infraestrutura eficiente.	Defensor dos funcionários – entende e tenta satisfazer as necessidades do funcionário. Também proporciona recursos para que esse funcionário atenda às necessidades da organização. A contribuição é aumentar o comprometimento e a capacitação da equipe.

FOCO: OPERACIONAL/DIA A DIA

agente de mudança e *defensor dos funcionários* estão mais relacionados com as pessoas, sendo novamente o primeiro mais estratégico e o segundo mais operacional.

Perceba, também, que a cada papel corresponde uma "contribuição". Essa contribuição é o que Ulrich chama de *deliverable*, isto é, um resultado que a área de RH deve *entregar* à organização. Se o RH não entregar resultados, será apenas um custo a mais para a organização.

A ideia é que a área como um todo desempenhe os quatro papéis. Eventualmente, eles podem ser distribuídos entre os membros da equipe, mas o fundamental é que todos sejam cumpridos. A soma desses quatro papéis faz da área de RH um *parceiro de negócios* da organização:

Parceiro de negócios = Parceiro estratégico + Especialista administrativo + Defensor dos funcionários + Agente de mudança

À primeira vista, pode parecer que o papel de parceiro estratégico é o que mais coloca o RH na posição de parceiro de negócios da organização. Contudo, tal parceria está presente em todos os papéis. Por exemplo: se o RH conseguir se transformar em um especialista administrativo, vai melhorar seus próprios processos, deixando-os mais eficientes e econômicos. E isso, obviamente, vai trazer uma contribuição direta à competitividade da empresa.

> No link a seguir, você pode ler uma entrevista que Dave Ulrich concedeu à revista brasileira Melhor: http://revistamelhor.uol.com.br/textos.asp?codigo=10411.

Sob essa perspectiva, não faz mais sentido discutir se o RH deve dedicar $x\%$ de seu tempo a atividades rotineiras — folha de pagamento, por exemplo — e $y\%$ a atividades estratégicas; tampouco faz sentido discutir se essas atividades rotineiras devem ser terceirizadas. O importante é definir qual a melhor relação custo-benefício de cada opção. Em outras palavras, qual o arranjo mais eficiente do ponto de vista administrativo.

O processo de ARH

Existem várias maneiras de descrever e nomear o que os profissionais de RH fazem na prática — ou seja, as diferentes atividades envolvidas no processo de *administração de recursos humanos* (*ARH*). Neste livro, buscamos amalgamar os ensinamentos dos autores mais importantes da área e, acima de tudo, definir uma nomenclatura bem próxima da utilizada nas organizações. Desse modo, dividimos o processo de ARH em:

a) *planejamento* — tema que veremos na Parte 2 deste livro;
b) *recrutamento e seleção (R&S)* — assunto da Parte 3;
c) *treinamento e desenvolvimento (T&D) e remuneração* — assunto da Parte 4; e
d) *avaliação* — assunto da Parte 5.

Na Figura 1.3, você vê como essas práticas se relacionam dentro do processo de ARH.

Estrutura da área de RH

Para entender a estrutura da área de RH, precisamos antes saber a diferença entre os conceitos de órgão de linha e órgão de *staff*. *Órgãos de linha* são aqueles responsáveis por

Figura 1.3 O processo de administração de recursos humanos (ARH) e suas práticas.

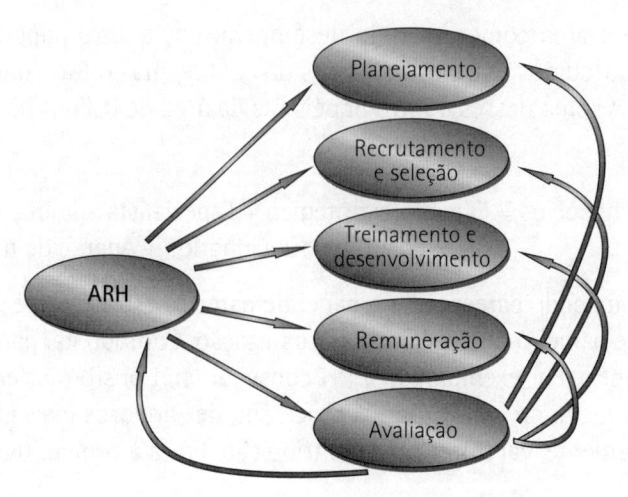

executar as atividades básicas da organização. Por exemplo: em um hospital, os setores de pronto-socorro, UTI, maternidade, enfermaria etc. são órgãos de linha. Já os *órgãos de staff* não executam diretamente as atividades da organização; seu papel é orientar e auxiliar os órgãos de linha, prestando-lhes serviços especializados. Por exemplo: os setores de administração, marketing, recursos humanos e finanças são órgãos de *staff*.

A área de RH é tipicamente um órgão de *staff*, que assessora os gerentes de linha com seus conhecimentos especializados sobre seleção, contratação, remuneração etc. Contudo, há uma forte tendência de algumas práticas de RH serem desempenhadas por todos os líderes da organização, criando-se, assim, um sistema de corresponsabilidade.

Segundo Chiavenato (2009, p. 118-119), a diretoria de recursos humanos deve estar no nível decisório da organização, ou seja, no mesmo nível das outras diretorias, como a industrial, a comercial e a financeira (Figura 1.4a). No entanto, em algumas organizações a diretoria de recursos humanos está no nível intermediário, subordinada, por exemplo, à diretoria administrativa (Figura 1.4b). Esse arranjo pode fazer com que as decisões de recursos humanos dependam de um órgão que não necessariamente compreende os objetivos e necessidades da área.

O departamento de recursos humanos pode, ainda, ser um órgão de assessoria da presidência (Figura 1.4c). Nesse caso, as políticas de recursos humanos são submetidas à análise da presidência e, uma vez aprovadas, devem ser seguidas por todas as outras diretorias.

Outsourcing de RH

Como já dissemos, uma das tendências mais importantes no RH hoje é a terceirização ou *outsourcing*. Segundo a Associação Brasileira de Provedores de Outsourcing em RH (ABPO-RH), existem atualmente três formatos para esse tipo de operação:
- o *business process outsourcing* (*BPO*), no qual a prestadora coloca funcionários para fazer o serviço dentro da estrutura do cliente;
- o *business service provider* (*BSP*), em que a empresa cliente faz o *input* dos dados em um sistema e a prestadora se responsabiliza pelo processamento; e
- o *application service provider* (ASP), modelo em que o cliente usa o sistema e a estrutura de banco de dados do fornecedor, com autonomia para realizar todo o processo.

Conforme o tipo de serviço prestado, a provedora de *outsourcing* terá de apresentar competências bem diferentes. No modelo de BPO, são exigidas competências de gestão de pessoas, incluindo aspectos estratégicos e consultivos. Naturalmente, a provedora deverá enviar à empresa cliente uma equipe de RH altamente especializada, de maneira que esse também constitui um importante campo de trabalho para o profissional de RH.

No modelo ASP, ao contrário, as competências de gestão de pessoas são bem menos importantes. O que entra em jogo aí são as competências relacionadas à administração de sistemas de informação. Por fim, o modelo BSP é um meio-termo entre os dois anteriores.

Figura 1.4 Diferentes possibilidades para o posicionamento da ARH na organização (CHIAVENATO, 2009, p. 119-120).

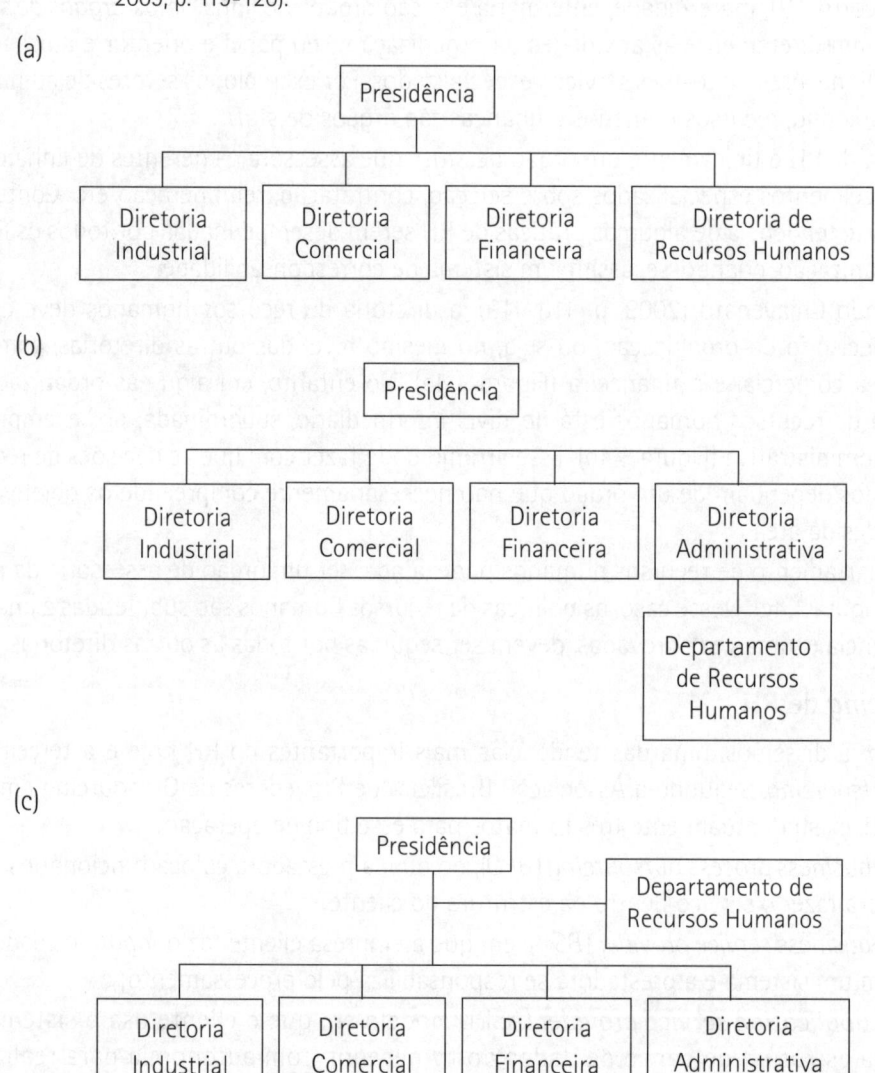

(a)

```
                        Presidência
      ┌──────────┬──────────┴──────────┬──────────┐
  Diretoria   Diretoria           Diretoria    Diretoria de
  Industrial  Comercial           Financeira   Recursos Humanos
```

(b)

```
                        Presidência
      ┌──────────┬──────────┴──────────┬──────────┐
  Diretoria   Diretoria           Diretoria    Diretoria
  Industrial  Comercial           Financeira   Administrativa
                                                     │
                                               Departamento
                                               de Recursos
                                                 Humanos
```

(c)

```
              Presidência
                   │──────── Departamento de
                   │          Recursos Humanos
      ┌──────┬────┴───┬──────┐
  Diretoria Diretoria Diretoria Diretoria
  Industrial Comercial Financeira Administrativa
```

Ainda de acordo com a ABPO-RH, a atividade mais terceirizada atualmente no Brasil é a folha de pagamento. Em menor proporção, aparecem as áreas de benefício, recrutamento e seleção e treinamento de pessoal. É provável que a terceirização dessas áreas aumente nos próximos anos, seguindo a tendência mundial.

Muitas empresas acreditam que vão gastar menos terceirizando as tarefas operacionais, mas nem sempre isso acontece. Geralmente, o que elas conseguem é economizar tempo — o que libera a equipe de RH interna para atividades mais estratégicas — e desfrutar de serviços mais profissionais e eficientes, especialmente quando o nível de tecnologia exigido é alto.

SAIU NA IMPRENSA

RH SERÁ MENOS "PATRIARCAL" E MAIS RACIONAL

Se as empresas estão demitindo mais e gastando mais com assessorias especializadas, ganham espaço nos conselhos de administração os diretores de recursos humanos. Como ocorre com os demais profissionais de alto escalão, contudo, seu perfil deve se adaptar à crise. Com isso, saem os "patriarcalistas" e entram os "racionalistas", o RH mais intimamente ligado ao "business" e capaz de cortar com precisão profissionais de baixo rendimento. "O RH ficará completamente ligado ao negócio, vai ascender na crise e virar um braço do "board" da empresa. Todos perceberam que são as pessoas que fazem a diferença em um negócio. E quem for mais objetivo na administração dessas pessoas ganhará espaço", afirma Leyla Galetto, diretora-executiva da Stanton Chase International, que recruta executivos de alto nível. Paulo Pontes, presidente da Michael Page, diz que executivos de RH estão entre os mais requisitados pelas empresas nas últimas semanas. "É um quadro que não perdeu espaço na crise. Mas a demanda é por quem consegue reter os melhores e tirar o máximo de cada um. Precisa saber cortar e fazer remanejamentos internos. "Pontes cita ainda pesquisa com executivos de grandes empresas que mostra que, para 2009, 60% pretendem cortar quadros. E a mesma proporção planeja diminuir os gastos com consultorias. "O desafio será conciliar a parte humana com o "business", resume Sofia Amaral, da DMRH.

Fonte: Folha de S.Paulo, 14 dez. 2008.

Essa reportagem foi publicada logo após a crise financeira de 2008, que começou no setor de hipotecas norte-americano e logo se espalhou para quase toda a economia global. Bancos, construtoras, montadoras, indústrias pesadas e ligadas a *commodities* foram as que mais demitiram.

1. Releia o que dissemos sobre a crise do capitalismo nos anos 1980 e as consequências que ela trouxe para a área de recursos humanos. Quais semelhanças podemos ver entre esses dois momentos? E quais as diferenças entre eles?
2. Na sua opinião, quais seriam as ações típicas de um diretor de recursos humanos com perfil "patriarcalista"? E de um diretor com perfil "racionalista"?
3. Levando em conta as abordagens à administração que estudamos neste capítulo, qual ou quais se aproximam mais do perfil "patriarcalista"? E do perfil "racionalista"?
4. Em um momento de crise como o descrito na reportagem, você é contratado para a área de RH de uma organização de médio porte. Quais etapas do processo de administração de recursos humanos você acha que deve enfatizar nesse momento? De que maneira? Por quê?

NA ACADEMIA

- Reúna-se com três colegas. Vocês vão montar uma apresentação do tipo PowerPoint® para contar a evolução histórica do RH no mundo.
- Três de vocês vão reler e resumir o que estudamos sobre o tema neste capítulo. Vocês podem seguir a mesma estrutura usada aqui, ou organizar as informações de outra maneira. Pesquisem fotos na Internet para ilustrar cada momento histórico.
- O quarto membro do grupo vai se dedicar a encontrar informações que *não* foram apresentadas neste livro. A pesquisa pode ser feita a partir das dicas de leitura dadas nas margens; ou, ainda, o resto do grupo pode sugerir um aprofundamento sobre algum assunto que tenha despertado interesse.
- Vocês podem exibir as apresentações de duas maneiras:
  - se a turma dispuser de um site, blog, ou mesmo lista de discussão (como as do Yahoo! Grupos), cada equipe pode disponibilizar on-line sua apresentação para que os colegas vejam e comentem;
  - se for mais conveniente, cada equipe pode exibir sua apresentação em sala, acompanhada de uma exposição oral.
- Combinem a melhor forma com o professor.

Pontos importantes

- O paradigma taylorista-fordista é um modo de organização do trabalho caracterizado pela padronização de movimentos, pelo controle rígido do tempo e pela especialização extrema, a ponto de cada funcionário conhecer apenas a sua etapa na produção de um bem.
- Realizados entre 1927 e 1932, os experimentos de Hawthorne tiveram papel fundamental para a administração de recursos humanos, pois chamaram atenção para a necessidade de contemplar aspectos psicológicos e sociais na administração das empresas.
- As principais abordagens à administração de empresas são: clássica, humanística, comportamental e neoclássica. A clássica ignora os recursos humanos, tratando os funcionários praticamente como autômatos. A humanística coloca as relações humanas e sociais

no centro das atenções, mas não propõe métodos práticos para geri-las. A comportamental foca motivação, satisfação e liderança, usando técnicas práticas; contudo, não estabelece metas objetivas aos esforços de RH. Já a neoclássica dá grande valor aos recursos humanos e suas práticas — desde que eles tragam contribuições concretas e mensuráveis à organização.

- A área de RH no Brasil seguiu o mesmo caminho trilhado no mundo industrializado, mas sempre com significativo atraso.
- O papel do RH nos dias de hoje é o de um parceiro de negócios da organização. Ele deve achar a melhor combinação entre atividades rotineiras e estratégicas, sempre de olho na competitividade da organização que atende.

Referências

ABPO-RH — Associação Brasileira de Provedores de Outsourcing em RH. *O que é outsourcing?* Disponível em: www.abporh.org.br. Acesso em: 1 out. 2009.

BARBIERI, José Carlos; ÁLVARES, A. C. Teixeira. O retorno dos sistemas de sugestão: abordagem, objetivos e um estudo de caso. *Cadernos EBAPE-BR* (FGV), Rio de Janeiro, v. 1, p. 1-17, 2005.

CHIAVENATO, Idalberto. *Administração geral e pública*. Rio de Janeiro: Elsevier, 2006.

_____. *Recursos humanos*: o capital humano das organizações. 9. ed. Rio de Janeiro: Elsevier, 2009.

DOHSE, Knuth; JÜRGENS, Ulrich; MALSCH, Thomas. From 'Fordism' to 'Toyotism'?: the social organization of the labor process in the Japanese automobile industry. In: WOOD, John Cunningham; WOOD, Michael C. *Henry Ford*: critical evaluations in business and management. v. 2. London: Routledge, 2002.

DRUCKER, Peter. (1995) Um século de transformações sociais: a emergência da sociedade do conhecimento. In: *O melhor de Peter Drucker*: a sociedade. Tradução de Edite Sciulli. São Paulo: Nobel, 2002. p. 43-58.

EUA: 12,5 milhões estão desempregados. *Veja*, São Paulo, 6 mar. 2009.

MARQUES, Pedro. Palm registra perda de US$ 95 milhões no terceiro trimestre fiscal. *IDG Now!* 20 mar. 2009.

MARX, Roberto. Organização do trabalho na indústria automobilística sueca. *São Paulo em Perspectiva*, v. 8, n. 1, jan./mar. 1994. p. 91-97.

MORGAN, Gareth. *Images of organization*. 2. ed. Thousand Oaks (CA): Sage, 2006.

ROETHLISBERGER, F. J.; DICKSON, William J. (1939) *Management and the worker*. Abingdon: Routledge, 2003.

SCHOLTES, Peter R. *The leader's handbook*: making things happen, getting things done. New York: McGraw-Hill, 1998.

SMITH, Adam. *A riqueza das nações*. (1776) Trad. de Maria Teresa Lemos de Lima. Curitiba: Juruá, 2006.

SPRINGER, Beverly; SPRINGER, Stephen. Human resource management in the U.S.: celebration of its centenary. In: PIEPER, Rüdiger (Ed.). *Human resource management*: an international comparison. Berlin; New York: De Gruyter, 1990. p. 41-60.

TONELLI, Maria José; LACOMBE, Beatriz; CALDAS, Miguel Pinto. Desenvolvimento histórico do RH no Brasil e no mundo. In: BOOG, Gustavo; BOOG, Magdalena (Coords.). *Manual de gestão de pessoas e equipes*: estratégias e tendências. v. 1. São Paulo: Gente, 2002.

ULRICH, David. *Human resources champions*: the next agenda for adding value and delivering results. Boston: Harvard Business School Press, 1997.

PARTE II
PLANEJANDO RH

Esta Parte II aborda a primeira etapa do processo de administração de recursos humanos: o planejamento. Primeiro, no Capítulo 2, veremos como as organizações costumam fazer o seu planejamento geral e como a área de recursos humanos se alinha a ele. Examinaremos, também, como a função de RH faz o seu próprio planejamento. Depois, no Capítulo 3, trataremos do planejamento de cargos, aquele que diz respeito a como alocar adequadamente as pessoas a fim de cumprir os objetivos de RH e os objetivos gerais da organização.

Capítulo 2

PLANEJAMENTO DE PESSOAS

Neste capítulo, abordaremos as seguintes questões:
- O que é gestão por resultados?
- O que é planejamento estratégico?
- O que é competência e gestão por competências?
- Qual a participação do RH na formulação e implantação do planejamento organizacional?
- Quais as principais metodologias de planejamento de RH?

Introdução

"O desafio da área de RH é alinhar a gestão dos recursos humanos ao plano estratégico de negócio", declarou o conferencista Roberto Shinyashiki em 2005 à revista *Melhor*, ligada à Associação Brasileira de Recursos Humanos (ABRH). Com algumas variações, você ainda vai ouvir essa frase muitas vezes na área de RH. Mas o que significa exatamente alinhar a administração de recursos humanos ao plano estratégico do negócio? Aliás, o que significa exatamente um plano estratégico?

É a essas questões básicas de planejamento que o presente capítulo pretende responder. A primeira seção vai lhe fornecer um panorama conceitual sobre planejamento organizacional e planejamento de RH. Já a segunda seção, de caráter mais prático, apresentará duas metodologias para o planejamento de RH, uma delas baseada no modelo de gestão por competências.

Planejamento organizacional *versus* planejamento de recursos humanos

Nesta seção, veremos alguns conceitos que todo administrador precisa conhecer, não apenas o de RH: gestão por resultados, planejamento estratégico, competências centrais e gestão por competências. Evidentemente, não é nossa intenção esgotar cada um desses temas, mas sim apresentar uma primeira aproximação, para que depois você aprofunde seu estudo com as leituras recomendadas na margem ou outras indicadas por seu professor.

Gestão por resultados

Perto da sua casa há algum monumento, túnel ou passarela precisando de limpeza? Se você mora em Santo André, na Grande São Paulo, pode solicitar à prefeitura uma lavagem de alta pressão. Seu pedido será atendido em no máximo 129 dias úteis.

O prazo pode parecer longo, mas pelo menos você tem certeza de que será cumprido – o que, convenhamos, nem sempre ocorre no serviço público. Em 1997, a prefeitura de Santo André deu início ao Programa de Modernização Administrativa, que, entre outras medidas, substituiu o modelo tradicional de gestão por um modelo de *gestão por resultados*.

Dentro do novo paradigma administrativo, foi instituída a figura do *ombudsman*, um profissional sem vínculo partidário cuja responsabilidade é fiscalizar os serviços prestados pela Prefeitura. Para que o *ombudsman* pudesse realizar seu trabalho de maneira objetiva, foi feito um levantamento do prazo necessário para atender às demandas dos cidadãos – um desses prazos são os 129 dias para a limpeza de equipamentos públicos. Atender à solicitação em um prazo igual ou inferior a esse é o *resultado* a ser atingido pela Secretaria de Obras e Serviços Públicos e pelo qual ela será cobrada.

A gestão por resultados pode ser uma novidade no poder público, mas já acumula décadas de história na iniciativa privada. Ela é, na verdade, um refinamento do conceito de *administração por objetivos* (*APO*), proposto por Peter Drucker em 1954, no livro *The practice of management* (publicado no Brasil com o título de *A prática da administração de empresas*).

A APO representou uma revolução nas teorias administrativas. Até então, as diferentes abordagens à administração, como aquelas que comentamos no capítulo anterior — a clássica, a humanística e a comportamental —, haviam se preocupado em tornar as organizações mais eficientes. Em outras palavras, o foco estava em *como* produzir mais e melhor. Ninguém se perguntava *por que* ou *para que* produzir.

> *A palavra ombudsman vem do sueco e significa "representante"; de fato, o ombudsman "representa" os interesses dos cidadãos perante uma entidade pública, ou dos clientes, no caso de uma instituição privada. Embora pago pela organização, ele deve ter um olhar "de fora", apontando falhas e fiscalizando os serviços prestados, bem como ouvindo e encaminhando reclamações do público externo.*

Nesse livro de 1954, Drucker conta uma anedota que ilustra bem essa diferença de posturas. Alguém perguntou a três escultores o que eles estavam fazendo. O primeiro respondeu: "Estou trabalhando para ganhar a vida". O segundo continuou martelando enquanto dizia: "Estou executando o melhor trabalho de entalhamento do país". Por fim, o terceiro olhou para o alto com um brilho visionário nos olhos e disse: "Estou construindo uma catedral".

Segundo Drucker, apenas o terceiro escultor era um administrador de verdade. O primeiro era o tipo de profissional que "aceita trabalhar bem em troca de um bom ordenado". É possível que ele consiga o que queira, mas nunca será um administrador.

O problema, para Drucker, está no segundo escultor, aquele que estava preocupado em realizar seu trabalho da melhor maneira possível. Evidentemente, é importante que as organizações contem com pessoas assim; contudo, alerta o autor, esse tipo de postura pode fazer com que o trabalho se transforme em um fim em si mesmo.

Em uma organização, é comum que cada gerente tente fazer de seu departamento um exemplo de qualidade e eficiência. Isso é ótimo — desde que tal esforço esteja alinhado com as metas da organização como um todo. Do contrário, corre-se o risco de cada gerente conduzir seu departamento segundo os critérios de sua especialidade, e não de acordo com as contribuições que o departamento deve trazer à empresa.

Por exemplo: o responsável pela administração do restaurante em um hotel pode montar um cardápio internacional e sofisticado, que certamente seria muito bem avaliado no mundo da gastronomia. Mas, se o hotel pretende se posicionar como um meio de hospedagem aconchegante, ligado à cultura regional, a ação do gerente do restaurante *não* está de acordo com os objetivos gerais da organização. Enfim, cada gerente precisa lembrar que está construindo uma catedral, e não talhando maravilhosamente o mármore.

O modelo da administração por objetivos tem justamente a função de ajudar nesse alinhamento. A cada nível hierárquico, o líder reúne-se com os líderes que lhe são imediatamente subordinados e, juntos, eles estabelecem os objetivos a serem cumpridos. Assim, por exemplo, o presidente se reúne com o diretor industrial, o diretor comercial e o diretor administrativo e, com cada um deles, estabelece os objetivos para cada área. Depois, o diretor industrial reúne-se com o gerente da planta 1, o gerente da planta 2 e o gerente da planta 3 e, a cada reunião, estabelecem-se os objetivos para a planta correspondente. Na planta 1, o gerente se reúne com o coordenador de estoque, o coordenador de produção, o coordenador de manutenção, e assim por diante, e juntos vão estabelecendo os objetivos.

É importante observar que os objetivos devem ser decididos *conjuntamente* pelo superior e seus subordinados. E, alerta Drucker, não se trata apenas de dar ao subordinado a "sensação de estar participando". Ao longo da estrutura hierárquica da organização, todos os líderes devem ser levados a participar de modo ativo e responsável na definição dos objetivos. Nas palavras de Drucker: "somente quando os administradores de escalões inferiores tiverem esse tipo de participação é que seus superiores saberão precisamente o que esperar e exigir deles" (2002, p. 122).

Outro ponto fundamental é saber *como* definir os objetivos. Segundo Philip Kotler (2005), para que um sistema de APO funcione, os objetivos devem atender a quatro critérios:

> *Um dos aspectos mais revolucionários da APO foi ter aberto a possibilidade de autocontrole. Antes, o controle sobre cada profissional era exercido por um agente externo — seu superior — com base em critérios muitas vezes incompreensíveis para o subordinado. Em artigo de 1970, João Bosco Lodi lembra que, até poucos anos antes, os "objetivos" estabelecidos pelas empresas concentravam-se em apenas dois polos: redução de custos ou aumento de lucros. Esse enfoque ficava claro para funcionários com formação financeira; porém, "imagine-se a dificuldade de um operário, de um supervisor ou de um especialista, de traduzir a sua contribuição em termos de lucro" (1970, p. 97).*

- *devem ser organizados hierarquicamente, do mais para o menos importante* — com esse arranjo, a organização pode decompor objetivos amplos em objetivos mais específicos, voltados a departamentos e pessoas específicas;
- *sempre que possível, devem ser estabelecidos quantitativamente* — o objetivo "limpar o equipamento público em 129 dias" está mais bem definido do que "limpar o equipamento público o mais rápido possível";
- *as metas devem ser realistas* — a Prefeitura de Santo André poderia ter estabelecido um prazo menor do que 129 dias, mas não adiantaria nada se não fosse possível cumpri-lo;
- *os objetivos devem ser consistentes* — a Secretaria de Educação, por exemplo, não pode estabelecer como objetivos cortar pessoal e abrir novas escolas. A menos que haja um bom plano de remanejamento de pessoas, não será possível abrir as novas unidades sem gente para trabalhar nelas.

Uma vez definidos os objetivos, o superior e o subordinado combinam quais recursos, materiais ou não, serão necessários para atingi-los. O superior se compromete a proporcionar tais recursos, e o subordinado a utilizá-los da melhor maneira possível para alcançar os objetivos.

Posteriormente, em datas predefinidas, superior e subordinado voltam a se reunir para avaliar o andamento do plano. Os objetivos são, então, redefinidos ou redimensionados, de maneira que o processo está sempre recomeçando.

Nos Estados Unidos, já na década de 1960, as expressões *management by objectives* (*administração por objetivos*) e *management by results* (*administração por resultados*) passam a ser utilizadas de maneira intercambiável. Em 1964, Drucker lança o livro *Managing for results: economic tasks and risk-taking decisions* (publicado no Brasil como *Administrando para obter resultados*), mais voltado às decisões estratégicas tomadas pela alta direção. Talvez por influência dessa obra, nas décadas seguintes a expressão *administração* ou *gestão por resultados* populariza-se, especialmente no Brasil.

É possível estabelecer alguma diferença semântica entre administrar *por objetivos* e administrar *por resultados*. Contudo, os dois conceitos envolvem essencialmente os mesmos três passos: a) estabelecer objetivos a serem alcançados; b) indicar métricas para monitorá-los; e c) avaliar os objetivos regularmente, dando reinício ao processo.

Planejamento estratégico

Um conceito intimamente relacionado à gestão por resultados é o de *planejamento estratégico*. Afinal de contas, a definição de objetivos ou resultados a serem atingidos nos indica aonde queremos chegar. Mas como vamos chegar lá? É aí que entra o planejamento.

Níveis de planejamento

Nem todo planejamento que se faz em uma organização é estratégico. Evidentemente, também é necessário planejar atividades prosaicas do dia a dia, como o que fazer quando chega o pedido de um cliente. Contudo, o planejamento estratégico é o mais importante porque é ele que norteia todos os demais.

Especificamente, dizemos que existem três níveis de planejamento nas empresas: estratégico, tático e operacional.

- *Planejamento estratégico* — é feito pelos líderes que estão no *nível institucional* da organização, como presidente e vice-presidentes, ou ainda os diretores. Concentra-se em objetivos gerais e de longo prazo.
- *Planejamento tático* — é realizado pelos líderes que ocupam o nível *tático* ou *intermediário* da organização; em algumas empresas, são os diretores e, em outras, os gerentes. É nesse nível que surgem o planejamento de marketing, de vendas, de produção — e o de recursos humanos

> *Embora continue sendo referência básica à atuação de muitos líderes, a gestão por resultados também tem suas mazelas. Em geral, apontam-se dois problemas na sua adoção. O primeiro é que as empresas podem perder muito tempo definindo objetivos e métricas, em vez de se concentrar em suas atividades-fim. O segundo é que, na prática, é extremamente difícil implantar a formulação "democrática" de objetivos preconizada por Drucker. O superior hierárquico tende a exercer uma coação natural sobre o subordinado, que muitas vezes acaba aceitando as metas mesmo quando discorda delas, ou quando sabe que não vai conseguir cumpri-las.*

também. O planejamento tático faz a ponte entre os objetivos estratégicos e sua execução operacional, com foco no médio prazo. Delineia objetivos mais específicos e detalhados que os do planejamento estratégico, mas não entra em tantas minúcias quanto o operacional.

- *Planejamento operacional* – é feito pelos líderes do nível operacional, que podem ser gerentes em algumas organizações e, em outras, supervisores ou coordenadores. É nesse nível, focado no curto prazo, que são decididos o cronograma de cada ação e a atuação específica de cada pessoa.

Na Figura 2.1, vemos uma representação gráfica desses três níveis, bem como exemplos de decisões que podem ser tomadas em cada um deles. Nos níveis tático e operacional, os exemplos dados dizem respeito especificamente à área de RH.

Essa divisão entre nível institucional, intermediário e operacional diz respeito ao grau de autoridade dentro da empresa. Além disso, organizações com operações diversificadas costumam apresentar também uma estruturação por divisões ou unidades de negócio. Nesse caso, continuamos tendo o nível institucional ou corporativo, que cuida de todas as unidades, depois o nível das unidades de negócio (UNs) e, depois, o de marcas ou produtos. Por exemplo: a Femsa, uma das maiores empresas de bebidas da América Latina, tem três unidades de negócios – a Coca-Cola Femsa, a Femsa Cerveja e a Femsa Comércio – sendo cada uma delas responsável pela administração de várias marcas (Sol e Tecate, por exemplo, são marcas da Femsa Cerveja). O RH, como órgão de staff, pode assessorar a organização como um todo ou cada UN separadamente – ou seja, pode haver um planejamento de RH para toda a organização, ou um para cada UN específica.

Para conceber tais exemplos, fixamo-nos no caso da Livraria Cultura, uma rede de livrarias sediada na capital paulista. Nos últimos anos, a rede teve de tomar uma série de decisões estratégicas para fazer frente ao avanço de megarrivais on-line, como a Submarino e a Americanas.com.

Sua escolha foi especializar-se no comércio de livros, distinguindo-se assim da maioria das concorrentes, que também vendem eletrônicos, *games*, celulares e outros produtos – na rede francesa FNAC, por exemplo, apenas 25% do faturamento vem dos livros. Vejamos, então, exemplos de como essa decisão estratégica da livraria se desdobrou nos níveis inferiores.

Missão, visão, valores, objetivos e metas

O primeiro passo do planejamento estratégico é definir a *concepção de negócio* – ou seja, responder à questão básica "qual é o nosso negócio?". Para definir isso, não devemos pensar em termos de "o que vamos fazer?", e sim em termos de "qual tipo de valor nossas atividades vão trazer ao cliente?". Observe a diferença: o negócio da Livraria Cultura não é "vender livros", e sim "disponibilizar o mais completo acervo de títulos do mercado com a mais competente e preparada equipe de colaboradores, comprometida em fazer do ato de compra uma experiência única de descoberta e prazer".

Essa sentença, que resume o propósito, a razão de existir da empresa, chama-se *missão*. A missão indica a concepção de negócio na atualidade; contudo, as organizações são sistemas abertos, em constante evolução; portanto, é necessá-

Figura 2.1 Níveis de planejamento na organização e exemplos de decisões em cada nível.

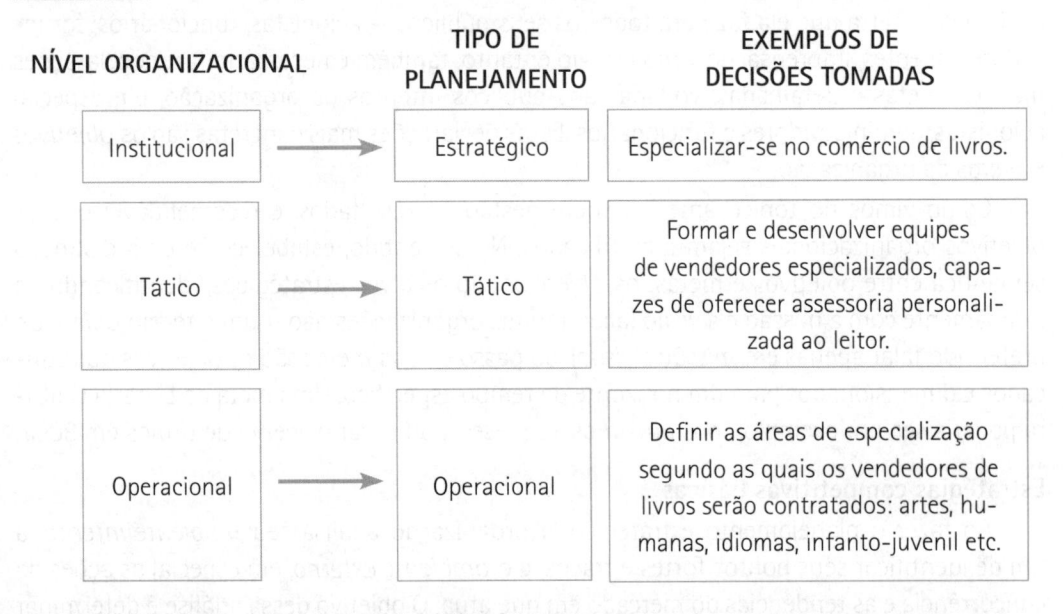

NÍVEL ORGANIZACIONAL	TIPO DE PLANEJAMENTO	EXEMPLOS DE DECISÕES TOMADAS
Institucional →	Estratégico	Especializar-se no comércio de livros.
Tático →	Tático	Formar e desenvolver equipes de vendedores especializados, capazes de oferecer assessoria personalizada ao leitor.
Operacional →	Operacional	Definir as áreas de especialização segundo as quais os vendedores de livros serão contratados: artes, humanas, idiomas, infanto-juvenil etc.

rio pensarmos também como será nosso negócio no futuro, daqui a uns cinco ou dez anos. A essa concepção futura de negócio damos o nome de *visão*.

A visão da Livraria Cultura, por exemplo, é: "A Livraria Cultura acredita no poder transformador da informação. Queremos ser a melhor loja de informação e entretenimento e nos consolidar como a referência do setor. Quanto mais crescermos, mais distribuiremos informação e assim ajudaremos as pessoas a construir um mundo melhor e mais justo".

Para cumprir sua missão e atingir sua visão, a organização pode trilhar diferentes caminhos. Aquilo que vai determinar sua linha de conduta, ou seja, que vai orientá-la sobre qual caminho escolher, são os seus *valores*. Os valores da Livraria Cultura são:

Ética — A Livraria Cultura prima pela moral e pela transparência na condução dos negócios e na conduta com as pessoas.

Responsabilidade — A Livraria Cultura acredita que a responsabilidade cultural contribui para o processo de conscientização da sociedade em direção ao desenvolvimento sustentável econômico, social e ambiental.

Inovação — Nossa premissa é que, se algo funciona, já está obsoleto. A busca incessante de criar o novo vem de uma inquietação de todos.

Excelência — O profissionalismo e o trabalho em equipe são a base para a excelência. Propostas de melhorias são sempre bem-vindas. Queremos ir muito além das expectativas.

Diversidade — A diversidade faz parte da nossa natureza. A variedade do nosso acervo e os diferentes perfis dos nossos colaboradores são o reflexo desse valor.

A missão, a visão e os valores são uma espécie de "manifesto da organização", uma declaração aberta que ela faz para todos os seus públicos — acionistas, funcionários, fornecedores, clientes, imprensa, governo etc. No entanto, também é necessário fazer declarações mais concretas e detalhadas, voltadas aos públicos internos da organização, em especial acionistas, administradores e funcionários. Essas declarações mais concretas são os *objetivos* e *metas* da organização.

Como vimos no tópico anterior, sobre gestão de resultados, é recomendável que os objetivos organizacionais sejam quantificados. Nesse sentido, estabelece-se uma distinção semântica entre objetivos e metas: os *objetivos* são os alvos estratégicos, identificando-se intimamente com a missão e a visão (aliás, muitas organizações não usam o termo *objetivos*, preferindo falar apenas em *missão e visão*), ao passo que as *metas* são os objetivos quantificados e dimensionados para um horizonte de tempo específico. Uma meta da Livraria Cultura poderia ser, por exemplo, "nos próximos 12 meses, aumentar o acervo de títulos em 30%".

Estratégias competitivas básicas

Ao fazer o planejamento estratégico, a organização analisa seu *ambiente interno*, a fim de identificar seus pontos fortes e fracos, e o *ambiente externo*, em especial as ações da concorrência e as tendências do mercado em que atua. O objetivo dessa análise é determinar qual vantagem competitiva deve ser buscada. *Vantagem competitiva* é a capacidade que uma organização tem de apresentar, em um ou mais itens, um desempenho superior ao dos concorrentes. No exemplo visto, a vantagem competitiva da Livraria Cultura é a especialização em livros.

Segundo Michael Porter (1980), existem três estratégias básicas para construir uma vantagem competitiva: liderança em custos, diferenciação e foco.

- *Liderança em custos* — nesse caso, a empresa busca oferecer preços mais baixos que os dos concorrentes e abocanhar uma boa fatia do mercado. Para tanto, precisa desenvolver uma excelente capacidade de gerenciar os custos de produção e distribuição.
- *Diferenciação* — nesse caso, a empresa busca se diferenciar em termos qualitativos, oferecendo uma ou mais características especiais valorizadas pelo cliente. Para isso, precisa desenvolver capacidades superiores em áreas diretamente ligadas à qualidade, como *design* ou atendimento.
- *Foco* — quem opta por essa estratégica foca um mercado específico, também chamado de *nicho*. Nesse caso, a empresa precisa desenvolver a capacidade de conhecer profundamente as características e preferências daquele mercado.

Pensando ainda no setor brasileiro de livrarias, podemos dizer que a rede Nobel é um exemplo de organização que optou pela *liderança em custos*. Com 155 franquias espalhadas pelo país, a rede tem ampla penetração geográfica — e, como compra em grandes quantidades, consegue negociar bons preços com os distribuidores. Por sua vez, a Cultura, como vimos, apostou na *diferenciação*. Além de oferecer atendimento altamente especializado, a empresa busca fazer de suas lojas pontos de encontro culturais, com a organização de concertos, palestras, cafés filosóficos e outros eventos. Finalmente, as inúmeras livrarias especializadas do país adotaram uma estratégia baseada em *foco*. Por exemplo: a Devir, de São Paulo, é especializada em quadrinhos, a Technical Books, do Rio de Janeiro, é especializada em livros técnicos, a LivroMed, de Salvador, em livros da área de saúde, e assim por diante.

Essas três estratégias delineadas por Porter são, como dito, básicas. Existem várias outras e, à medida que os cenários organizacionais tornam-se mais complexos, as estratégias também vão se tornando mais multifacetadas. Independentemente disso, observe que, em cada uma das três estratégias descritas, indicamos que, para levá-las a cabo — ou seja, para conquistar aquela vantagem competitiva –, a organização precisava desenvolver determinadas capacidades. Essas capacidades são o que chamamos de *competências centrais*.

O conceito de competências centrais é tão importante para a área de RH que o trataremos em um tópico separado.

Competências centrais

O conceito de competência central popularizou-se no mundo corporativo em 1990, quando C. K. Prahalad e Gary Hamel publicaram um artigo de grande repercussão intitulado "*The core competence of corporation*". O artigo começava comparando o desempenho de duas empresas: a norte-americana GTE e a japonesa NEC.

No início dos anos 1980, a GTE parecia prestes a se tornar uma potência dentro do nascente setor de tecnologia da informação. A organização atuava em vários mercados, incluindo o de telefones, sistemas de transmissão e comutação, PABX digital, semicondutores, satélites, sistemas de segurança e produtos de iluminação, além de contar com uma divisão de produtos para entretenimento, que fabricava, entre outros, os televisores da marca Sylvania. Em 1980, suas vendas alcançaram US$ 9,98 bilhões. No mesmo ano, a NEC, que também tinha negócios na área de TI e uma base tecnológica semelhante à da GTE, teve um faturamento bem menor, de US$ 3,8 bilhões.

Oito anos depois, o faturamento da GTE estava em US$ 16,46 bilhões — e o da NEC, em US$ 21,89 bilhões. O que explicava um desempenho tão diferente entre as duas empresas ao longo de apenas oito anos? Para Prahalad e Hamel, a resposta era: a alta direção da GTE havia enxergado a organização como um *portfólio de negócios*, enquanto a alta direção da NEC a concebera como um *portfólio de competências*.

Ainda nos anos 1970, a alta direção da NEC havia detectado uma tendência importante — a fusão entre in-

> *Michael Porter foi, na verdade, o grande teórico da estratégia competitiva. Uma dica de leitura é a edição brasileira revista e ampliada de seu clássico* On competition*: PORTER, Michael. Competição. Ed. rev. e ampl. São Paulo: Campus, 2009.*
>
> *Como contraponto, também recomendamos a leitura desta coletânea de artigos mais recentes: CUSOMANO, Michael; MARKIDES, Constantinos (Orgs.). Pensamento estratégico. Rio de Janeiro: Campus, 2002.*

formática e comunicações. Seus executivos previram que, nos anos seguintes, os setores de informática, comunicação e componentes eletrônicos iriam crescer tanto, e de maneira tão interrelacionada, que uma empresa capaz de fornecer um produto essencial aos três estaria em posição privilegiada. E o que é fundamental, tanto para a indústria de informática, quanto para a de comunicação e a de componentes eletrônicos? Semicondutores – exatamente o produto sobre o qual a NEC cerrou suas forças.

Ao longo da década de 1980, a NEC concentrou-se em adquirir a competência necessária para tornar-se líder no fornecimento de semicondutores. Para tanto, realizou uma série de alianças estratégicas com parceiros que detinham a tecnologia da área. Em outras palavras: a NEC *aprendeu* a fazer muito bem semicondutores. No ano em que Prahalad e Hamel escreveram seu artigo, ela havia se tornado líder mundial nesse mercado. (Logo depois perderia o posto para a Intel, mas isto já é outro *case*...)

Baseados na análise desse e de outros exemplos, os autores concluíram que, em um cenário competitivo de rápida mudança, as organizações não podiam mais montar várias unidades de negócio independentes e esperar que todas elas alcançassem sucesso em seus mercados particulares. Agindo assim, elas se arriscavam a "fazer de tudo um pouco, mas tudo mal". Em vez disso, as organizações precisavam determinar qual seria seu *negócio central* e, para conduzi-lo bem, definir suas *competências centrais*. A NEC escolhera fazer dos semicondutores seu negócio central e, consequentemente, definira como competência central a tecnologia digital, em especial as técnicas de integração de sistemas e circuitos integrados.

Na perspectiva de Prahalad e Hamel, uma *competência central* é um conjunto de tecnologias e técnicas de produção que a organização consegue mobilizar a fim de gerar uma vantagem competitiva. Para que algo seja considerado efetivamente uma competência central, precisa preencher três requisitos:

- *dar acesso potencial a uma ampla variedade de mercados* – por exemplo, a LG Display domina a tecnologia de LCD e, com isso, consegue atuar nos mercados de *notebooks*, monitores, TVs, *media players*, celulares, sistemas de navegação GPS e até mesmo no mercado de painéis utilizados na indústria médica e aeroespacial;
- *trazer uma contribuição significativa ao valor percebido pelo consumidor final* – antes focada no alto padrão, recentemente a Camargo Correa Desenvolvimento Imobiliário passou a atuar também no segmento de moradias populares, para o qual levou o conceito de lazer, com a instalação de sala de ginástica, piscina e outros equipamentos dentro dos condomínios; o diferencial foi extremamente valorizado pelas classes mais baixas, e as vendas da construtora dispararam no novo mercado;
- *ser de difícil imitação pela concorrência* – segundo Prahalad e Hamel, a competência será dificilmente imitável apenas se constituir uma complexa combinação de tecno-

logias e técnicas produtivas. Um concorrente pode passar a dominar algumas das tecnologias isoladas, mas terá dificuldade para replicar a maneira como a organização as combina e coordena.

Como dissemos há pouco, a competência não é um mero conjunto de tecnologias e técnicas de produção, mas sim um conjunto *mobilizado* para produzir vantagens competitivas. A alta direção tem um papel fundamental nessa mobilização – e Prahalad e Hamel citam como exemplo a pequena Canon (novamente uma japonesa), que conseguiu desafiar a gigante Xerox ao lançar copiadoras simples e de fácil manutenção. A tecnologia da Canon não era superior à da Xerox, tampouco a *expertise* de seus funcionários era maior que a dos rivais norte-americanos. Contudo, a alta direção da Canon conseguiu transformar seu conjunto de tecnologias e habilidades em uma competência central, conquistando a liderança no mercado.

Segundo os autores, o grande inimigo do desenvolvimento de competências são as fronteiras corporativas, tanto aquelas que separam uma unidade de negócio da outra (impedindo que a corporação seja vista como um todo), quanto aquelas que separam os níveis hierárquicos. É irônico, dizem Prahalad e Hamel, que a maioria dos executivos de alto escalão dedique tremenda atenção ao orçamento de capital, mas não se dê ao trabalho de descer quatro ou cinco degraus na escala hierárquica para procurar as pessoas com as competências necessárias à empresa. Desse modo, muitos talentos passam despercebidos – ou pior: acabam migrando para a concorrência.

Gestão por competências

Nestes 20 anos que nos separam do artigo de Prahalad e Hamel, o conceito de competência foi ampliado e rediscutido por inúmeros autores. O principal fruto desse debate foi a emergência de um novo modelo administrativo com profundo impacto na administração de RH: o modelo de *gestão por competências*.

Como vimos, a abordagem de Prahalad e Hamel às competências concentrava-se no nível da organização. Embora eles mencionassem as habilidades individuais dos funcionários, não se tratava de um tema central em sua análise. Dizemos, portanto, que uma abordagem como a desses autores concentra-se nas *competências organizacionais*.

Outros trabalhos enfocam as *competências humanas*, isto é, aquelas relacionadas aos indivíduos e às equipes de trabalho. Thomas Durand, por exemplo, concentra-se na competência individual e afirma que ela envolve três dimensões: conhecimentos, habilidades e atitudes, conforme ilustrado na Figura 2.2.

> Prahalad e Hamel são também grandes críticos do culto ao *downsizing* como solução para todos os males das empresas. Segundo eles, cortar pessoas da organização considerando apenas os custos pode levar a uma anorexia corporativa: a organização fica "magra", mas não necessariamente saudável. Para conhecer melhor as ideias dos dois autores, sugerimos a leitura de: PRAHALAD, C. K.; HAMEL, Gary. Competindo pelo futuro. 19. ed. Rio de Janeiro: Elsevier, 2005.

Figura 2.2 Concepção da competência como uma soma de conhecimentos, habilidades e atitudes (DURAND, 2006, p. 281).

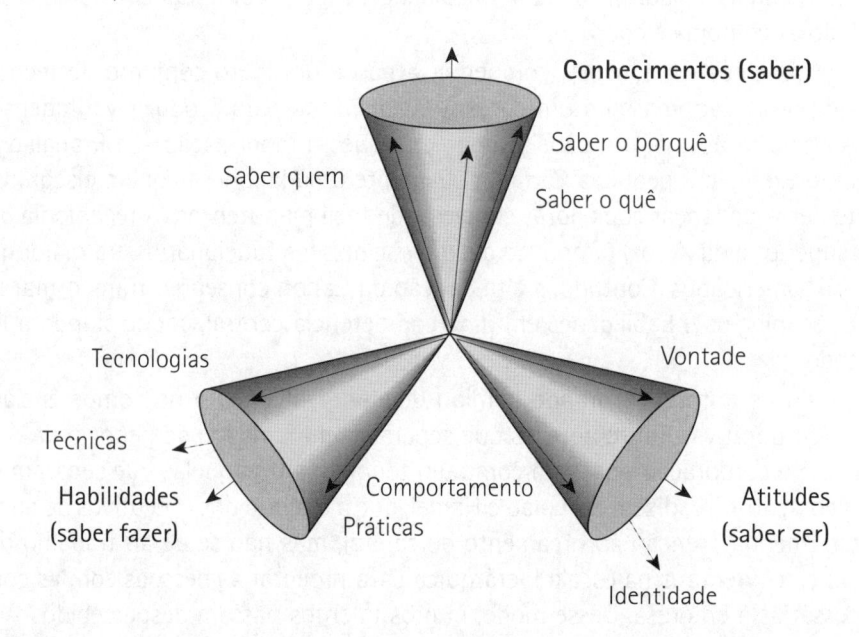

```
                    Conhecimentos (saber)
                         Saber o porquê
            Saber quem
                         Saber o quê

   Tecnologias                      Vontade
   Técnicas
   Habilidades      Comportamento        Atitudes
   (saber fazer)       Práticas          (saber ser)
                       Identidade
```

Para ilustrar essa diferença entre conhecimentos, atitudes e habilidades, podemos pensar no seguinte exemplo. Imagine que uma organização deseje promover um de seus vendedores a coordenador de vendas. Uma de suas novas atribuições será realizar seminários periódicos com os vendedores externos, a fim de lhes passar informações sobre os produtos e treiná-los em técnicas de vendas.

Portanto, o novo coordenador de vendas precisará ter ou desenvolver os seguintes conhecimentos, habilidades e atitudes:

- *conhecimentos* – conhecer a fundo a linha de produtos da organização e as técnicas de vendas que pretende ensinar;
- *habilidades* – saber fazer uma boa exposição oral, inclusive dominando a técnica de produzir materiais de apoio, como apresentações do tipo PowerPoint®;
- *atitudes* – ter espírito de liderança para coordenar a reunião e ser capaz de motivar os vendedores.

A junção entre esses conhecimentos, habilidades e atitudes é que forma a "competência em conduzir seminários de vendas".

Observe que, tanto sob o enfoque organizacional quanto sob o prisma individual, a competência é algo maior do que a mera soma de conhecimentos e habilidades. Para que esses conhecimentos e habilidades realmente produzam uma vantagem competitiva (e, sob essa perspectiva, uma pessoa também pode ter vantagem competitiva sobre as outras), é necessário que eles estejam mobilizados para isso. Em outras palavras, é preciso ter "vontade" e "identidade" (saber aonde se quer chegar) para colocar os saberes em prática, como indicado na figura.

É nesse ponto que os conceitos discutidos no início deste capítulo se entrelaçam com o conceito de competências: a organização precisa determinar seus objetivos estratégicos e, a partir daí, definir, desenvolver e coordenar as competências necessárias para alcançar tais objetivos. É justamente a esse processo que se dá o nome de *gestão por competências*. Na próxima seção deste capítulo, veremos detalhes sobre o processo de gestão por competências e como ocorre o planejamento de RH em uma organização que adota o modelo.

O papel do RH no planejamento organizacional

Conforme vimos no capítulo anterior, existem organizações em que o RH está posicionado no nível institucional ou decisório, ao lado das demais diretorias (ou vice-presidências, se for o caso). Em outras, ele funciona como órgão de *staff* da própria presidência. Por fim, há aquelas organizações em que o RH está subordinado a outra área, normalmente a administrativa. Evidentemente, nos dois primeiros casos, o papel do RH no planejamento organizacional será muito mais marcante.

Seja como for, as empresas que estão realmente preocupadas em gerir seu capital humano de maneira que os objetivos organizacionais sejam alcançados, devem convidar o executivo de RH para as sessões de planejamento estratégico. Segundo Dave Ulrich (autor do modelo de múltiplos papéis do RH que comentamos no capítulo anterior), o planejamento estratégico tradicionalmente tem sido uma dança de dois passos: formulação e implementação. Em geral, o RH entra apenas nesse segundo momento, implementando as decisões tomadas pelos outros executivos. Contudo, Ulrich acredita que o RH também pode participar da formulação da estratégia, na medida em que pode trazer informações importantes sobre o contexto interno da empresa.

Uma reportagem publicada na revista *Melhor* vai na mesma direção, sugerindo que o RH assuma um papel de "gestor de informações" antes, durante e depois do planejamento estratégico. Especificamente, a área de RH pode:

- *Selecionar e preparar o facilitador.* Nas sessões de planejamento estratégico das grandes organizações, o facilitador costuma ser um especialista externo. O RH pode ajudar tanto na hora de escolher esse profissional quanto na hora de proporcionar-lhe todas as informações necessárias. Os profissionais de RH podem, por exemplo, colocar o facilitador em contato com pessoas-chave da organização, mostrar-lhe os planejamentos anteriores e indicar em que aspectos deram certo ou errado etc.
- *Ajudar a conduzir o encontro.* O executivo de RH pode, ele mesmo, atuar como facilitador interno, cooperando com o facilitador externo durante as sessões.
- *Alertar os executivos sobre o lado prático dos cenários estratégicos propostos.* É comum que os executivos proponham metas ambiciosas demais. O RH, que conhece

bem o potencial e as limitações da organização, pode lhes dar uma injeção de realidade, lembrando os tipos de pessoas que a empresa precisará recrutar, as recompensas e incentivos que serão necessários para estimular os comportamentos desejados, e assim por diante.
- *Comunicar o plano.* Talvez seja depois da reunião de planejamento que o profissional de RH mais tem oportunidade de mostrar seu valor. Ele é que vai coordenar a comunicação dos objetivos para toda a organização, de uma maneira inteligível e adequada para cada público-alvo.

Metodologia de planejamento

Como dito na introdução deste capítulo, esta segunda e última seção tem um caráter menos conceitual e mais prático do que a anterior. Aqui, apresentaremos dois tipos de metodologia de planejamento: uma mais básica, aplicável a todas as organizações, e outra específica para aquelas organizações que adotam o modelo de gestão por competências.

Planejamento básico

A metodologia que descreveremos a seguir baseia-se, em grande medida, no trabalho de George T. Milkovich e John W. Boudreau (2008), professores da Universidade de Cornell. Escolhemos esse modelo porque nos parece um dos mais abrangentes e, ao mesmo tempo, fáceis de utilizar. Tomamos, contudo, a liberdade de resumir as ideias dos professores e adaptá-las à realidade brasileira.

O método de Milkovich e Boudreau, denominado por eles *abordagem diagnóstica* à administração de recursos humanos, tem o planejamento como elemento central. Segundo os professores, o profissional de RH deve fazer-se quatro questões-chave para o planejamento, conforme ilustrado na Figura 2.3.

Observe que a cada uma das quatro perguntas-chave corresponde uma atividade. Aqui, abordaremos as duas primeiras: diagnóstico das condições organizacionais e externas e das características dos empregados; e estabelecimento dos objetivos de recursos humanos. A terceira atividade (escolha das atividades e alocação dos recursos) será o tema do próximo capítulo, enquanto a quarta será tratada nos capítulos 8 e 9.

Diagnóstico

Na fase de diagnóstico, três dimensões são examinadas: o ambiente externo, o ambiente organizacional e a situação dos empregados. Vejamos cada uma delas separadamente.

Análise do ambiente externo

Milkovich e Boudreau destacam dois aspectos do ambiente externo sobre os quais o RH deve centrar sua atenção: a intervenção do Estado nas relações de emprego e a crescente diversidade da população empregada.

Figura 2.3 Processo de planejamento no centro da abordagem diagnóstica (MILKOVICH; BOUDREAU, 2008, p. 131).

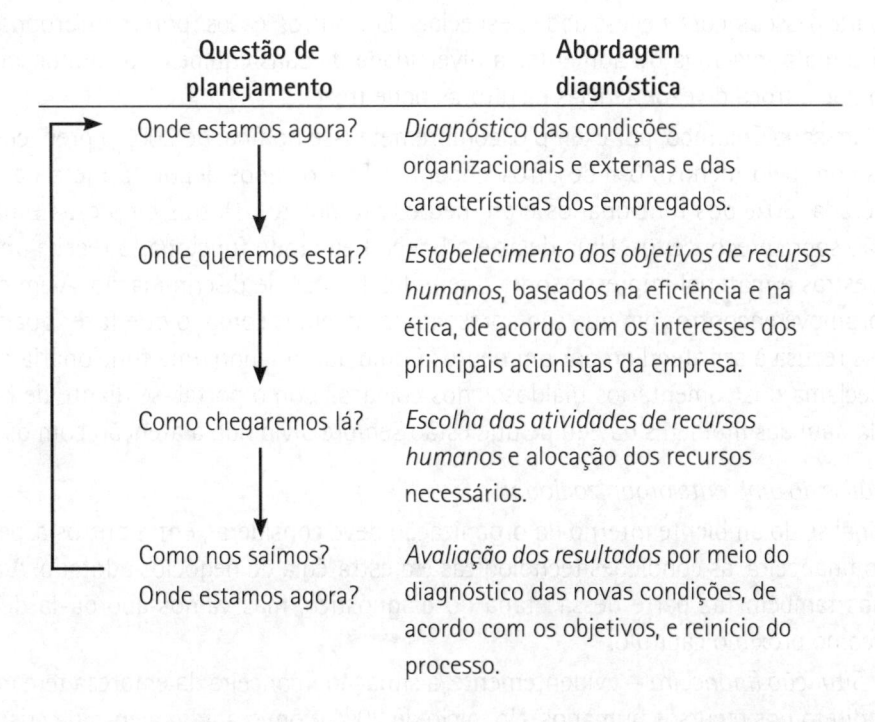

Questão de planejamento	Abordagem diagnóstica
Onde estamos agora?	*Diagnóstico* das condições organizacionais e externas e das características dos empregados.
Onde queremos estar?	*Estabelecimento dos objetivos de recursos humanos*, baseados na eficiência e na ética, de acordo com os interesses dos principais acionistas da empresa.
Como chegaremos lá?	*Escolha das atividades de recursos humanos* e alocação dos recursos necessários.
Como nos saímos? Onde estamos agora?	*Avaliação dos resultados* por meio do diagnóstico das novas condições, de acordo com os objetivos, e reinício do processo.

O governo intervém nas relações de emprego basicamente de duas maneiras: estabelecendo políticas econômicas nacionais que impactam o mercado de trabalho e formulando as leis e regulamentações trabalhistas. No Brasil, vivemos um momento de crescimento, no qual grandes projetos tocados diretamente pelo governo, ou financiados com dinheiro público, podem abrir oportunidades interessantes às organizações, às quais o RH também deve estar atento.

No que diz respeito à legislação trabalhista, a brasileira é tida como ultrapassada, pouco flexível e inibidora da negociação. É muito difícil, por exemplo, estabelecer planos de salários e benefícios adaptados à região, à faixa etária do funcionário ou mesmo ao seu desempenho.

Além disso, nossas leis sofrem mudanças com frequência, o que obriga o RH a tomar cuidado redobrado. Por exemplo: sancionada em setembro de 2008, apenas sete meses depois, a Lei do Estágio já estava sendo rediscutida no Congresso Nacional para sofrer novas modificações.

Outra tendência do ambiente externo com reflexos importantes para o RH é a crescente diversidade dos quadros funcionais. Felizmente, em todos os países, inclusive no Brasil, o acesso ao mercado de trabalho torna-se cada vez mais democrático. O RH deve estar preparado para recrutar e integrar pessoas de capacidades, culturas, religiões e etnias diferentes.

Em certos casos, esse recrutamento é uma exigência legal. Por exemplo: a Lei n. 8.213/91 determina que empresas com mais de 100 empregados reservem uma porcentagem de suas vagas para pessoas com necessidades especiais. Em outros casos, porém, a própria organização toma a iniciativa de aumentar a diversidade de suas equipes, apostando no saldo positivo que a troca de experiências e culturas pode trazer.

A Camisaria Colombo, por exemplo, compremeteu-se no final de 2002 a preencher seus quadros com pelo menos 20% de afroscendentes. Poucos anos depois, a meta havia sido até superada: 30% dos funcionários eram negros ou mulatos. Outras empresas estimulam a reflexão sobre preconceitos. Uma delas é o Banco Real: todo funcionário recebe um vídeo com palestras e material impresso sobre diferentes formas de discriminação. Além disso, o banco promove encontros em que são apresentados dilemas como: o que fazer quando um cliente se recusa a ser atendido por um negro? Como agir quando uma funcionária homossexual reclama dos comentários maldosos dos colegas? Como portar-se diante de homens que reclamam das mulheres da equipe que estão sempre dividindo a atenção com os filhos?

Análise do ambiente organizacional

A análise do ambiente interno da organização deve considerar, entre outros aspectos, a situação financeira, as condições tecnológicas e a estratégia de negócios adotado. A análise de cargos também faz parte dessa etapa do diagnóstico, mas vamos abordá-la de modo específico no próximo capítulo.

- *Situação financeira* – evidentemente, a situação financeira da empresa tem impacto direto nos recursos humanos. No início de 2009, com o agravamento da crise mundial iniciada no ano anterior, a Embraer teve de cortar nada menos do que quatro mil postos. O departamento de RH tem papel fundamental nesse processo, mantendo os funcionários bem informados o tempo todo e gerenciando programas de demissão voluntária, se for o caso.
- *Tecnologia* – se a organização está passando por um processo de mudança de tecnologia, certamente será necessário desenvolver novas habilidades entre os funcionários ou, conforme o caso, contratar novos talentos.
- *Estratégia de negócios* – como vimos na primeira seção, a estratégia de RH deve necessariamente estar vinculada à estratégia da organização como um todo. Além disso, segundo alguns estudiosos, o perfil estratégico da organização também pode determinar o perfil de sua administração de RH. É possível, por exemplo, classificar as organizações em:
    - *defensoras* – operam em mercados estáveis e pouco numerosos; nesse caso, o planejamento de RH deve ser formal e de longo prazo, e as atividades de treinamento e desenvolvimento podem ser conduzidas internamente;
    - *prospectadoras* – continuamente procuram novos produtos e oportunidades de mercado e assumem riscos regularmente; nesse caso, pela urgência das ações,

não há espaço para um planejamento formal, tampouco é possível desenvolver internamente as pessoas, tornando-se necessário identificar e trazer talentos de fora;

- *analistas* — operam em muitos mercados, alguns estáveis, outros em constante mudança; nesse caso, o RH terá de desenvolver estratégias diferentes conforme a unidade de negócio em questão.

Características dos empregados

A última dimensão a ser avaliada na fase de diagnóstico, segundo Milkovich e Broudreau, são as características do quadro funcional. Especificamente, eles recomendam que se examine o *desempenho* e as *atitudes e opiniões* dos funcionários. Para a análise de desempenho, em geral são usados questionários e relatórios preenchidos pelo superior. Hoje também se usa para alguns cargos a avaliação 360 graus, na qual opinam, além do superior, colegas, subordinados e às vezes até fornecedores e clientes. Falaremos com mais detalhes sobre a avaliação de desempenho e seus intrumentos no Capítulo 8.

Para mensurar as atitudes e opiniões dos funcionários também existem ferramentas específicas; a principal delas é a chamada *pesquisa de clima organizacional (PCO)*. A PCO é, na verdade, um extenso projeto que inclui: a) o planejamento da pesquisa (não adianta nada pesquisar só por pesquisar, é preciso decidir o que se vai fazer com os resultados); b) a elaboração dos questionários, etapa que exige o máximo cuidado; c) a análise das respostas; e, posteriormente, d) a tomada de decisões para corrigir problemas detectados. Por sua complexidade, a PCO é quase sempre terceirizada para uma consultoria especializada.

Além do desempenho e das atitudes e opiniões dos funcionários, é importante medir outros indicadores, como o nível de *absenteísmo* na empresa, ou seja, o tempo de trabalho perdido em razão de faltas. Uma fórmula útil para o cálculo mensal é:

$$\frac{\text{número de faltas no mês}}{\text{número médio de funcionários} \times \text{número de dias úteis no mês}}$$

Outro índice importante a ser levado em conta é o de *rotatividade* ou *turnover*. A fórmula para calculá-lo é:

$$\frac{\text{número de afastamentos} \times 100}{\text{número médio de funcionários}} = \%\text{ de rotatividade/período}$$

Por exemplo: se uma empresa de 100 funcionários teve 30 afastamentos em um ano, o índice de rotatividade é de 30% ao ano. Independentemente de os afastamentos terem sido *voluntários* (por iniciativa do funcionário) ou *involuntários* (por iniciativa da organização), um alto índice de rotatividade é sempre preocupante. Além das despesas incorridas nos processos de admissão e demissão, essa troca constante gera descontinuidade no trabalho e um clima de intranquilidade que certamente afetam a produção. Um *turnover* alto também pode indicar falhas no recrutamento e na seleção, o que deve levar o RH a rever seus próprios processos.

Estabelecimento dos objetivos de recursos humanos

No modelo de Milkovich e Broudreau, o estabelecimento de objetivos de RH envolve duas decisões básicas:

- Como a administração de RH pode contribuir para os negócios?
- Quais e quantos recursos devemos usar?

Na primeira seção deste capítulo já falamos o suficiente sobre a primeira questão. Em relação a quais e quantos recursos usar, na metodologia dos dois autores tal decisão deve ser tomada por um cruzamento entre a análise da demanda e a análise da oferta interna.

Análise da demanda

A *análise da demanda* descreve as necessidades futuras de recursos humanos. Se a empresa pretende aumentar sua receita de vendas em 30%, de quantos vendedores a mais precisará? Se pretende expandir sua produção em 15%, de quantas horas de trabalho a mais precisará? Ou se, pelo contrário, a empresa precisa reduzir os custos operacionais em R$ 10.000,00/mês, quantos funcionários precisará demitir?

Para realizar esses cálculos, os autores sugerem a fórmula expressa no Quadro 2.1.

Análise da oferta interna

Existem basicamente três ferramentas de *análise da oferta interna*: o inventário de talentos, os quadros de substituição e as matrizes de transição. As duas primeiras ferramentas são qualitativas, e a última, quantitativa.

Um *inventário de talentos* é um mapeamento dos funcionários segundo sua habilidade no desempenho de diferentes funções. O inventário é montado com base em informações prestadas pelo superior de cada funcionário e, também, em índices como tempo de experiência ou participação em programas de treinamento.

Os *quadros de substituição*, por sua vez, apresentam uma relação dos funcionários disponíveis para promoções ou transferências, bem como informações sobre seu papel atual, seu nível de disponibilidade, seus talentos e habilidades e sua vontade de mudar de posto.

Quadro 2.1 Vínculo entre a atividade negocial e a demanda de recursos humanos. Adaptado de: MILKOVICH; BOUDREAU, 2008, p. 146.

Fórmula geral		
Atividade negocial = Quantidade de empregados x produtividade por empregado		
Exemplos genéricos		
Receitas de vendas =	número de vendedores	x $/venda por vendedor
Níveis de produção =	número de horas trabalhadas	x resultado por hora/produção
Custos operacionais =	número de empregados	x custo trabalhista/empregado

Por fim, uma *matriz de probabilidade de transição* examina o padrão geral de movimento funcional (contratações, demissões, promoções) dentro e fora da organização e o padrão intermediário dos dois ambientes. Por meio de modelos matemáticos, a matriz faz uma simulação de qual será a oferta interna de funcionários em determinado momento do futuro.

Cruzando a análise da demanda com a análise da oferta interna, o profissional de RH pode chegar a uma destas conclusões:

- *A demanda supera a oferta* — a solução mais óbvia seria contratar, mas, por razões também óbvias, as organizações relutam ao máximo em abrir novas vagas. Portanto, antes de lançar mão dessa alternativa, deve-se pensar em aumentar o nível de produtividade por funcionário ou o tempo trabalhado. Isso pode ser conseguido por meio de treinamentos, mudanças na estrutura do cargo, recompensas etc.
- *A oferta supera a demanda* — essa situação leva às mais difíceis soluções de RH, pois cortes inevitavelmente terão de ser feitos. Algumas das alternativas são reduzir as horas extras, incentivar aposentadorias antecipadas ou trocar profissionais mais onerosos por temporários.

A Figura 2.4 resume todas as etapas da metodologia básica de planejamento apresentada aqui.

Planejamento em organizações que adotam a gestão por competências

Segundo levantamento realizado em 2002 pela William M. Mercer, consultoria especializada em benefícios, 10% das empresas brasileiras já haviam adotado o modelo de gestão por competências, e outros 45% pretendiam implantá-lo ainda naquele ano. Também em 2002, a Universidade Federal de Minas Gerais divulgou uma pesquisa segundo a qual 18 das 66 maiores empresas mineiras haviam implantado o modelo.

Sem dúvidas, a gestão por competências é uma tendência forte na área de RH. Por isso, reservamos este último tópico para descrever tal modelo de gestão, com destaque para a etapa de planejamento, assunto do presente capítulo.

A gestão por competências como um todo envolve sete passos:

1. estabelecer os objetivos estratégicos da organização;
2. identificar as competências necessárias ao alcance de tais objetivos;
3. mapear as competências internas, ou seja, aquelas que a organização já possui;
4. comparar as competências necessárias com as atuais, a fim de identificar o *gap* (lacuna) a ser preenchido;
5. planejar como esse *gap* será preenchido — os meios mais comuns são recrutamento e seleção, treinamento e desenvolvimento e/ou gestão de carreira;
6. preencher o *gap* recrutando e selecionando novos talentos e, ao mesmo tempo, desenvolvendo os já existentes na organização;
7. por fim, apurar os resultados alcançados e compará-los com os esperados.

Figura 2.4 Metodologia básica de planejamento de RH, fundamentada na abordagem diagnóstica à administração de RH (MILKOVICH, BOUDREAU, 2008).

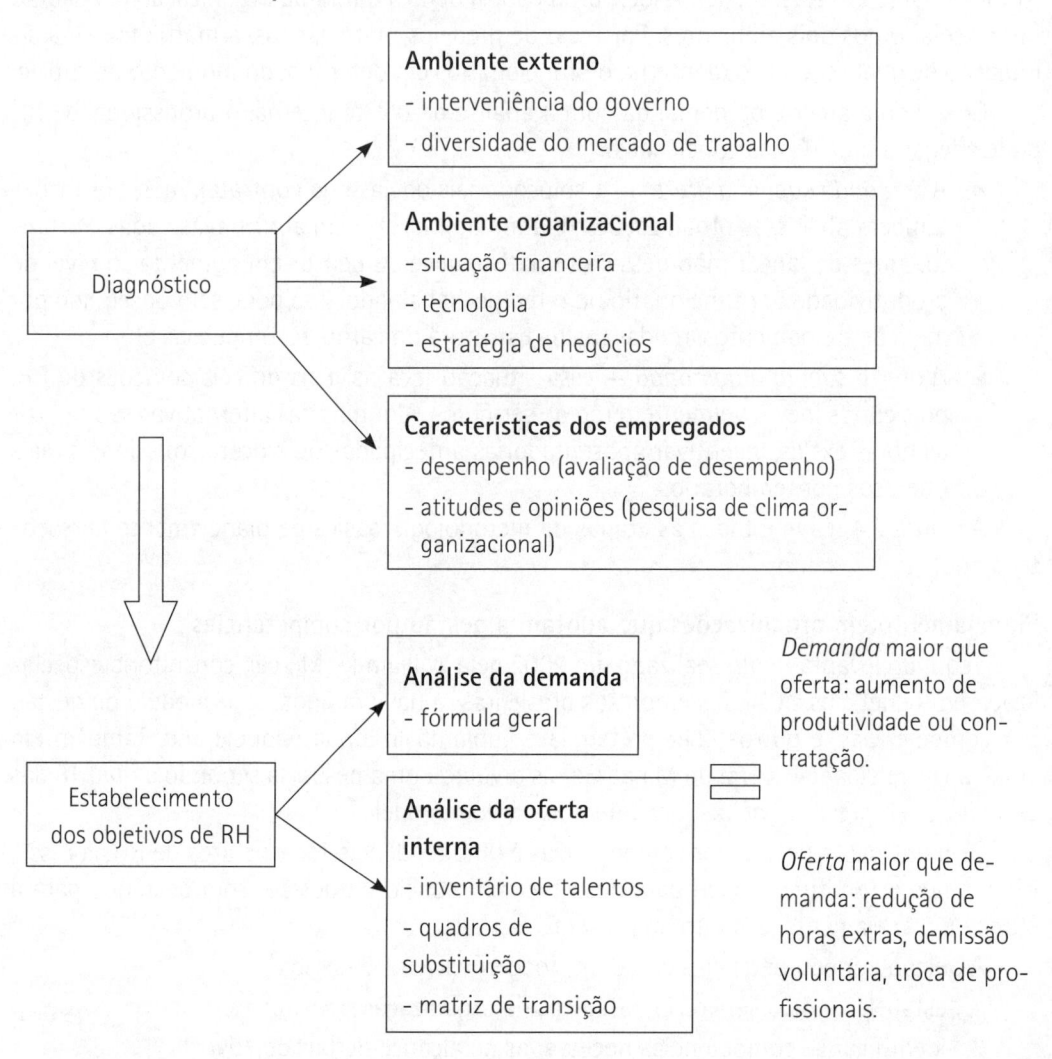

```
                          ┌─────────────────────────────────────┐
                          │ Ambiente externo                    │
                          │ - interveniência do governo         │
                       ┌─▶│ - diversidade do mercado de trabalho│
                       │  └─────────────────────────────────────┘
                       │  ┌─────────────────────────────────────┐
                       │  │ Ambiente organizacional             │
   ┌──────────────┐    │  │ - situação financeira               │
   │ Diagnóstico  │────┼─▶│ - tecnologia                        │
   └──────────────┘    │  │ - estratégia de negócios            │
         │             │  └─────────────────────────────────────┘
         │             │  ┌─────────────────────────────────────┐
         │             │  │ Características dos empregados      │
         │             │  │ - desempenho (avaliação de desempenho)│
         │             └─▶│ - atitudes e opiniões (pesquisa de  │
         │                │   clima organizacional)             │
         ▼                └─────────────────────────────────────┘

                          ┌─────────────────────────┐   *Demanda* maior que
                       ┌─▶│ Análise da demanda      │   oferta: aumento de
                       │  │ - fórmula geral         │   produtividade ou con-
                       │  └─────────────────────────┘   tratação.
   ┌──────────────┐    │  ┌─────────────────────────┐
   │Estabelecimento│───┤  │ Análise da oferta       │         =
   │dos objetivos  │   │  │ interna                 │
   │   de RH       │   │  │ - inventário de talentos│   *Oferta* maior que de-
   └──────────────┘    └─▶│ - quadros de            │   manda: redução de
                          │   substituição          │   horas extras, demissão
                          │ - matriz de transição   │   voluntária, troca de pro-
                          └─────────────────────────┘   fissionais.
```

A seguir, na Figura 2.5, ilustramos o quarto passo do processo, ou seja, a identificação do *gap* entre as competências necessárias e as atuais. Em seguida, a Figura 2.6, proposta por Ienaga (1988) e adaptada por Brandão e Guimarães (1999, p. 6), representa graficamente todos os passos da gestão por competências.

Após identificar o *gap* entre as competências necessárias ao alcance dos objetivos organizacionais e as atuais, a área de RH deve preparar uma *matriz de competências* para a organização, identificando aquelas que já estão presentes e as que ainda precisam ser alcançadas. A matriz pode conter competências de diferentes natureza, cobertura e relevância, conforme veremos a seguir.

Figura 2.5 Identificação do *gap* (lacuna) entre as competências necessárias e as atuais. Adaptado de: IENAGA, 1988, *apud* BRANDÃO; GUIMARÃES, 1999.

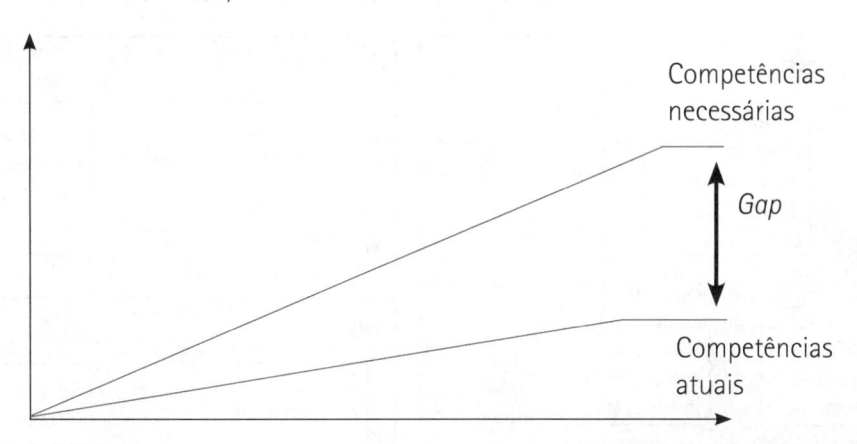

[Gráfico mostrando duas linhas divergentes a partir da origem: a linha superior representa as "Competências necessárias" e a linha inferior representa as "Competências atuais". A distância vertical entre elas no lado direito é indicada como "Gap".]

Classificação das competências

As competências podem ser classificadas de inúmeras maneiras. Os três tipos de classificação mais comuns dizem respeito a: natureza, cobertura e relevância da competência.

Natureza da competência

Evidentemente, trabalhar em equipe e pilotar um avião são duas competências de natureza bem distinta. As competências do primeiro tipo são chamadas de *sociais* ou *comportamentais*. Já as do segundo tipo são as *técnicas* ou *específicas*.

Algumas organizações incluem ainda uma terceira categoria: as competências *gerenciais*, como liderança e tomada de decisão. Outras organizações dividem as competências técnicas em dois subtipos: as *acadêmicas*, relacionadas ao grau de escolaridade, titulação, cursos frequentados etc.; e as *profissionais*, relacionadas ao tempo de experiência da pessoa e seu *know-how* em determinada atividade.

Cobertura da competência

Certa competência pode ser necessária para determinados cargos, mas dispensável em outros. Por exemplo: o Hospital Israelita Albert Einstein, de São Paulo, considera que prontidão e aprimoramento técnico são competências essenciais no setor de enfermagem, mas nem tanto no setor

> *Observe que a metodologia da gestão de competências é parecida, em muitos aspectos, com a metodologia básica que vimos antes. Em ambos os casos, as quatro questões-chave estão presentes, ainda que com diferentes palavras: onde estamos agora? (identificação das competências atuais), onde queremos estar? (identificação das competências necessárias), como chegaremos lá? (planejamento da captação ou do desenvolvimento de competências) e como nos saímos? (comparação dos resultados alcançados com os esperados). Manter um "inventário de talentos" ou um "quadro de substituição", como sugerem Milkovich e Boudreau, também é muito semelhante a "inventariar competências internas". Contudo, a grande diferença é que, na gestão por competências, o parâmetro utilizado para todas essas atividades são sempre as competências.*

Figura 2.6 Etapas da gestão de competências (IENAGA, 1998, adaptado por BRANDÃO; GUIMARÃES, 1999, p. 6).

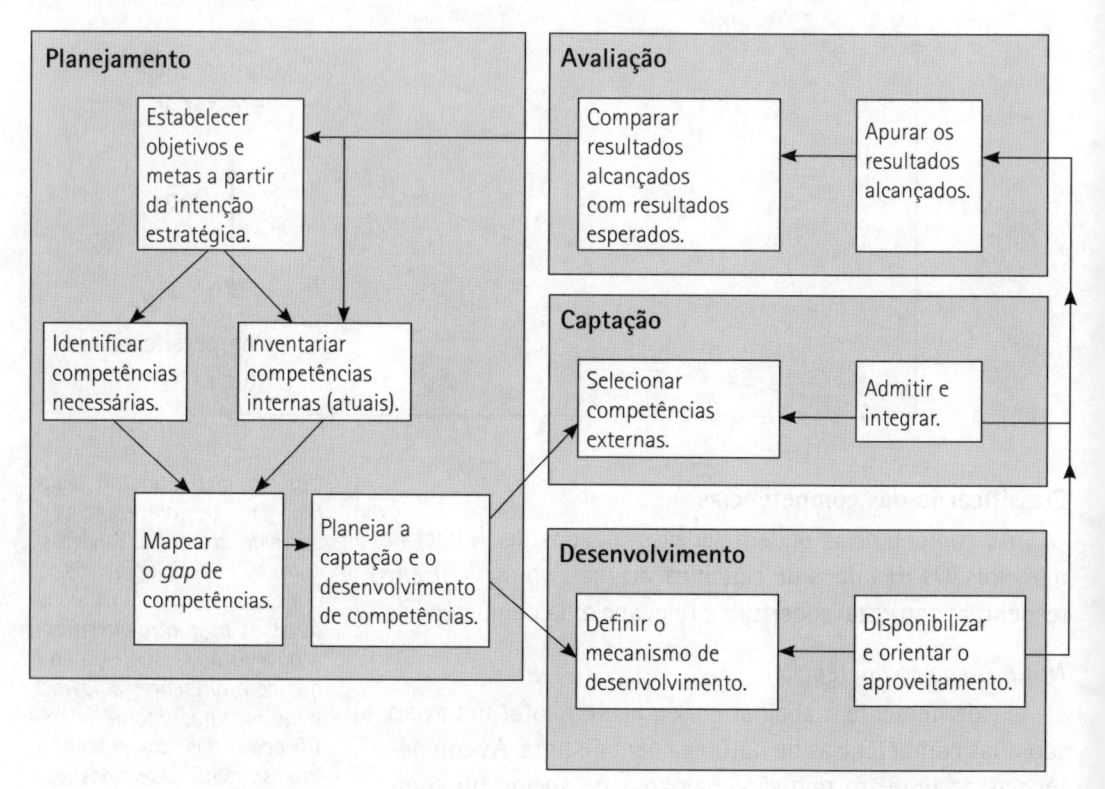

Planejamento
- Estabelecer objetivos e metas a partir da intenção estratégica.
- Identificar competências necessárias.
- Inventariar competências internas (atuais).
- Mapear o *gap* de competências.
- Planejar a captação e o desenvolvimento de competências.

Avaliação
- Comparar resultados alcançados com resultados esperados.
- Apurar os resultados alcançados.

Captação
- Selecionar competências externas.
- Admitir e integrar.

Desenvolvimento
- Definir o mecanismo de desenvolvimento.
- Disponibilizar e orientar o aproveitamento.

de RH, onde o relacionamento interpessoal é mais importante. Já a competência em atendimento ao cliente é necessária para todos os funcionários do hospital, independentemente da área.

Assim, o hospital trabalha com dez competências para cada funcionário: cinco delas, as chamadas *corporativas*, são iguais para todos; as outras, denominadas *específicas*, dizem respeito a cada área de atuação. Para indicar essas cinco, cada gerente de linha pode escolher em um menu com 19 opções.

As competências corporativas também podem ser chamadas de *institucionais*, e as específicas, de *funcionais*.

Relevância da competência

Não é à toa que Prahalad e Hamel afirmavam que somente as competências *centrais* garantiam vantagem competitiva. Para abrir uma empresa de disque-pizza, por exemplo, você precisa de boa competência em teleatendimento ao cliente, em confecção de pizzas e em logística de entrega por motos. Nenhuma dessas, porém, é uma competência central. São apenas competências *básicas* para atuar no mercado de disque-pizzas.

Portanto, na hora de montar a matriz de competências é importante ter em mente que nem todas as competências incluídas serão centrais. Dificilmente uma empresa terá mais do que quatro ou cinco competências centrais. As demais serão básicas, as mínimas para atuar naquele mercado.

Além das competências básicas e das centrais (também chamadas de *essenciais* ou *diferenciais*), existem aquelas que não contribuem diretamente à atividade-fim e, por isso, são chamadas de *terceirizáveis*. Por exemplo: manter o escritório limpo não é uma competência básica nem essencial a uma companhia de seguros, portanto pode ser terceirizada para uma empresa de limpeza.

Veja um resumo dessas classificações no Quadro 2.2.

Como preparar a matriz de competências

Não existe uma fórmula para preparar matrizes de competências que sirva para todas as organizações, até porque o *design* da matriz depende de como a organização está estruturada.

> No capítulo 8, retomaremos e aprofundaremos o estudo sobre gestão por competência, inclusive com um exemplo prático de como preparar a matriz de competências.

Geralmente, haverá um núcleo com as competências corporativas (aquelas aplicáveis a todos os funcionários da organização) e, depois, as competências específicas ou funcionais de cada área, indicadas pelos gerentes de linha. A correta indicação dessas competências específicas depende fundamentalmente da capacidade do profissional de RH, ou da consultoria contratada, de coletar as informações adequadas junto aos gerentes.

Dentro da matriz, é recomendável atribuir pesos a cada competência. Por exemplo: qual o grau de exigência da competência *visão estratégica* na área de marketing – baixo, moderado, alto ou máximo?

Um equívoco muito comum na hora de elaborar a matriz de competências é exagerar na dose. No afã de ser a "melhor" e a "mais competitiva" de seu mercado, a organização lista dezenas de competências que gostaria de encontrar em suas equipes – o problema é que, se levar isso a sério, o RH terá de fazer o recrutamento no Monte Olimpo, onde viviam os deuses da mitologia grega.

Nesse caso, o que acaba acontecendo é que a matriz de competências vira letra morta. Como os seus objetivos irreais nunca são cumpridos, ela não serve para nada. O consultor Eduardo Cupaiolo aborda esse problema em seu bem-humorado livro *Contrate preguiçosos* (Mundo Cristão, 2006). Segundo ele, muitas organizações criam expectativas tão altas para

Quadro 2.2 Principais classificações das competências.

Em relação à sua...	... uma competência pode ser:
natureza	social, técnica ou gerencial
cobertura	corporativa ou específica
relevância	essencial, básica ou terceirizável

cada candidato que parecem estar atrás do Super-Homem, alguém capaz de se sair bem em todos os aspectos.

"Mais saudável é esperar de cada profissional uma *expertise* em um campo muito estreito do vasto espectro do conhecimento humano, ainda que muito bem inserida em sua visão geral do contexto em que vive e atua", explica Cupaiolo. Em outras palavras, não adianta esperar que uma pessoa ótima em determinada coisa seja ótima em várias outras também.

Outro crítico das exigências irreais no mundo corporativo é o conferencista Roberto Shinyashiki. Em entrevista à revista *IstoÉ*, ele contou que, durante um processo seletivo na editora que preside, entrevistou uma candidata que respondia a todas as suas perguntas com uma ou duas palavras. "Disse que ela não parecia demonstrar interesse. Ela me respondeu estar muito interessada, mas, como falava pouco, pediu que eu pesasse o desempenho dela, e não a conversa. Até porque ela era candidata a um emprego na contabilidade, e não de relações públicas. Contratei na hora. Num processo clássico de seleção, ela não passaria da primeira etapa."

Bom senso, portanto, parece ser a palavra-chave na hora de elaborar a matriz de competências. Nesse sentido, o Grupo Totvs, de soluções administrativas, é um exemplo de síntese e parcimônia. Sua matriz contém apenas seis competências, que se aplicam do porteiro ao presidente: credibilidade e profissionalismo nas interações pessoais; organização, disciplina e qualidade de trabalho; liderança, motivação e gestão de pessoas; solução de problemas, conflitos e gestão de situações críticas; atendimento e relacionamento com clientes externos e internos; e desenvolvimento pessoal e compartilhamento de conhecimento.

Uma última recomendação: cuidado com a redação da matriz de competências. As descrições devem ser curtas, claras e objetivas para que todos na organização possam entendê-las e usá-las. Além disso, devem se ater a comportamentos que sejam realmente observáveis, o que facilitará muito a etapa da avaliação.

Um conceito muito próximo ao de gestão por competências é o de gestão de desempenho. A diferença entre os dois é que a gestão de desempenho coloca mais ênfase na avaliação — tanto que seu uso está intimamente relacionado aos índices de desempenho do balanced scorecard (assunto que veremos no Capítulo 9). Isso não significa que a gestão por competências não preveja avaliação; como você viu, a comparação entre resultados pretendidos e alcançados é uma etapa importante do processo de gestão por competências. Contudo, nesse modelo, as etapas que antecedem a avaliação — ou seja, a identificação do gap e o planejamento de ações para preenchê-lo — recebem relevo especial. Para unir o melhor dos dois modelos, estudiosos e organizações começam a usar o conceito de gestão de desempenho baseada nas competências.

ESTUDO DE CASO

CASAS BAHIA: O GIGANTE ESTREMECE

Não é à toa que a trajetória de vida de Samuel Klein, o mítico fundador das Casas Bahia, já virou livro. Em *Samuel Klein e Casas Bahia, uma trajetória de sucesso*, o jornalista Elias Awad conta a saga desse judeu polonês, que em 2009 completou 86 anos.

Quando estourou a Segunda Guerra Mundial, Klein foi mandado para um campo de concentração em Maidanek, junto com o pai. A mãe e cinco irmãos foram para o campo de Treblinka e nunca mais foram vistos. Em 1944, Samuel aproveitou uma distração dos guardas e fugiu. Depois da guerra foi para a Polônia, onde descobriu o talento de comerciante: comprava vodca de fazendeiros e vendia para os soldados russos. "Hoje eu compro por 100 e vendo por 200. Naquela época, eu comprava por 100 e vendia por 500", brinca.

Em 1951, já casado e pai do primogênito Michael, decidiu se aventurar do outro lado do Atlântico. Começou pela Bolívia, mas no ano seguinte mudou-se definitivamente para o Brasil. O embrião das Casas Bahia nasceria logo depois: uma charrete carregada de roupas de cama e mesa que Samuel oferecia de porta em porta pelas ruas de São Caetano do Sul. A primeira loja foi fundada em 1957 e batizada em homenagem aos clientes, nordestinos que migravam para trabalhar na indústria automobilística da Grande São Paulo.

Nestes mais de 50 anos, as Casas Bahia se transformaram na maior rede de móveis, eletroeletrônicos e eletrodomésticos do país, um colosso que fatura R$ 14 bilhões por ano e emprega cerca de 60 mil pessoas. São mais de 500 filiais espalhadas por 11 estados, além do Distrito Federal. Sua competência em lidar com o mercado de baixa renda é considerada uma referência. Em 2003, C. K. Prahalad (sim, o mesmo da competência central) enviou dois pesquisadores da Michigan Business School para estudar o *case* das Casas Bahia, que acabou incluído em seu livro *A riqueza na base da pirâmide* (Bookman, 2005).

Recentemente, porém, duas mudanças no ambiente externo vieram perturbar a vida desse gigante. Primeiro, a popularização dos cartões de crédito, inclusive entre as classes mais baixas, obrigou a empresa a começar a aceitar cartões no ano de 2004. Até então, a imensa maioria das compras era parcelada em carnês, com financiamento próprio. Embora a organização não divulgue seus dados, analistas acreditam que 80% do faturamento vinha da concessão de crédito, e apenas 20% das vendas propriamente ditas. Em 2009, as compras com cartão já representavam 40% do total, o que estaria arruinando os lucros.

O segundo vendaval veio com a compra da rede Ponto Frio pelo Grupo Pão de Açúcar, em julho de 2009. Na liderança isolada até então, as Casas Bahia deitavam e rolavam nas negociações com os fornecedores, que eram obrigados a aceitar suas condições. Depois dessa fusão, porém, pela primeira vez passou a haver um concorrente com poder de barganha à sua altura.

Por fim, a empresa ainda enfrentou uma instabilidade no ambiente interno. Em agosto de 2009, Saul, filho de Samuel e irmão mais novo de Michael, o presidente, deixou a organização. Responsável pela área comercial, Saul era tido como um grande negociador, capaz de conseguir preços e prazos imbatíveis. Especula-se que o motivo da saída tenha sido a série de desentendimentos com o irmão mais velho, cuja tendência expansiva não agradava a Saul. A abertura de lojas no Sul, que logo depois tiveram de ser fechadas, teria sido uma das maiores fontes de discórdia.

Mas, no meio dessas trepidações, a rede também vem reagindo: no mesmo dia em que o Grupo Pão de Açúcar anunciou a compra do Ponto Frio, as Casas Bahias adquiriram a rede Romelsa, com 17 lojas na Bahia. A ação faz parte de uma agressiva entrada na região Nordeste, onde a organização pretende ter 49 unidades até o primeiro semestre de 2010.

Pouco tempo antes, em fevereiro de 2009, as Casas Bahia haviam estreado no comércio eletrônico, abrindo sua loja virtual. Para tanto, a organização investiu R$ 3,7 milhões em um projeto totalmente interno (*in-house*), utilizando, inclusive, seus próprios *mainframes*. E o cartão de crédito próprio da rede, lançado em 2005 em parceria com o Bradesco, em janeiro de 2009 já havia ultrapassado a barreira de 5,7 milhões de emissões.

Fontes: Samuel Klein, sangue de comerciante nas veias. *Diário do Comércio*, Recife, 16 jul. 2007. • Casas Bahia compra rede no Nordeste, Época Negócios Online, 08 jun. 2009. • ONAGA, Marcelo. Racha no comando das Casas Bahia. *Exame*, 04 ago. 2009. • CASTANHEIRA, Joaquim; CRUZ, Christian Carvalho. O poder do bom velhinho, *IstoÉ Dinheiro*, 19 nov. 2003. • CHEROBINO, Vinicius. Casas Bahia roda loja virtual sobre os seus próprios *mainframes*. *ComputerWorld*, 02 fev. 2009.

1. Neste capítulo, conhecemos algumas técnicas de análise ambiental específicas de RH. Na administração em geral, a ferramenta de análise ambiental mais popular é a matriz SWOT. Se você não conhece essa ferramenta, pesquise sobre ela na Internet ou em livros de administração. Quando tiver compreendido como ela funciona, faça uma matriz SWOT para as Casas Bahia, de acordo com as informações apresentadas aqui. Se necessário, pesquise mais sobre a organização.
2. Delineie algumas linhas de ação que a rede poderia seguir para aproveitar seus pontos fortes e driblar as ameaças externas.
3. A concepção de negócio das Casas Bahia foi afetada (ou ainda será) com essas mudanças recentes? Por quê?
4. Imagine que você tenha sido convidado como consultor de RH para participar de uma sessão de planejamento estratégico das Casas Bahia. Que tipos de informações você solicitaria antes da reunião? Como especialista em gestão estratégica de recursos humanos, quais sugestões você daria aos executivos? Quais competências você acha que a rede precisa desenvolver para superar os desafios atuais?

NA ACADEMIA

- O modelo de gestão por competências não deve ser considerado apenas mais uma maneira de aumentar o lucro das empresas, mas também um instrumento de autodesenvolvimento. Individualmente, aplique o modelo a si mesmo: identifique as competências sociais, técnicas e gerenciais que você tem hoje e as que gostaria de ter daqui a cinco anos. Faça um gráfico mostrando o *gap* entre esses dois conjuntos de competências. Depois, desenhe uma matriz de competências, com as mais importantes no centro e as menos relevantes na periferia. Marque aquelas que você ainda não tem com uma cor diferente.

- Planeje, então, as ações que você deve desenvolver para conquistar as competências que faltam. Seja específico em relação aos custos e prazos envolvidos. Se você pretende tornar-se fluente em inglês, por exemplo, calcule de quantos meses de estudo precisará e qual o investimento necessário.
- Troque a sua matriz de competências e seu planejamento com um colega. Faça comentários por escrito no trabalho do colega, identificando os pontos que mais lhe agradaram e dando sugestões construtivas de reformulação, se for o caso.

Pontos importantes

- A gestão por resultados estabelece os objetivos ou resultados que cada líder e sua equipe devem alcançar. Esses resultados devem estar alinhados com os objetivos estratégicos da organização.
- O planejamento estratégico é um processo que envolve a definição da concepção de negócio presente (missão), da concepção futura (visão), dos valores que determinarão a linha de conduta da empresa, bem como de objetivos (alvos estratégicos) e metas (objetivos quantificados) a serem alcançados.
- Competência é um conjunto de conhecimentos, habilidades e atitudes. A gestão por competências identifica as competências necessárias para que a organização atinja seus objetivos e planeja os meios para conquistá-las, avaliando e reiniciando o processo periodicamente.
- O RH deve participar da formulação do planejamento organizacional proporcionando informações sobre o ambiente interno da empresa. Também cabe a ele uma importante responsabilidade na implantação do planejamento, trabalhando para a comunicação adequada dos objetivos e para a gestão estratégica das pessoas.
- A metodologia de planejamento de RH pode ser mais básica ou pode envolver a gestão por competências. Em ambos os casos, haverá uma reflexão em torno de quatro questões-chave: "onde estamos agora?", "onde queremos estar?", "como chegaremos lá?" e "como nos saímos?".

Referências

BATTAGGIA, Heitor Paulo. Programa de modernização administrativa. In: FARAH, Marta Ferreira Santos; BARBOZA, Hélio Batista (Orgs.). *Novas experiências de gestão pública e cidadania*. Rio de Janeiro: Ed. FGV, 2000. (Coleção FGV Prática.)

BRANDÃO, Hugo Pena; GUIMARÃES, Tomás de Aquino. Gestão de competências e gestão de desempenho: tecnologias distintas ou instrumentos de um mesmo constructo? In: 23º Encontro da Associação Nacional dos Programas de Pós-Graduação em Administração – ENANPAD, 1999, Foz do Iguaçu. *Anais do 23º ENANPAD*. Foz do Iguaçu: Associação Nacional dos Programas de Pós-Graduação em Administração –ANPAD, 1999.

CUCHIERATO, Guilherme. "Status" cede espaço ao perfil profissional. *Folha de S.Paulo*, 31 mar. 2002.

CUPAIOLO, Eduardo. *Contrate preguiçosos*. São Paulo: Mundo Cristão, 2006.

DRUCKER, Peter F. (1954) *A prática da administração de empresas*. Tradução de Carlos A. Malferrari. São Paulo: Pioneira Thomson, 2002.

DURAND, Thomas. L'alchimie de la compétence. *Revue Française de Gestion*, n. 160, p. 261-292, 2006.

FERRAZ, Dalini Marcolino; LOPES, Daniel Paulino Teixeira. Empresas mineiras implantam modelos de gestão de competências. *Carreira & Sucesso*, 117. ed., 18 fev. 2002.

IENAGA, Celso H. *Competence-based management*: seminário executivo. São Paulo: Dextron Consultoria Empresarial, 1998.

KLINGER, Karina. Mulher, negro e gay estão na mira das empresas. *Folha de S.Paulo*, 11 mar. 2004.

LIVRARIA CULTURA. Quem somos. www.livrariacultura.com.br.

LOBATO, André. Após sete meses, lei do estágio volta a ser discutida. *Folha de S.Paulo*, 10 maio 2009.

LODI, João Bosco. Administração por objetivos: um balanço. *Revista de Administração de Empresas*, Rio de Janeiro, v. 10, n. 1, jan./mar. 1970, p. 95-130.

LUCCA, Dum de. A hora da verdade. *Melhor*, jul. 2006.

MILKOVICH, George T.; BOUDREAU, John W. *Administração de recursos humanos*. 6. reimpr. Tradução de Reynaldo C. Marcondes. São Paulo: Atlas, 2008.

ONAGA, Marcelo. O livro é só um detalhe. *Exame*, São Paulo, fev. 2007.

PRAHALAD, C.K.; HAMEL, G. The core competence of the corporation. *Harvard Business Review*, pp. 79-91, May-June, 1990.

PLANEJE-SE para o planejamento. *Melhor*, set. 2008.

PORTER, Michael E. *Competitive strategy*: techniques for analyzing industries and competitors. New York: The Free Press, 1980.

SHINYASHIKI, Roberto. "Cuidado com os burros motivados". Entrevista concedida a Camilo Vannuchi. *IstoÉ*, São Paulo, 19 out. 2005.

ULRICH, Dave. Fixação por gerar valor. Entrevista concedida a Paulo Jebaili. *Melhor*, maio 2005.

YOUNG, Cybelle; CARVALHO, Gumae. Quase super-heróis. *Melhor*, out. 2006.

Capítulo 3

PLANEJAMENTO DE CARGOS

Neste capítulo, abordaremos as seguintes questões:
- O que é análise de cargos?
- Qual o papel da descrição e da especificação dentro da análise de cargos?
- Quais são os principais métodos para coletar os dados que fundamentam a análise de cargos?

Introdução

A análise de cargos é uma das mais antigas práticas de recursos humanos. No início do século XX, naqueles primeiros departamentos pessoais das fábricas, já se fazia análise de cargos. Evidentemente, de lá para cá muita coisa mudou. Neste capítulo, você vai conhecer essa evolução – e o mais importante: vai aprender, passo a passo, como se faz uma análise de cargos hoje em dia.

Na primeira parte, serão vistos os conceitos mais importantes relacionados ao tema: análise, descrição e especificação de cargos. Na segunda, você conhecerá os principais métodos para coletar, entre os ocupantes do cargo, seus supervisores e colegas, os dados que servem de "matéria-prima" para a análise de cargos.

Análise, descrição e especificação de cargos

Começaremos esta seção revendo as origens e o papel atual da análise de cargos. Depois, veremos em que consiste exatamente tal análise e quais são seus dois componentes básicos: a descrição e a especificação do cargo. Em seguida, refletiremos rapidamente sobre como conciliar a análise de cargos tradicional com um modelo de gestão por competências e, por fim, como conduzir o processo de análise de cargos.

Origens e papel atual da análise de cargos

> Os trabalhadores temem a análise de cargos feita no interesse exclusivo da administração – e eles têm razão em temê-la.
> Mas a análise de cargos não é propriamente uma ferramenta de exploração. É, na verdade, um instrumento, um instrumento de precisão, um instrumento para adquirir o conhecimento exato. Como qualquer outro instrumento, pode ser mal aplicado. O bisturi, com sua navalha afiada, é uma excelente arma para o assassinato; mas nem por isso o mundo se volta contra os bisturis.

Esses parágrafos foram escritos em 1920 por Henry C. Metcalf e Ordway Tead em seu livro *Personnel administration:* its principles and practices. Como se percebe, a fama da análise de cargos na época não era das melhores. Tanto que, para defendê-la, os autores precisaram recorrer a essa inusitada analogia com o bisturi.

A origem dessa então controversa prática de RH tinha muito a ver com as observações científicas de Frederick W. Taylor. Como estudamos no Capítulo 1, na siderúrgica onde começou sua carreira, Taylor observava o trabalho dos operários; depois, dividia a tarefa em movimentos menores e cronometrava quanto tempo o operário levava para completar cada passo.

Na mesma época, o engenheiro norte-americano Frank Bunker Gilbreth e sua esposa, Lillian Gilbreth, faziam estudos parecidos, mas, além do tempo, eles também analisavam de-

> O casal Gilbreth teve doze filhos. Dois deles, Frank Bunker Gilbreth Jr. e Ernestine Gilbreth Carey, escreveram em 1949 o bem-humorado livro Cheaper by the dozen ("Por dúzia é mais barato"), em que contam como os pais tentavam aplicar seus métodos de eficiência em casa. O livro virou filme no ano seguinte, tendo recebido o título de Papai Batuta no Brasil. Em 2003, Steve Martin estrelou outra comédia chamada Cheaper by the dozen (no Brasil, Doze é demais). Contudo, a única coisa que o novo filme tinha em comum com o anterior era o fato de retratar a vida de um casal com doze filhos, não guardando, porém, nenhuma relação com o livro dos irmãos Gilbreth.

talhadamente os movimentos dos operários. Desse modo, Taylor e o casal Gilbreth são considerados pioneiros dos chamados *estudos de tempos e movimentos*.

A análise de cargos é "prima-irmã" desses estudos, e seu nome vem justamente daí: tratava-se de *analisar* as ações de cada trabalhador, a fim de determinar a maneira ideal de realizar uma tarefa. Por exemplo: um pedreiro que está fazendo uma parede primeiro coloca argamassa, depois assenta o tijolo, retira o excesso de argamassa com a espátula, devolve o excesso para o balde, pega mais argamassa, coloca a argamassa sobre o tijolo já assentado, então pega um novo tijolo, assenta-o sobre a argamassa, e assim por diante. Analisando essa sequência de movimentos, o supervisor do pedreiro pode concluir que, se providenciar um pequeno andaime para colocar o balde de argamassa, em vez de deixá-lo no chão, o pedreiro não precisará se abaixar para pegar argamassa e, portanto, trabalhará mais rápido.

Eis um exemplo de como essa primitiva análise de cargos podia melhorar o ambiente físico de trabalho para elevar a produtividade. No entanto, como era de se imaginar, muitos administradores a utilizavam para levar o esforço humano até o limite da exaustão. Afinal, se não parasse para secar o suor da testa ou esticar os braços, o pedreiro *também* trabalharia mais rápido. Percebendo isso, não faltou quem estabelecesse sequências rígidas de movimentos, que deveriam ser cumpridas pelo trabalhador no menor tempo possível, sem um minuto de distração — daí a má fama da análise de cargos naqueles tempos.

O tempo que um trabalhador experiente levava para realizar uma tarefa, com a máxima eficiência de movimentos, era chamado de *tempo-padrão*. Esse tempo-padrão servia como referência para uma série de práticas: era a meta a ser atingida no treinamento dos funcionários novos, era motivo para demitir quem estivesse muito aquém e, principalmente, era a referência para determinar o pagamento. Títulos de livros da época não deixam dúvidas quanto à conexão entre esses elementos. *Estudos de tempos como uma base para o estabelecimento de salários*, de 1920, *Análise de cargos como uma base para o pagamento segundo a produtividade*, de 1930, *Estudos de tempos e movimentos: uma introdução a métodos, estudos de tempo e pagamento de salários*, de 1955, são alguns exemplos disso.

Vê-se, portanto, que no paradigma taylorista a análise de cargos estava intimamente relacionada à produtividade do trabalhador, medida em termos exclusivamente quantitativos. A partir da década de 1930, com a ampla divulgação dos experimentos de Hawthorne (os quais, como você deve se lembrar, vimos detalhadamente no Capítulo 1), temas psicológicos

> *Por incrível que pareça, ainda hoje há organizações que se acham "donas" do tempo de seus funcionários. Em julho de 2007, uma empresa de telemarketing sediada em São Paulo foi condenada a pagar R$ 4 mil de indenização a uma funcionária por impedi-la de ir ao banheiro fora do intervalo, que era de apenas cinco minutos. Vivendo literalmente no "aperto", a moça desenvolveu uma infecção urinária, mas, mesmo sob recomendação médica, não teve autorização para usar o banheiro além do limite. Em sua sentença, a juíza Ivone de Souza de Prado Queiroz, da 53ª Vara do Trabalho de São Paulo, declarou que "a empresa deve entender que seu "colaborador" é uma criatura humana e, como tal, não deve ser tratado como máquina". Em pleno século XXI, ainda há organizações que precisam ser lembradas disso!*

e sociais também passam a ser considerados ao lado dos padrões físicos de produtividade. Gradualmente, a análise de cargos — especialmente nos níveis hierárquicos superiores — vai incorporando esses novos parâmetros. Já não basta mais, por exemplo, informar quantos relatórios o supervisor deve preencher por semana; é necessário também estabelecer que ele deve liderar e motivar seus subordinados.

Na segunda metade do século XX, conforme já vimos no Capítulo 1, surgiram evidências de que valia a pena — inclusive do ponto de vista financeiro — dar autonomia aos funcionários e valorizar mais a eficiência da equipe do que a individual. Essas tendências, aliadas à veloz substituição do trabalho manual pelo intelectual, fizeram com que aquela vinculação entre análise de cargos e estudos de tempos e movimentos acabasse abandonada.

Hoje, a análise de cargos continua sendo uma ferramenta básica da administração de recursos humanos. Contudo, ela se tornou muito mais flexível e abrangente, podendo inclusive incorporar conceitos bem avançados, como o de gestão por competências.

É certo que a própria organização das empresas está mudando: a estrutura tradicional, em que as pessoas ocupam cargos divididos por departamentos, está dando lugar a uma estruturação por projetos, nos quais atuam equipes multifuncionais. As fronteiras organizacionais estão se dissolvendo, inclusive as que separam um cargo do outro. Por conta disso, há quem diga que a análise de cargos está com os dias contados.

Talvez no futuro a análise de cargos deixe mesmo de fazer sentido. Por enquanto, porém, ela continua sendo o alicerce para todas as demais práticas de RH. Até nas organizações que adotam a estruturação por projetos, as pessoas recebem seus salários segundo o cargo que ocupam. Podem até ter uma remuneração variável conforme o projeto em que estão engajadas no momento — mas seu vínculo maior com a organização, do ponto de vista tanto psicológico quanto jurídico, continua sendo o cargo. Daí a importância de documentar as atribuições desse cargo e as qualificações necessárias para ocupá-lo.

Entre as inúmeras aplicações da análise de cargos na atualidade, destacamos as seguintes:

- *Diagnóstico* — no capítulo anterior, afirmamos que todo planejamento de recursos humanos começa com uma análise do ambiente externo e do ambiente interno da organização. Ao comentar este último aspecto, dissemos que a análise do ambiente interno inclui a situação financeira da empresa, suas condições tecnológicas, sua estratégia de negócios e a análise de cargos — tema que deixamos para o presente capítulo. Com efeito, ao ser contratado por uma organização, uma das primeiras coisas que um executivo de RH vai procurar conhecer é a análise dos cargos existentes. Ele ou ela vai querer saber, também, a data da última atualização, visto que análises desatualizadas não servem para muita coisa. Recomenda-se que a análise de cargos seja revista pelo menos uma vez ao ano.

> *No caso específico do Brasil, o caminho rumo à extinção dos cargos tende a ser ainda mais longo. Isso porque nossa legislação trabalhista, datada de 1943, é muito pouco flexível nesse aspecto — ou melhor, em quase todos os aspectos. Já passou da hora de uma ampla modernização, que deveria contemplar, por exemplo, o trabalho a distância (teletrabalho), a terceirização, o contrato por projeto e a flexibilização da jornada. Uma dica de leitura a esse respeito é o artigo "Número exacerbado de direitos trabalhistas engessa o Brasil", da advogada trabalhista Sylvia Romano, publicado em março de 2007 no site Consultor Jurídico (www.conjur.com.br).*

Sem essa documentação atualizada em mãos, o planejamento de todas as outras práticas de RH (recrutamento e seleção, treinamento e desenvolvimento, plano de salários, avaliação de desempenho etc.) ficará prejudicado. É como tentar comprar roupas para alguém sem saber se essa pessoa é homem ou mulher, alta ou baixa, magra ou gorda.

- *Recrutamento e seleção* — a análise de cargos ajuda a compor os anúncios para recrutamento ou, se for o caso, a elaborar o *briefing* para uma agência terceirizada. É da análise que saem os "requisitos" que os interessados devem preencher para se candidatar a vaga. Além disso, a análise é fundamental para orientar as entrevistas e o processo seletivo como um todo.
- *Treinamento e desenvolvimento* — a análise de cargos ajuda a identificar as necessidades de treinamento e desenvolvimento, na medida em que informa o que o ocupante daquele cargo deve fazer e quais conhecimentos, habilidades e atitudes (ou seja, quais competências) deve exibir. É muito raro que um funcionário novo preencha todos os requisitos, portanto, a organização deve ajudá-lo a atingir esse nível máximo de excelência.
- *Plano de cargos e salários* — a análise de cargos continua fortemente ligada ao estabelecimento de salários, tanto que em muitas organizações a pessoa responsável pela análise é chamada de "analista de cargos e salários". Contudo, é lógico que hoje em dia a remuneração não é mais decidida em termos de quantos minutos a pessoa leva para fazer certa tarefa, mas sim das responsabilidades que assume e das contribuições que traz à organização.
- *Programas de saúde e ergonomia* — a análise de cargos ajuda a identificar as funções mais sujeitas a acidentes, insalubridade ou lesões por esforço repetitivo, permitindo, assim, a elaboração de programas preventivos.

- *Desenho e redesenho de cargos, equipes e projetos* – a análise de cargos não tem apenas uma função retrospectiva, voltando seu olhar ao que já existe na organização. Ela também tem uma função prospectiva, ou seja, também pode ajudar a desenhar novos cargos, equipes e projetos, ou a redesenhar os atuais. Por exemplo: se uma organização pretende implantar uma nova unidade de negócios, pode utilizar sua experiência nas unidades atuais para desenhar os novos cargos, ainda que as funções a serem desempenhadas sejam relativamente diferentes.

Conceito de análise, descrição e especificação de cargos

Segundo o *Dicionário Houaiss da língua portuguesa*, o primeiro significado de *analisar* é "separar (um todo) em seus elementos ou partes componentes". A *análise de cargos* consiste justamente nisto – é o processo de decompor um cargo em partes menores e mapeá-las de modo coerente.

As partes que compõem o cargo são agrupadas em dois conjuntos:
- a *descrição* do cargo – diz respeito às funções e tarefas desempenhadas pelo ocupante do cargo; e
- a *especificação* do cargo – refere-se às características que uma pessoa deve ter para ocupar tal cargo.

Vejamos esses dois elementos separadamente.

Descrição do cargo

A *descrição do cargo* é um registro detalhado das atividades realizadas pelo ocupante do cargo. As atividades costumam ser classificadas em dois grupos: funções e tarefas. Uma *função* (também chamada de *responsabilidade* ou *papel*) é a unidade maior e mais significativa do trabalho; está composta por um conjunto sequencial de tarefas. *Tarefa* é uma unidade menor, que pode ser realizada independentemente de outras e, em geral, tem início e fim bem demarcados. As tarefas são sempre mais simples que as funções. Veja um exemplo dessa distinção na Figura 3.1.

Evidentemente, uma tarefa também poderia ser dividida em "subtarefas". Por exemplo: para contatar e selecionar fornecedores, é preciso primeiro manter um cadastro de fornecedores, depois contatá-los por e-mail ou carta, pedir orçamento, analisar orçamento, enviar previsão de gastos ao departamento financeiro, selecionar o fornecedor segundo critérios predeterminados etc. Contudo, não é interessante que a descrição de cargos entre em um nível tão grande de detalhamento.

> Alguns autores, como Chiavenato (2009), distinguem, ainda, entre tarefa e atribuição. Nesse caso, tarefas seriam atividades simples e repetitivas, como montar uma peça, rosquear um parafuso ou usinar um componente. Atribuições, por sua vez, seriam tarefas mais sofisticadas e menos braçais, como preencher um cheque, emitir uma requisição de material, elaborar uma ordem de serviço etc. Aqui, por simplificação didática, englobamos os dois conceitos sob a denominação genérica de tarefa.

Figura 3.1 Exemplo de distinção entre as funções e tarefas que compõem um cargo.

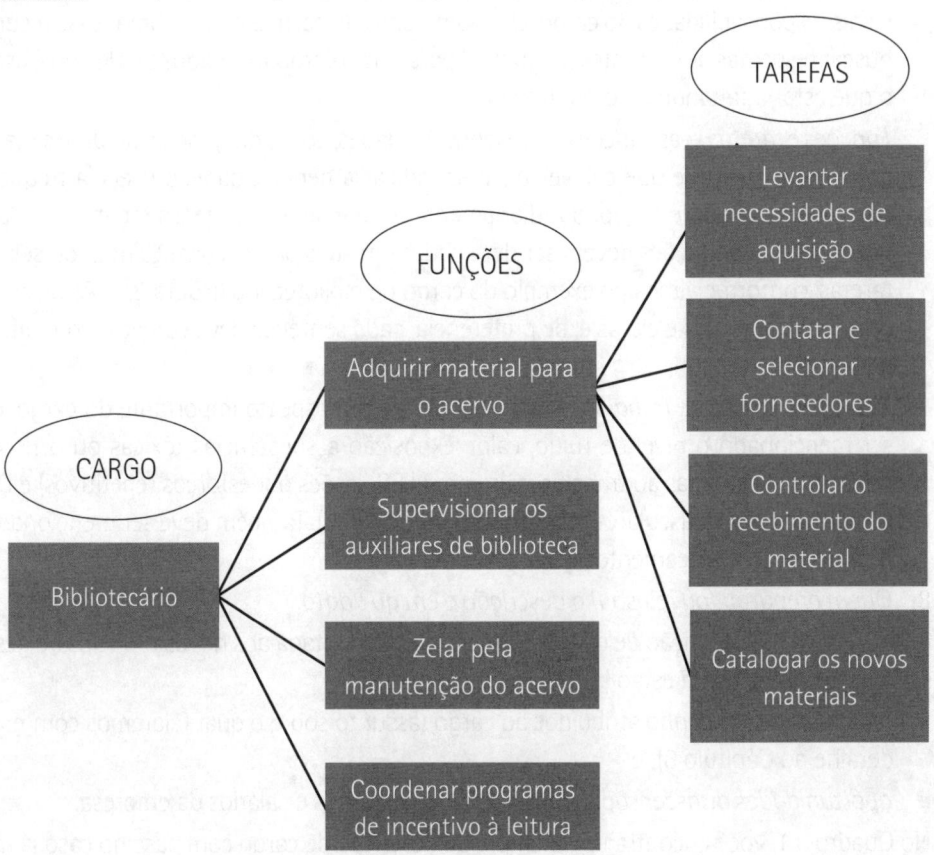

CARGO: Bibliotecário

FUNÇÕES:
- Adquirir material para o acervo
- Supervisionar os auxiliares de biblioteca
- Zelar pela manutenção do acervo
- Coordenar programas de incentivo à leitura

TAREFAS (de Adquirir material para o acervo):
- Levantar necessidades de aquisição
- Contatar e selecionar fornecedores
- Controlar o recebimento do material
- Catalogar os novos materiais

Os principais itens que uma descrição de cargo deve conter são:
1. Título do *cargo*.
2. *Departamento ou setor ao qual o cargo está vinculado.*
3. *Divisão ou diretoria* à qual o departamento está vinculado.
4. *Relacionamentos* – esse item indica a posição do cargo no organograma. Deve ser mencionado:
    a. a quem o ocupante do cargo se reporta, ou seja, qual ou quais são seus superiores imediatos;
    b. quem o ocupante do cargo supervisiona (se for o caso);
    c. quais são suas relações laterais, ou seja, com quem o ocupante do cargo trabalha no mesmo nível hierárquico – se o cargo estiver costumeiramente associado a determinada equipe ou projeto, isso também deve ser mencionado;
    d. com quais públicos externos o ocupante do cargo interage diretamente (se for o caso).

5. *Resumo ou descrição sumária* – define, em um parágrafo sucinto, o propósito e as principais responsabilidades do cargo. Um bom ponto de partida para elaborar esse resumo é buscar respostas às seguintes perguntas: para que o cargo foi criado? Se ele não existisse, o que estaria faltando na organização?
6. *Funções e tarefas* – as funções ou responsabilidades, como dito, são as unidades maiores do trabalho. Sempre que cabível, deve-se indicar a periodicidade, ou seja, a frequência com que a função é cumprida (diariamente, semanalmente, mensalmente, a cada trimestre etc.). As funções devem ser detalhadas em suas partes constituintes, ou seja, nas tarefas, conforme vimos no exemplo do cargo de bibliotecário (Figura 3.1). As descrições devem ser objetivas e claras e, de preferência, cada sentença deve começar com um verbo de ação.
7. *Condições físicas de trabalho* – caso se trate de um aspecto importante do cargo, deve ser mencionado o nível de ruído, calor, exposição a substâncias tóxicas ou o risco de doenças relacionadas ao trabalho, tais como LER (lesões por esforços repetitivos) e DORT (distúrbios osteomusculares relacionados ao trabalho). Também deve ser mencionado se o cargo exige deslocamentos constantes ou viagens.
8. *Quem preparou (ou revisou) a descrição e em que data.*

A fim de tornar a descrição de cargos mais flexível e adaptada aos novos modelos de gestão, várias organizações também estão incluindo:

- *índices de desempenho* atribuídos ao cargo (assunto sobre o qual falaremos com mais detalhe no Capítulo 8); e
- *oportunidades de ascensão* dentro do plano de cargos e salários da empresa.

No Quadro 3.1, você encontra um exemplo de descrição de cargo com base no caso já mencionado de um bibliotecário.

Especificação do cargo

O segundo produto da análise de cargos é a especificação do cargo, fundamental nos processos de recrutamento e seleção e de treinamento e desenvolvimento. A especificação pode ocupar uma seção na própria descrição do cargo ou constituir um documento à parte.

> Uma lista muito grande de funções pode indicar que as tarefas não estão agrupadas adequadamente. Cabe ao analista ajudar as pessoas que prestam informações sobre o cargo a separar as unidades maiores de trabalho (funções) das atividades menos significativas (tarefas).

A *especificação do cargo* relaciona os atributos que o ocupante deve ter. Tais atributos referem-se a:

- *conhecimentos* – dominar certos saberes concernentes à área; por exemplo, em uma organização que adota o modelo de gestão por competências, é importante que o analista de RH conheça tal modelo;
- *habilidades* – falar inglês, lidar com planilhas Excel, operar máquina de corte a laser etc.;

Quadro 3.1 Exemplo de descrição de cargo.

DESCRIÇÃO DE CARGO

Título do cargo: Bibliotecário. **Código:** 034
Departamento/seção: Biblioteca **Diretoria:** Ensino e Pesquisa.
Relacionamentos:

Reporta-se a: coordenador de ensino e pesquisa.

Supervisiona: auxiliares de biblioteca.

Trabalha com: gerente financeiro; gerente de tecnologia da informação; professores.

Relacionamentos externos: fornecedores de livros, revistas e outros materiais bibliográficos; prestadores de serviços de restauração; alunos; membros da comunidade.

Resumo: Coordenar todas as atividades da biblioteca, de modo que ela atenda plenamente às necessidades dos usuários, por meio da oferta de um acervo abrangente, atualizado e bem conservado e da prestação de serviços relevantes e personalizados.

Principais funções e tarefas:

- *Adquirir material para o acervo* — Manter um sistema de informações permanentemente ativo para que professores e alunos sugiram a aquisição de livros ou periódicos. Acompanhar os lançamentos do mercado editorial e consultar os professores quanto à conveniência da aquisição de obras. A cada três meses, organizar um plano de aquisição, com previsão de orçamento, e submetê-lo ao gerente financeiro. Caso aprovado, conduzir a operação de compra, controlar o recebimento do material e catalogar as novas aquisições.

- *Supervisionar os auxiliares de biblioteca* — Fixar rotinas para empréstimos e devoluções e para a recolocação nas estantes do material consultado pelos usuários. Verificar, no final de cada dia, se as rotinas foram cumpridas. Orientar os auxiliares quanto ao uso do sistema de informação da biblioteca. Criar um código de conduta para o departamento no que diz respeito ao atendimento ao usuário. Supervisionar o atendimento ao usuário, atuando em consultas mais complexas ou esclarecendo dúvidas.

- *Atualizar o sistema de informação da biblioteca* — Manter o registro eletrônico do acervo permanentemente atualizado. Em parceria com o gerente de tecnologia da informação, trabalhar pela melhoria contínua do sistema de informação.

- *Zelar pela manutenção do acervo* — Orientar os auxiliares a separar diariamente os materiais danificados. A cada seis meses, conduzir com os auxiliares uma inspeção geral do acervo, a fim de detectar outros materiais danificados, bem como a perda ou furto de volumes. Realizar a restauração dos materiais danificados ou, se necessário, contratar restauradores externos e acompanhar seu trabalho. Repor os exemplares perdidos ou furtados.

- *Coordenar programas de incentivo à leitura* — Em parceria com professores e com a coordenadoria de ensino e pesquisa, elaborar, coordenar, acompanhar e avaliar programas de incentivo à leitura, voltados tanto aos usuários internos quanto à comunidade externa.

Descrição preparada por: Sônia Nunes **Data:** 30/05/2007.
Última revisão feita por: Henrique Gomes **Data:** 30/10/2009.

- *traços de personalidade ou comportamento* – dinamismo, liderança, iniciativa etc.;
- *escolaridade* – ensino médio profissionalizante, superior completo, mestrado, MBA etc.;
- *qualificação* – participação em programas de treinamento interno ou externo, certificações etc.;
- *experiência* – vivência de um ano, dois anos etc. em um ou mais dos papéis envolvidos no cargo.

Alguns cargos também exigem atributos físicos específicos, como vigor físico (carregador), habilidade manual (auxiliar de acabamento), olfato apurado (perfumista) etc. Certas organizações também listam entre as especificações as condições físicas do trabalho, que aqui preferimos incluir na descrição do cargo.

Especificação de cargos ou mapeamento de competências?

Como você deve ter percebido, as especificações do cargo lembram muito as competências individuais que estudamos no capítulo anterior. Contudo, há algumas diferenças importantes. A primeira é que a visão de competências é mais dinâmica e fluida que a de cargos: as competências pertencem à pessoa, não ao cargo. A pessoa pode mudar de cargo, sendo promovida ou transferida para outra área da organização – e as competências vão junto com ela.

Outra diferença é que as competências normalmente se aplicam a uma área da empresa, ou a equipes, e não a um cargo específico. Você se lembra, por exemplo, que comentamos que no Hospital Israelita Albert Einstein o relacionamento interpessoal era uma competência necessária na área de recursos humanos? Pois bem: essa competência não se aplica apenas a determinados cargos de RH, e sim à equipe inteira.

Por fim, a última diferença é que a especificação do cargo tende a fragmentar os elementos que compõem uma competência. Conforme vimos no capítulo anterior, a competência é uma soma, uma combinação de conhecimentos, habilidades e atitudes. Já a especificação do cargo costuma dividir esses elementos em itens separados.

Na prática, o mais comum é as empresas unirem as duas abordagens: a análise de cargos desenrola-se no nível tradicional de cargos, ao passo que a gestão por competências foca o nível departamental e organizacional. Assim, ao realizar suas práticas, o RH "cruza" as duas abordagens, como demonstra a Figura 3.2.

O processo de análise de cargos

A análise de cargos é um processo demorado e dispendioso. Antes de iniciá-lo, é importante estudar se realmente vale a pena fazê-lo. Muitas vezes, a análise de cargos informal, realizada pelo gerente de cada departamento, já atende às necessidades da organização.

Figura 3.2 Harmonização entre a análise de cargos e um modelo de gestão por competências.

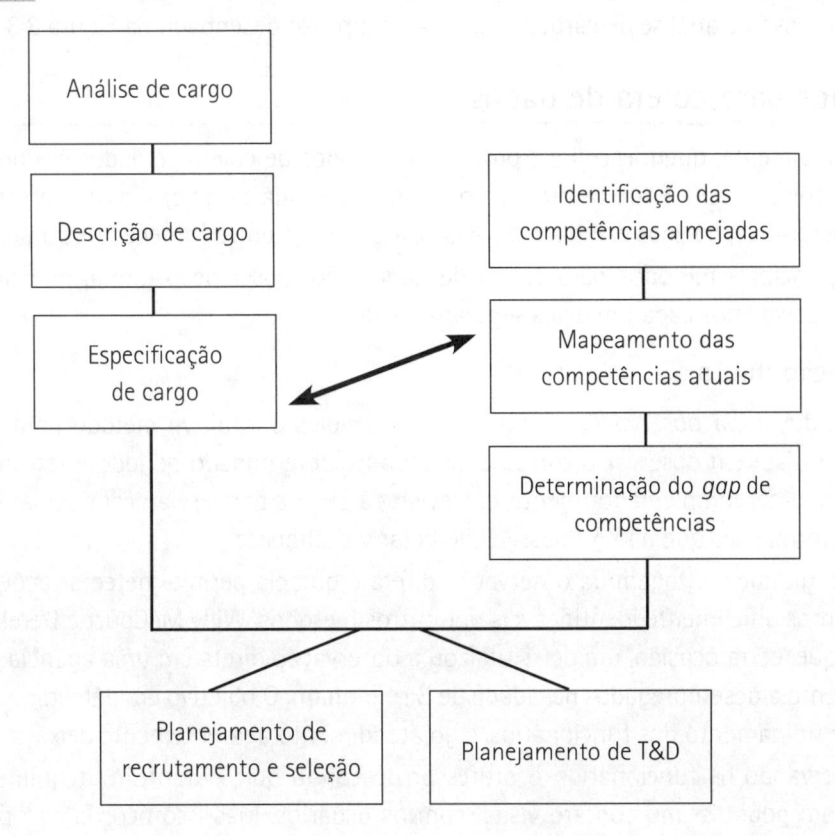

```
┌─────────────────┐
│ Análise de cargo│
└────────┬────────┘
         │
┌────────▼────────┐         ┌──────────────────────┐
│Descrição de cargo│        │  Identificação das   │
└────────┬────────┘         │ competências almejadas│
         │                  └──────────┬───────────┘
┌────────▼────────┐         ┌──────────▼───────────┐
│  Especificação  │◄──────► │   Mapeamento das     │
│    de cargo     │         │  competências atuais │
└────────┬────────┘         └──────────┬───────────┘
         │                  ┌──────────▼───────────┐
         │                  │ Determinação do gap de│
         │                  │     competências     │
         │                  └──────────┬───────────┘
         │                             │
    ┌────┴─────────┐         ┌─────────┴──────┐
    │ Planejamento de│       │Planejamento de │
    │recrutamento e │        │     T&D        │
    │    seleção    │        │                │
    └───────────────┘        └────────────────┘
```

O profissional de RH pode apenas investigar mais a fundo as informações existentes, ou complementá-las, sem a necessidade de um processo formal.

Supondo-se, porém, que se tenha decidido pela conveniência da análise de cargos tradicional, o passo seguinte é definir, com muita clareza, quais os objetivos da operação. O alerta que se faz aqui é o mesmo que se fez no caso da pesquisa de clima organizacional: pedir a um funcionário que preencha longos questionários, ou que conceda entrevistas, para depois "engavetar" os resultados é uma prática temerária. A equipe fica com a impressão de que o corpo diretivo investe em projetos caros e pomposos, porém inócuos.

Além disso, o estabelecimento de objetivos ajuda a definir os métodos e procedimentos a serem utilizados. Se a análise está sendo feita com fins de recrutamento e seleção ou treinamento e desenvolvimento, por exemplo, as especificações do cargo serão mais importantes do que a descrição. Por outro lado, se a organização está passando por uma reestruturação e a intenção é redesenhar os cargos, a descrição será mais importante.

Willy McCourt e Derek Eldridge, professores da Universidade de Manchester, sugerem que o processo de análise de cargos siga o passo a passo desenhado na Figura 3.3.

Métodos para coleta de dados

Normalmente, quem escolhe e projeta os métodos de coleta de dados é o profissional de RH. A coleta é feita entre os próprios ocupantes de cada cargo e, subsidiariamente, entre seus supervisores, colegas e, em alguns casos, até mesmo entre fornecedores ou clientes.

Os principais métodos para coleta de dados são: observação direta, questionários e entrevistas. Vejamos cada um deles separadamente.

Observação direta

Sem dúvida, a *observação direta* é o mais simples e intuitivo método para coleta de dados. Consiste em observar o trabalhador durante determinado período e registrar o que ele faz. Pode-se, complementarmente, entrevistar a pessoa para esclarecer dúvidas ou acrescentar informações que não foi possível detectar visualmente.

Uma grande vantagem da observação direta é que ela permite detectar ações e comportamentos dificilmente identificáveis por outros métodos. Willy McCourt e Derek Eldridge contam que, certa ocasião, um deles utilizou a observação direta em uma agência oficial de atendimento a desempregados na cidade de Birmingham. O objetivo era detectar as necessidades de treinamento dos funcionários, cujo atendimento aparentemente deixava a desejar.

Observando os funcionários, o professor descobriu que, durante o atendimento, eles mantinham pouquíssimo contato visual com os usuários. Mas isso ocorria não porque os atendentes fossem frios, e sim porque tanto eles quanto os usuários ficavam totalmente concentrados em preencher o formulário para solicitação dos benefícios. A interação pessoal acabava ficando em segundo plano. Esse é o tipo de detalhe que, certamente, nenhum questionário ou entrevista revelaria.

Um grande problema com a observação direta é o tempo que ela consome. Geralmente, as funções desempenhadas por um trabalhador são cíclicas, ou seja, começam, desenvolvem-se, terminam e voltam a recomeçar — e o ciclo pode demorar semanas ou até meses. Por isso, a observação direta só é adequada para tarefas mecânicas e repetitivas, ou em situações nas quais a função desempenhada, ainda que mais complexa, desenvolve-se em ciclos curtos, de dias ou horas. É possível observar, por exemplo, a rotina diária de um vendedor de loja ou de uma berçarista.

Outra dificuldade associada à observação direta é que praticamente todos nós alteramos nosso comportamento quando estamos sendo observados. Na tentativa de "mostrar serviço", alguns reagem trabalhando mais ou assumindo mais funções que o habitual.

Planejamento de cargos | 71

Figura 3.3   Processo de análise de cargos. Adaptado de: McCOURT; ELDRIDGE, 2003, p. 93.

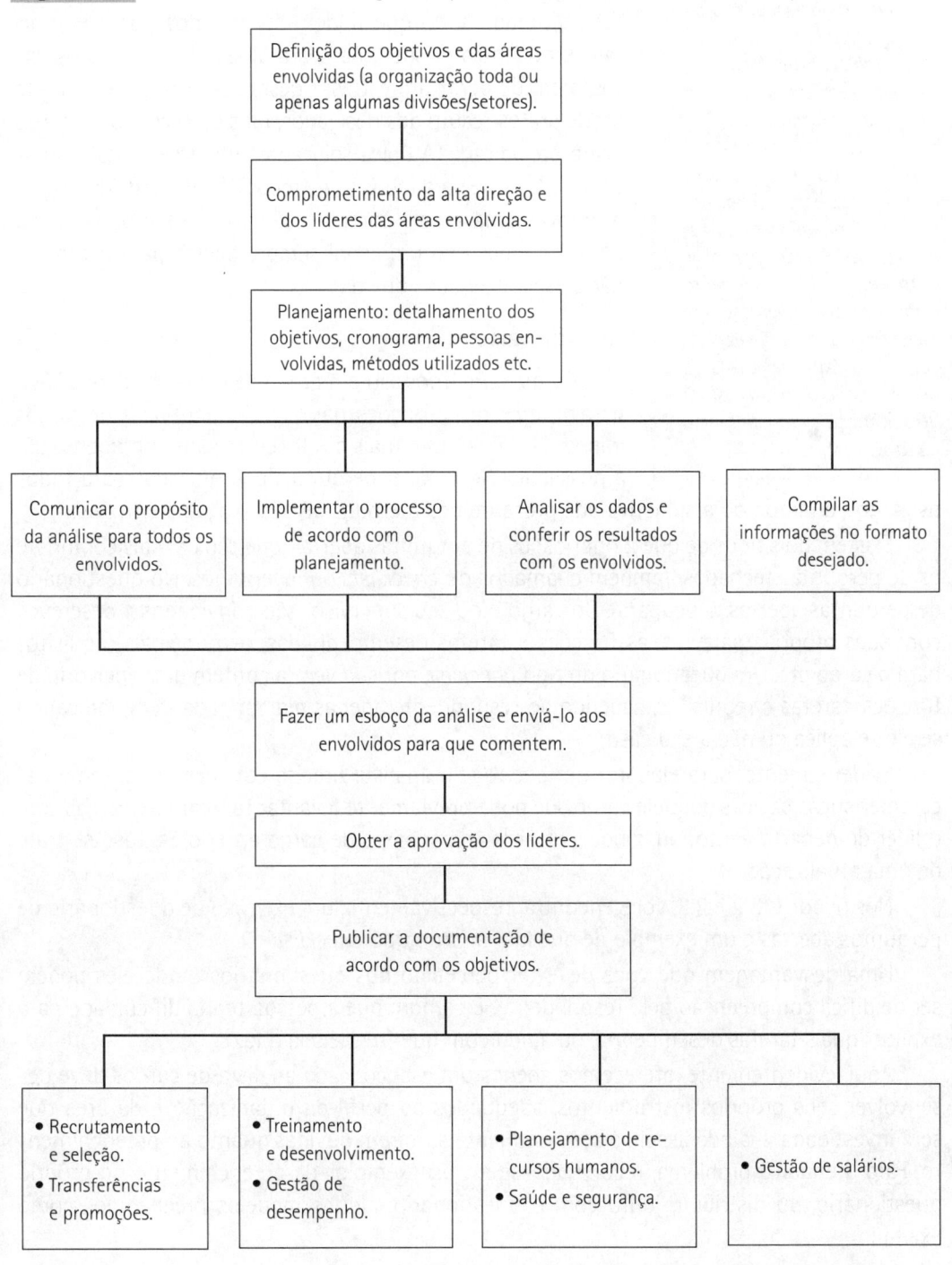

```
┌─────────────────────────────────────┐
│ Definição dos objetivos e das áreas │
│ envolvidas (a organização toda ou   │
│ apenas algumas divisões/setores).   │
└─────────────────┬───────────────────┘
                  │
┌─────────────────┴───────────────────┐
│ Comprometimento da alta direção e   │
│ dos líderes das áreas envolvidas.   │
└─────────────────┬───────────────────┘
                  │
┌─────────────────┴───────────────────┐
│ Planejamento: detalhamento dos      │
│ objetivos, cronograma, pessoas en-  │
│ volvidas, métodos utilizados etc.   │
└─────────────────────────────────────┘
```

- Comunicar o propósito da análise para todos os envolvidos.
- Implementar o processo de acordo com o planejamento.
- Analisar os dados e conferir os resultados com os envolvidos.
- Compilar as informações no formato desejado.

```
┌─────────────────────────────────────┐
│ Fazer um esboço da análise e enviá- │
│ lo aos envolvidos para que comentem.│
└─────────────────┬───────────────────┘
                  │
┌─────────────────┴───────────────────┐
│ Obter a aprovação dos líderes.      │
└─────────────────┬───────────────────┘
                  │
┌─────────────────┴───────────────────┐
│ Publicar a documentação de          │
│ acordo com os objetivos.            │
└─────────────────────────────────────┘
```

- Recrutamento e seleção.
- Transferências e promoções.

- Treinamento e desenvolvimento.
- Gestão de desempenho.

- Planejamento de recursos humanos.
- Saúde e segurança.

- Gestão de salários.

Algumas "organizações" utilizam 'observadores' ocultos, ou mesmo câmeras de vídeo ocultas para verificar o que seus funcionários fazem. Essas "espionagens" são usadas não só para descrever os cargos, mas às vezes até para avaliar desempenho ou embasar outras práticas de RH. Do ponto de vista ético, tal procedimento é bastante discutível. Isso sem mencionar que, uma vez descoberto o estratagema, será difícil recuperar a atmosfera de confiança e transparência dentro da empresa.

Outros, ainda, podem fazer menos do que normalmente fariam, imaginando que podem ser punidos por eventuais falhas ou "intromissões" na seara alheia. Em ambos os casos, além de gerar um estresse desnecessário, a técnica não produzirá os resultados desejados, pois a descrição do cargo ficará prejudicada. A única solução contra esses problemas — e que, aliás, vale para todos os métodos de coletas de dados — é promover uma ampla comunicação sobre os propósitos da pesquisa, deixando um canal sempre aberto para o funcionário esclarecer suas dúvidas.

Questionários

Os *questionários* são o método de coleta de dados ideal para grandes organizações, nas quais a quantidade de cargos impediria um contato mais direto. Entre suas vantagens está a possibilidade de fazer perguntas padronizadas para todos os cargos, diminuindo a subjetividade presente nos métodos de observação e entrevista.

Existem dois tipos de questionários: os de perguntas abertas, que são os mais comuns, e os de perguntas fechadas, também chamados de *checklists* ou inventários. No questionário de perguntas abertas, o ocupante do cargo e/ou seu supervisor são convidados a descrever, com suas próprias palavras, as funções e tarefas desempenhadas, os principais requisitos para o cargo etc. Um questionário do tipo *checklist*, por sua vez, já contém um repertório de funções, tarefas e requisitos, cabendo ao respondente apenas marcar cada item, indicando se ele se aplica ou não a seu caso.

Evidentemente, para elaborar um *checklist* o analista precisa conhecer de antemão as características básicas daquele cargo. Ele pode previamente levantar tais características com o líder do departamento; ou, ainda, extraí-las de análises de cargo anteriores, caso se trate de uma atualização.

Nos quadros 3.2 e 3.3, você encontra, respectivamente, um exemplo de questionário de perguntas abertas e um exemplo de questionário do tipo *checklist*.

Uma desvantagem que você deve ter percebido nos questionários é que eles podem ser de difícil compreensão pelo respondente. É comum que a pessoa tenha dificuldade para explicar quais tarefas desempenha, ou ainda com que frequência o faz.

Aqui, evidentemente, oferecemos apenas um esboço; cada analista de cargos deve desenvolver seus próprios instrumentos, adequados ao perfil da organização e da área que será investigada — ainda assim, é bem frequente surgirem dúvidas quanto ao preenchimento. Para atenuar o problema, recomenda-se incluir exemplos de preenchimento no próprio questionário, ou distribuir, junto com o questionário, alguns modelos preenchidos como exemplo.

Quadro 3.2 Exemplo de questionário com perguntas abertas.

Questionário para análise de cargo

Nome: Data:
Título do cargo: Código do cargo:
Departamento: Divisão ou diretoria:

1. Por favor, indique o nome do seu supervisor imediato e o cargo que ele(a) ocupa.
2. Você supervisiona o trabalho de outro(s) funcionário(s)? Qual(is) o(s) cargos que ele(s) ocupa(m)?
3. Seu cargo exige que você mantenha contato com pessoas de outros departamentos ou empresas? Em caso positivo, por favor especifique esses departamentos e empresas, qual o objetivo dos contatos e com qual frequência ocorrem.
4. Por favor, descreva resumidamente, com suas próprias palavras, as principais responsabilidades de seu cargo.
5. Agora relacione as tarefas que você desempenha diariamente e especifique qual porcentagem de seu tempo você dedica a cada uma delas.

    Tarefa   *Porcentagem do tempo diário*

6. Há tarefas que você realiza em intervalos mais longos, como semanalmente, mensalmente ou a cada semestre? Por favor, relacione-as e especifique com qual frequência são executadas.
7. Quais decisões você precisa tomar no desempenho de seu cargo?
8. Descreva, por favor, as condições físicas em que você trabalha – internamente, externamente, com necessidade de deslocamentos ou viagens etc. Registre qualquer aspecto desagradável, como ruído excessivo, ou dores ocasionadas por algum movimento que você precise fazer frequentemente.
9. Por favor, indique os requisitos que, na sua opinião, são necessários para desempenhar o cargo que você ocupa.
    - Escolaridade:
    - Treinamentos ou certificações:
    - Experiência:
    - Traços de personalidade ou comportamento:
    - Conhecimentos e habilidades:
10. Acrescente qualquer informação que você julgue importante para conhecermos melhor seu cargo.

Além disso, nunca é demais repetir: todo o esforço de análise de cargos deve ser acompanhado de uma ampla comunicação, capaz de esclarecer todos os envolvidos sobre os propósitos da análise e qual o papel de cada um deles no processo. A área de RH deve, também, manter um canal de comunicação permanentemente aberto para tirar dúvidas dos funcionários.

Quadro 3.3 Exemplo de questionário com perguntas fechadas (do tipo *checklist*).

CARGO: SECRETÁRIA EXECUTIVA	Qual proporção de seu tempo diário você dedica a cada uma das tarefas abaixo?			
	ALTA	MÉDIA	BAIXA	NÃO REALIZO ESTA TAREFA
Redigir cartas e e-mails.				
Redigir relatórios.				
Redigir textos para publicações e apresentações.				
Preparar viagens do executivo.				
Providenciar passagens e acomodações para visitantes.				
Organizar a agenda do executivo.				
Agendar e organizar reuniões e conferências.				
Criar e distribuir pautas de reuniões.				
Atender e gerenciar telefonemas.				
Receber clientes e visitantes.				
Realizar tarefas de escritório, tais como fotocópia, emissão e recebimento de faxes ou classificação da correspondência.				
Escolher, orçar e comprar suprimentos de escritório.				
Escolher, orçar e comprar móveis e objetos de decoração.				

Entrevistas

As entrevistas são, provavelmente, o método mais difundido e eficaz de coleta de dados para análise de cargos. Elas superam boa parte das dificuldades envolvidas na aplicação de questionários, pois permitem que o entrevistador ajude o respondente a explicar detalhadamente suas tarefas e responsabilidades. As dúvidas são esclarecidas na hora, e qualquer ponto mais relevante aos propósitos da análise pode ser aprofundado. Isso sem falar que o contato pessoal entre entrevistador e respondente cria uma atmosfera de cooperação e intimidade que um questionário jamais poderia alcançar.

> *Pode parecer estranho, mas várias organizações utilizam a entrevista de desligamento (aquela que se faz quando um funcionário afasta-se voluntária ou involuntariamente da organização) para atualizar a análise de cargos. Nesse caso, o entrevistador pergunta ao ex-funcionário quais funções e tarefas ele realizava e compara-as com as que constam da análise de cargos.*

Para que todas essas vantagens se concretizem, porém, é necessário que o entrevistador seja experiente e prepare-se muito bem para o encontro. Ele deve levar um roteiro de perguntas previamente planejadas e um gravador, de preferência com vídeo.

As entrevistas também podem ser feitas em grupo. Nesse caso, são reunidos alguns ocupantes do mesmo cargo que, em conjunto, descrevem as suas principais atribuições. Para agilizar a discussão, o analista dos cargos pode distribuir *checklists* de tarefas com antecedência e levar os resultados já consolidados para a reunião.

A única desvantagem das entrevistas é que elas podem ser muito dispendiosas, pois exigem uma equipe de entrevistadores qualificados. Além disso, costumam envolver custos indiretos, como a transcrição das gravações.

No Capítulo 7, em que discutiremos os planos de cargos, salários e benefícios, voltaremos a falar das informações obtidas por meio da análise de cargos.

ESTUDO DE CASO

ANÁLISE DE CARGOS EM EMPRESAS FAMILIARES

Até os anos 1950, a empresa familiar reinava praticamente absoluta na economia brasileira. Mais tarde, com a entrada de grandes conglomerados estrangeiros e o crescimento das empresas nacionais, a estrutura de "clã" foi sendo substituída por modelos mais profissionais. Mas isso não significa que a empresa familiar saiu de cena. Muito pelo contrário: o conselho de administração de grandes organizações, como o Grupo Pão de Açúcar, continua tendo vários parentes entre seus membros. Isso sem falar na franca predominância da empresa familiar entre as micro e pequenas empresas – segmento que, no Brasil, responde por nada menos de 25% do Produto Interno Bruto (PIB) e gera 14 milhões de empregos, ou seja, 60% do emprego formal.

Um dos maiores problemas das empresas familiares, especialmente nos seus primeiros anos de existência, é a falta de um organograma definido. Em geral, elas nascem como negócios pequenos, de estrutura piramidal, na qual uma só pessoa (geralmente o patriarca ou a matriarca) concentra todas as decisões e responsabilidades. À medida que a empresa vai se expandindo, é necessário descentralizar e profissionalizar a gestão – um processo nem sempre fácil, como a Famed, empresa de medicina de grupo, descobriu na prática.

Formada nos anos 1960 por profissionais de um centro de excelência de medicina, até o ano 2000 a Famed foi administrada quase exclusivamente por médicos. Nesse ano, um dos filhos do fundador – um economista – assumiu a direção geral e deu início a um processo completo de reestruturação. Gradualmente, o novo líder foi realizando diversas transformações. Entre outras mudanças, vários diretores deixaram a empresa e cargos importantes passaram a ser ocupados por profissionais não médicos.

Em 2004, foi anunciada a maior alteração da história da Famed: a separação entre seus dois principais negócios – de um lado, a rede de hospitais e centros médicos, e, de outro, a operadora de planos de saúde. Nasceram, assim, a Famed Rede e a Famed Planos, que deveriam ser administradas separadamente.

Entre 2005 e 2006, a pesquisadora Cristina Lyra Couto-de-Souza, da PUC-Rio, investigou a situação da organização e descobriu que as coisas não haviam corrido exatamente como esperado. Um ano após o anúncio da separação, continuava havendo uma grande "zona cinzenta" entre as duas unidades de negócio.

Uma das principais fontes de confusão era a falta de clareza quanto ao papel de três tipos de líder da Famed Rede (hospitais e centros médicos):

- os gerentes médicos – antes, eles faziam de tudo; na nova estrutura, passaram a ser responsáveis pela qualidade do atendimento nas unidades; seu papel seria levantar problemas (como atendimentos indevidos) e repassá-los ao chefe de especialidade;
- chefes de especialidade – figura nova, criada na reestruturação, os chefes de especialidade deveriam liderar a equipe dentro de cada especialidade médica;
- gerentes operacionais – outra figura introduzida na reestruturação, esses gerentes desempenhavam funções de *staff*.

De acordo com a pesquisadora, ficava nítido nos depoimentos de vários gerentes e funcionários que todos tinham dúvidas sobre as fronteiras entre os cargos. Como exemplo disso, a estudiosa transcreveu a fala de um funcionário: "Pra quem eu devo encaminhar esse relatório?" e de um gestor: "No caso de problemas de comportamento, quem deve falar com os médicos?"

Alguns funcionários antigos apontaram que antes o entendimento era mais fácil. "O gerente médico fazia tudo. Não existia o gerente operacional". Outras entrevistas revelaram que os gerentes médicos, ao perderem seu poder com a entrada dos gerentes operacionais, passaram a se considerar isentos de qualquer responsabilidade: "Antigamente eu tinha uma planilha com todos esses dados. Aí disseram para eu parar de fazer... eu parei. Agora as informações não existem. Faz três anos que não alimentam o sistema".

Em relação a essa confusão de papéis, o diretor declarou: "O papel dos gerentes médicos e chefes de especialidade está confuso há três anos e a culpa é minha... quantas vezes disseram que está confuso e eu disse que é assim mesmo. [...] O gerente de operações foi a coisa mais confusa que aconteceu nos últimos 38 anos. [...] Eu assumo, eu fiz uma confusão. [...] Ninguém tá entendendo..."

O estudo da PUC-Rio continuou e ofereceu sugestões importantes para que a liderança da empresa gerisse melhor seu processo de reestruturação. Se tiver interesse, você pode ler um artigo sobre a pesquisa toda: PINTO, Mario Couto Soares; COUTO-DE-SOUZA, Cristina Lyra. Mudança organizacional em uma empresa familiar brasileira. *Revista de Administração Pública*: v. 43, n.3, Rio de Janeiro, maio/jun. 2009.

Fontes: COUTO-DE-SOUZA, Cristina Lyra. *Mudança organizacional em uma empresa familiar brasileira*: um estudo de caso. Dissertação (Mestrado em Administração) – Pontifícia Universidade Católica do Rio de Janeiro, Rio de Janeiro, 2006
• KOTESKI, Marcos Antonio. As micro e pequenas empresas no contexto econômico brasileiro. *FAE Business*, n. 8, maio 2004.

1. Imagine que, no meio da pesquisa de Cristina Lyra, você tivesse sido contratado como consultor de RH pela Famed. Imagine, também, que a organização não tivesse uma análise formal de cargos. Quais fatores você levaria em conta para decidir se a empresa precisaria ou não dar início a um processo formal de análise de cargos?
2. Caso se decidisse pela necessidade de realizar a análise de cargos, você acha que seria necessário investigar toda a organização ou apenas as chefias? Quais fatores você levaria em conta para tomar essa decisão?
3. Quais métodos de coletas de dados você escolheria para a análise?
4. Esboce o roteiro de uma entrevista que pudesse ser aplicada a gerentes médicos, gerentes operacionais e chefes de especialidade, dentro do processo de análise de cargos. Se necessário, adapte as questões para cada um desses três cargos.

NA ACADEMIA

- Reúna-se em um grupo de quatro colegas. Cada um de vocês vai produzir uma análise de cargos (descrição + especificação) referente ao cargo que ocupa atualmente ou ao último que ocupou. Se algum de vocês nunca tiver trabalhado, deve entrevistar algum familiar ou amigo e preparar a análise do cargo dessa pessoa com base na entrevista.
- Troquem os trabalhos entre si e façam sugestões de aprimoramento uns aos outros. Depois, troquem as quatro análises com as de outro grupo. Forneçam um *feedback* por escrito ao outro grupo, mencionando os pontos positivos do trabalho de cada um e indicando aspectos que não ficaram claros, se for o caso.

Pontos importantes

- Análise de cargos é o processo de separar um cargo em suas partes componentes: a descrição do cargo (tarefas e funções desempenhadas pelo ocupante) e a especificação do cargo (características pessoais exigidas pelo cargo).

- Em um processo de análise de cargos, os principais métodos de coleta de dados são a observação direta, os questionários e as entrevistas.

Referências

BUCKLEY, Roger; CAPLE, Jim. *Theory and practice of training*. 5. ed. London: Kogan Page, 2004.

CHIAVENATO, Idalberto. *Recursos humanos*: o capital humano das organizações. 9. ed. Rio de Janeiro: Elsevier, 2009.

EMPRESA é condenada por impedir funcionário de ir ao banheiro. *Consultor Jurídico*, 23 jul. 2007.

McCOURT, Willy; ELDRIDGE, Derek. *Global human resource management*: managing people in developing and transitional countries. Cheltenham (UK): Edward Elgar, 2003.

TAYLOR, Stephen. *People resourcing*. 2nd ed. London: Chartered Institute of Personnel and Development, 2002.

PARTE III
RECRUTAMENTO E SELEÇÃO

Até agora, examinamos o RH de um ponto de vista mais reflexivo, estudando sua evolução histórica, seu papel atual e como deve ser seu planejamento. Nesta parte e nas seguintes, teremos um olhar mais pragmático: os princípios teóricos já discutidos serão aplicados às práticas efetivas de RH. Veremos como aquelas noções às vezes um pouco abstratas "encaixam-se" concretamente no dia a dia de um profissional de RH.

A primeira prática que estudaremos será uma das mais tradicionais e importantes: o recrutamento e seleção, também chamado de R&S. O tema será visto em dois capítulos: no Capítulo 4, o recrutamento, e, no Capítulo 5, a seleção.

Capítulo 4

RECRUTAMENTO

Neste capítulo, abordaremos as seguintes questões:
- O que é recrutamento?
- Quais são as mais importantes fontes de recrutamento?
- Quais são as principais políticas de recrutamento que uma organização pode seguir?
- Como habitualmente ocorre o processo de recrutamento?

Introdução

Na primeira parte deste capítulo, veremos as mais importantes fontes de recrutamento externo e interno. Na segunda parte, discutiremos as principais políticas de recrutamento adotadas hoje pelas empresas e como habitualmente ocorre um processo de recrutamento.

Fontes de recrutamento

Recrutamento é o processo de, primeiro, identificar fontes de funcionários (talentos) para a organização e, no momento oportuno, acionar tais fontes, a fim de encaminhar as pessoas mais adequadas à etapa seguinte, que é a seleção. A importância do recrutamento é crucial, pois, quando conduzido com eficiência, poupa tempo e dinheiro durante o processo seletivo.

Existem dois tipos de recrutamento: o *recrutamento interno*, realizado entre profissionais que já trabalham para a organização, e o *recrutamento externo*, que visa buscar profissionais de fora da organização. Veremos agora as principais fontes de recrutamento interno e, em seguida, as principais fontes de recrutamento externo.

Fontes de recrutamento interno

No Capítulo 2, quando falamos sobre as ferramentas de análise da oferta interna de recursos humanos em uma organização, já comentamos sobre as duas principais fontes de recrutamento interno: o inventário de talentos e os quadros de substituição. Vamos, agora, retomar e ampliar esses conceitos.

Inventário de talentos

O nome pode variar – inventário, mapa, banco ou até *pool* de talentos. O conceito, porém, é sempre o mesmo: organizar um arquivo com todas as pessoas da empresa, cadastradas segundo o cargo que ocupam, suas qualificações, habilidades e competências.

Muitas organizações utilizam a intranet para organizar esse cadastro. O funcionário recém-contratado insere seu currículo, geralmente em formulários de formato predeterminado e, depois, vai atualizando-o conforme os treinamentos internos ou externos que faz, as responsabilidades que passa a assumir ou eventuais transformações em sua rotina de trabalho.

O cadastro é, em geral, complementado periodicamente com a avaliação do desempenho do funcionário. Isso pode ser feito pelo próprio funcionário (autoavaliação), por seu superior ou por outros responsáveis, de acordo com as políticas e métricas de desempenho preestabelecidas (assunto que discutiremos no Capítulo 8). Nos sistemas de informação da organização, também pode haver uma conexão entre o inventário de talentos e a análise de cargos, estudada no capítulo anterior.

Dentro do inventário, deve ser dada uma atenção especial aos chamados *high potentials* ou *altos potenciais*. Segundo Brunna Veiga, gerente de desenvolvimento organizacional da Caliper do Brasil (multinacional de gestão de pessoas), "*high potentials* são profissionais que apresentam alto potencial para exibir novas competências essenciais ao plano estratégico e que serão preparados para assumir funções estratégicas (de liderança ou não) a médio e longo prazo". Não devem, portanto, ser confundidos com os *sucessores*, profissionais que estão sendo preparados para assumir uma posição-chave específica — e sobre os quais falaremos no próximo tópico.

O *high potential* pode se tornar peça essencial em áreas que ainda nem existem na empresa, mas estão contempladas em seu planejamento estratégico. Por exemplo: um jornal que opera hoje como veículo da mídia impressa, mas planeja, no médio prazo, atuar também como provedor de conteúdo digital deve identificar nos seus quadros *high potentials* que possam, no futuro, exibir as competências necessárias a essa nova unidade de negócio.

O grande desafio na identificação dos *high potentials* é que, como dito, eles não exibem as competências hoje, e sim têm potencial para exibi-las no futuro. Por isso, não adianta muito examinar os índices de desempenho atuais ou passados dos funcionários em busca dos *high potentials*. Em vez disso, a empresa deve se valer de instrumentos capazes de avaliar a personalidade e os motivadores das pessoas — e depois, evidentemente, ajudá-las a desenvolver aquelas competências por meio de programas adequados. Processos de avaliação de competências (também conhecidos como *assessment*), sobre os quais falaremos no Capítulo 8, são frequentemente usados para identificar *high potentials*.

Quadros de substituição

Enquanto o inventário de talentos vale para todos os cargos, inclusive os operacionais, os *quadros de substituição* aplicam-se apenas a posições específicas. Também chamados de *quadros de remanejamento*, eles são utilizados em planos de sucessão.

Um *plano de sucessão* é uma estratégia para substituir rapidamente ocupantes de *key positions*, ou *posições-chave* da organização. Há uma tendência em associar as posições-chave aos cargos de alta direção, mas não é somente no topo da pirâmide que elas se encontram. Com a crescente descentralização do poder na maioria das organizações, lideranças de graus inferiores, como coordenadorias ou supervisões, também são muitas vezes consideradas posições-chave. Além disso, em setores fortemente dependentes de tecnologia ou conhecimento, cargos técnicos podem ser tão importantes quanto os gerenciais.

Para identificar uma posição-chave, é útil fazer perguntas deste tipo:
- Se esse cargo ficasse vago, o alcance dos alvos estratégicos da organização ficaria prejudicado?
- As competências do ocupante desse cargo estão relacionadas às competências centrais da organização?

- Trata-se de um cargo habitualmente difícil de preencher, ou porque há escassez de profissionais na área, ou porque ele requer conhecimentos e habilidades muito específicos?
- As decisões tomadas pelo ocupante desse cargo afetam de modo significativo o desempenho da organização como um todo?
- O ocupante desse cargo detém uma parcela significativa do conhecimento corporativo?

Uma vez mapeadas as posições-chave, devem ser buscados pelo menos dois possíveis substitutos para cada uma – os chamados *sucessores*. Esses sucessores costumam ser divididos em três categorias: a) aqueles que têm condições de assumir o cargo no curto prazo (imediatamente ou no máximo em um ano); b) aqueles que terão condições de assumir o cargo no médio prazo (em um ou dois anos); e c) aqueles que só terão condições de assumir o cargo no longo prazo (de três a cinco anos).

Na Figura 4.1, você encontra um exemplo de quadro de substituição. Observe que lacunas, como a ausência de quaisquer sucessores para o gerente Fábio Augusto, ou a ausência de sucessores de curto prazo para os coordenadores, devem merecer a atenção da área de RH. Caso essas posições fiquem repentinamente vagas, muito tempo e dinheiro serão gastos até que se encontre um substituto.

Figura 4.1 Exemplo de quadro de substituição.

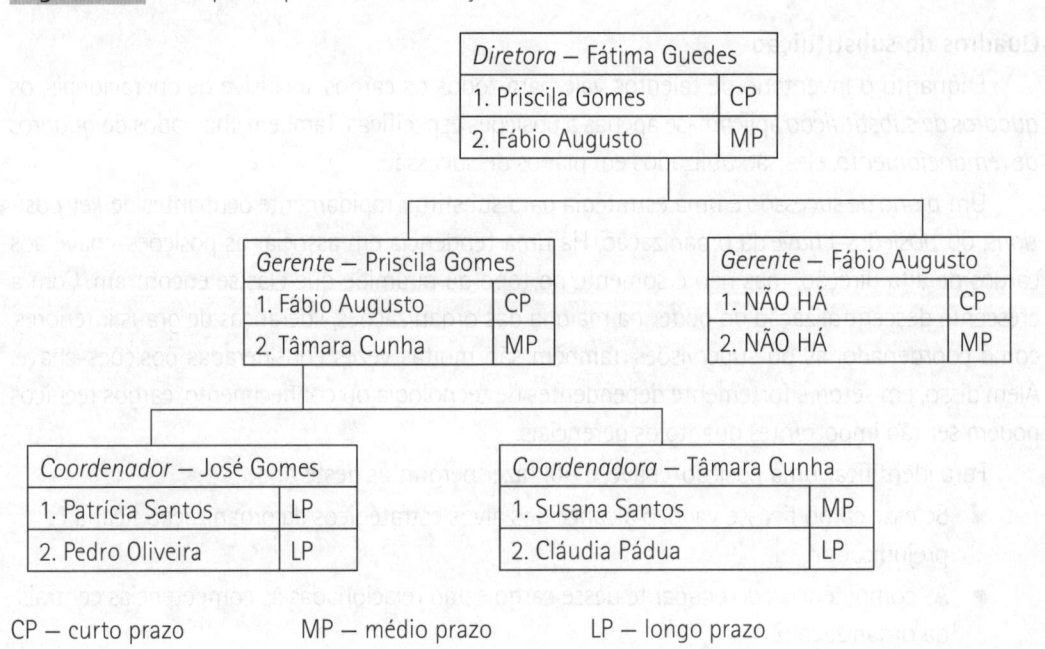

Diretora – Fátima Guedes	
1. Priscila Gomes	CP
2. Fábio Augusto	MP

Gerente – Priscila Gomes	
1. Fábio Augusto	CP
2. Tâmara Cunha	MP

Gerente – Fábio Augusto	
1. NÃO HÁ	CP
2. NÃO HÁ	MP

Coordenador – José Gomes	
1. Patrícia Santos	LP
2. Pedro Oliveira	LP

Coordenadora – Tâmara Cunha	
1. Susana Santos	MP
2. Cláudia Pádua	LP

CP – curto prazo   MP – médio prazo   LP – longo prazo

Os quadros de substituição funcionam em estreita relação com o mapeamento de competências (ou com as especificações do cargo, em organizações que não usam a metodologia de competências).Afinal, é necessário identificar quais conhecimentos, habilidades e atitudes os possíveis sucessores devem desenvolver, a fim de direcioná-los aos programas de treinamento e desenvolvimento adequados.

Anúncios internos de vagas

Anunciar as vagas disponíveis na intranet, no jornal corporativo ou mesmo no mural da empresa pode ser uma importante ferramenta auxiliar de recrutamento. Conhecendo as oportunidades concretas, os funcionários podem indicar conhecidos ou candidatar-se eles mesmos às posições.

Contudo, é preciso tomar cuidado: anúncios internos exigem que a organização tenha uma política de administração de cargos (incluindo análise, descrição e especificação) muito bem estruturada e divulgada. Isso porque, caso algum candidato interno não seja aceito, o RH deve ser capaz de explicar claramente e com transparência as razões da recusa. Do contrário, corre-se o risco de se instalar um clima interno de desconfiança e descrédito quanto ao programa de recrutamento interno e à própria empresa.

Fontes de recrutamento externo

Ao buscar fontes de talentos fora de seus domínios, a organização pode ou não se identificar. O sigilo é recomendável quando: a) o cargo em questão é estratégico; b) a divulgação pode revelar algo sobre os planos da empresa, como a abertura de uma nova unidade de negócios; c) a organização é conhecida demais, de maneira que a simples menção de seu nome atrairia um número exagerado de candidatos; ou d) a empresa pensa em substituir o ocupante atual do cargo e não quer este saiba.

As principais fontes do recrutamento externo são: bancos de currículos; indicações; anúncios no próprio estabelecimento; anúncios em jornais, revistas, rádios ou TV; consultorias especializadas; contatos com sindicatos, associações de classe e outras entidades civis; contatos com órgãos governamentais; contatos com escolas, universidades, diretórios acadêmicos e centros de integração empresa-escola; e contatos com outras empresas. Veremos cada um separadamente, a seguir.

Em 2008, durante uma entrevista a uma rádio local, o reitor da Universidade de Massachusetts Lowell revelou que a principal meta da entidade para o ano seguinte era aumentar o número de alunos em 15%. Falou também sobre os profissionais que mais colaborariam para o alcance dessa meta. É claro que excelentes professores e orientadores de pesquisa ajudam a atrair alunos; contudo, você talvez se surpreenda com uma das posições-chave que o reitor citou: o supervisor dos jardineiros. A razão é que, ao visitar o campus, os jovens não necessariamente têm contato com a equipe docente — mas certamente observam se os jardins estão bonitos e bem cuidados.

Jason Corsello, um especialista em gestão de capital humano, conta essa história em seu blog (http://humancapitalist.com) para demonstrar como as posições-chave de uma organização nem sempre são óbvias.

Bancos de currículos

Hoje, inúmeras organizações de todos os portes mantêm um link do tipo "Trabalhe conosco" ou "Oportunidades de carreira" em seus sites. Nesse link, além de divulgar eventuais vagas, elas abrem um canal permanente para que os visitantes enviem seus currículos.

Em vez de permitir o envio de arquivos anexos, geralmente a empresa disponibiliza um formulário para que o interessado insira seus dados. Isso ocorre porque é bem mais fácil analisar as informações em um formato padronizado, assim como consolidar dados em grande quantidade.

A organização pode, também, contratar uma *solução tecnológica de* e-recruitment, isto é, um software que gerencia os currículos recebidos via Internet. Essas soluções oferecem várias conveniências, como detectar a entrada de currículos que atendam aos critérios de determinada vaga em aberto, enviar ao candidato notícias sobre processos seletivos, lembrá-lo de atualizar seu currículo, e assim por diante.

Além de utilizar os canais eletrônicos, muitas organizações continuam recebendo e armazenando currículos enviados por e-mail, fax, pelo correio ou mesmo entregues pessoalmente.

Por fim, um banco de currículos também pode incluir:

- profissionais que já participaram de processos seletivos na organização, mas não foram contratados;
- funcionários que foram demitidos ou se demitiram;
- funcionários aposentados.

Para todos os casos, vale a regra de estabelecer um tempo máximo ao armazenamento. Afinal, um currículo muito antigo não serve para nada, a não ser atrapalhar o recrutador na hora da busca.

Indicações

A *indicação* – ou o popular QI ("quem indica") – é a forma mais simples e difundida de recrutamento. Trata-se, na verdade, de uma fonte "híbrida": a fonte em si é interna (o funcionário que indica seu conhecido para a vaga), mas os talentos, ou seja, os candidatos, vêm de fora.

Nos últimos anos, as indicações têm perdido a imagem negativa de apadrinhamento e falta de profissionalismo que antes as acompanhavam e, inclusive, vêm sendo incentivadas por muitas organizações. Um estudo periódico da empresa de recursos humanos Catho Online demonstra essa tendência – em 2002, 38,3% dos entrevistados afirmaram ter conseguido seu último emprego por indicação; em 2005, esse número havia crescido para 48%.

Entre as micro e pequenas empresas, o sucesso da prática é ainda maior. Segundo pesquisa realizada em 2002 pelo Serviço Brasileiro de Apoio às Micro e Pequenas Empresas (Sebrae) em parceria com a Confederação Nacional da Indústria (CNI), nada menos do que 64% das vagas nesse segmento são preenchidas por indicação.

Os analistas costumam apontar as seguintes vantagens da indicação:
- é *mais fácil conseguir candidatos que compartilhem os valores da organização* – características pessoais, como honestidade e dedicação, são altamente valorizadas pelas empresas e, em geral, mais comuns entre candidatos indicados por pessoas da casa; afinal, ninguém quer ter seu nome associado a um funcionário desonesto ou desleixado;
- é *mais provável obter candidatos competentes* – o raciocínio é o mesmo para fatores técnicos: ninguém quer ser apontado como o responsável pela contratação de um colega incompetente;
- *o conhecimento é maior de ambos os lados* – a pessoa que indica normalmente conhece bem o candidato e, por sua vez, este também pode obter várias informações sobre a empresa e o cargo com seu amigo, evitando surpresas desagradáveis mais tarde;
- *os vínculos se estreitam* – na medida em que um novo funcionário é indicado por outro que já trabalha na empresa, torna-se mais fácil a criação de vínculos fortes entre as pessoas, o que facilita o trabalho em equipe.

É necessário, contudo, tomar alguns cuidados no recrutamento por indicação. O primeiro é óbvio: indicação não significa contratação. O amigo ou mesmo parente indicado deve passar por todas as etapas do processo seletivo e ser rigorosamente examinado como qualquer outro candidato seria.

Outra recomendação é informar claramente à equipe sobre as características da vaga e o perfil do profissional buscado. Do contrário, corre-se o risco de o funcionário indicar um amigo que atenda a seus critérios pessoais, mas não aos da organização. Por fim, um último cuidado é deixar claro que a pessoa que indica não é absolutamente responsável pelo sucesso ou fracasso da contratação. Afinal, quem dá a "palavra final" na aprovação é a área de RH e a empresa como um todo.

> *Várias organizações de grande porte, como a PriceWaterhouseCoopers, o BankBoston e a Accenture, mantêm programas de incentivo às indicações, por meio dos quais os funcionários ganham bônus a cada indicação bem-sucedida. Em geral, espera-se de seis meses a um ano para concluir que o "QI" deu certo e que o bônus merece ser pago.*

Anúncios no próprio estabelecimento

Extremamente simples e barata, essa fonte de recrutamento é usada para cargos operacionais. É preciso levar em conta se o local onde o cartaz é afixado é de grande circulação (um escritório dentro de uma pequena galeria receberá poucos candidatos se apenas pendurar um anúncio na porta) e se a empresa terá condições de atender aos candidatos no próprio local, especialmente se eles vierem em grande número.

Anúncios em jornais, revistas, rádios ou TV

Embora tenha perdido muito de sua força com o advento da Internet, esse tipo de fonte ainda é utilizado por várias organizações, muitas vezes em conjunto com outros. Seu uso é indicado quando se quer atingir um amplo espectro do público, incluindo pessoas que não têm muita familiaridade com a Internet. Também é recomendável para cidades pequenas ou regiões específicas, pois permite um bom foco geográfico.

Outra situação possível é procurar veículos especializados quando se busca um profissional de determinada área. Assim, por exemplo, a empresa pode anunciar em revistas médicas, revistas para engenheiros, decoradores, professores etc.

Consultorias especializadas

As antigas "agências de emprego" desenvolveram-se muito e hoje oferecem serviços diversificados e bastante profissionais. Existem basicamente dois tipos de serviços: os voltados ao profissional e os voltados às organizações.

Os do primeiro tipo são chamados, em geral, de *consultoria de recolocação*. Na prática, funciona assim: o profissional paga uma taxa para exibir seu currículo no *site* da consultoria (ou em outros tipos de banco de dados), ao passo que as organizações contratantes podem exibir suas vagas gratuitamente.

Tanto para o profissional quanto para a organização a consultoria oferece vários serviços adicionais. A Catho Online, por exemplo, uma das mais conhecidas empresas nesse segmento, permite que o profissional contrate também uma assessoria para "transição de carreira", que pode ajudá-lo a traçar seus objetivos, preparar-se para o processo seletivo etc. Por sua vez, as organizações podem pagar uma assinatura para ter direito à consulta do banco de currículos.

Embora seja voltado ao profissional, o serviço de recolocação também pode ser contratado por empresas que demitem, em sinal de preocupação com o futuro de seu ex-funcionário. Nesse caso, o serviço chama-se *outplacement*, e as consultorias disponibilizam a qualquer empresa seu banco de dados a custo zero, pois sua meta é conseguir empregar seu cliente individual.

Já entre os serviços voltados às necessidades das organizações, temos as *consultorias de recrutamento* (também chamadas de *search*) propriamente ditas, que podem se encarregar de todo o processo de recrutamento e, inclusive, da seleção. Há, ainda, os serviços de *headhunter*, ou caça-talentos, especializados no recrutamento e seleção de executivos, geralmente aqueles que já estão empregados – e bem empregados.

Existem empresas especializadas na prestação de um desses tipos de serviço (recolocação, *outplacement*, recrutamento, seleção ou *headhunting*), mas também há várias que prestam todos os tipos e ainda oferecem soluções híbridas, customizadas de acordo com as necessidades do contratante. Nesse caso, porém, o responsável pelo RH deve certificar-se de que a consultoria não vai "puxar sardinha" para seus próprios clientes – ou seja, indicar apenas seus próprios clientes de recolocação para a empresa que a está contratando. Em geral, os profissionais de RH privilegiam as consultorias que tenham foco único em seleção ou em recolocação justamente para evitar esse risco.

Contatos com sindicatos, associações de classe e outras entidades civis

Alguns sindicatos e associações de classe mantêm *balcões de emprego* ou *bancos de currículos* que podem ser úteis como fonte auxiliar de recrutamento. Além disso, quando a empresa precisa ou deseja promover a diversidade em seus quadros, contratando, por exemplo, pessoas com necessidades especiais, o contato com uma associação específica pode ser providencial.

Contatos com órgãos governamentais

Vários órgãos da administração federal, estadual ou municipal elaboram programas para promover o emprego. Um dos mais conhecidos é o Programa de Atendimento ao Trabalhador (PAT), mantido pelo governo do estado de São Paulo. As empresas interessadas podem divulgar gratuitamente suas vagas no balcão de empregos do PAT — o que pode representar uma solução econômica, especialmente para cargos operacionais.

Quando uma organização vai se instalar em um município pequeno, também é comum que o governo local a ajude a encontrar mão de obra, fazendo cadastramentos entre a população, por exemplo.

Contatos com escolas, universidades, diretórios acadêmicos e centros de integração empresa-escola

Essa é uma importante fonte quando o objetivo é recrutar estagiários, *trainees* e recém-formados. Além de servir como fonte de recrutamento, a parceria com entidades educacionais pode ajudar a organização a fortalecer sua imagem institucional e formar recursos humanos de acordo com as suas necessidades. É como "plantar uma semente" que mais tarde frutificará.

A Chemtech, empresa de engenharia do grupo Siemens, aposta nessa fórmula. Suas premiadas práticas de recrutamento e seleção incluem duas ações que preparam os jovens para o trabalho, não necessariamente na empresa: a Maratona Internacional de Engenharia e o programa Trilha do Sucesso.

A Maratona Internacional de Engenharia é uma competição anual aberta a alunos de todas as áreas de engenharia. Na última edição, em 2009, participaram 92 estudantes do Brasil, Peru, Colômbia, Argentina, Venezuela e Bolívia — todos com despesas de viagem e acomodação pagas pela Chemtech. Para passar de uma fase a outra, os jovens precisam solucionar problemas e apresentar um projeto conceitual. Muitos dos participantes tornam-se mais tarde estagiários da empresa.

A outra ação é o Trilha do Sucesso, um curso de 16 horas (para universitários) ou 12 horas (para técnicos), ministrado nos fins de semana em um hotel de luxo. O objetivo é capacitar os jovens para o ingresso no mercado de trabalho, promovendo seu autoconhecimento, orientando-os sobre como se comportar em entrevistas de emprego e dinâmicas de grupo e ensinando-os técnicas para falar melhor em público. Ao final do curso, todos recebem feedback de seu desempenho e certificado de participação. E os alunos com melhores resultados são convidados a estagiar na Chemtech.

Qual a diferença entre sindicatos e associações de classe? Os sindicatos são regidos pela CLT, enquanto as associações de classe, como outras entidades civis sem fins lucrativos, submetem-se às normas do Código Civil. Os sindicatos têm a prerrogativa de negociar dissídios salariais e convenções coletivas de trabalho, bem como exigir contribuições obrigatórias. Já as associações não têm esse tipo de poder — mas em compensação podem, mediante uma legislação especial, estabelecer um exame para o ingresso na carreira, como faz a Ordem dos Advogados do Brasil. As associações são mais livres e, em geral, representam um espaço mais adequado ao debate de ideias sobre a profissão.

> **Qual a diferença entre estagiários e trainees?** A atividade dos estagiários é regida por uma lei própria, a Lei do Estágio (Lei n. 11.788/2008). Estágio não é uma relação de emprego, e sim um "ato educativo escolar supervisionado", cuja finalidade é preparar o estudante para o trabalho em sua área. O aluno não pode, portanto, estagiar em uma área diferente da sua.
>
> Já o trainee é um funcionário regular, com salário e benefícios como qualquer outro. Ele pode até estar estudando, mas isso não é obrigatório. Com salários atraentes e promessas de uma carreira invejável, alguns programas de trainee são disputadíssimos: no Grupo Abril, chega a haver 6.700 candidatos por vaga (!). Muitas organizações têm programas de aproveitamento dos estagiários, que transforma boa parte deles em trainee ao fim do estágio.

Contatos com outras empresas

Empresas que atuam no mesmo segmento ou na mesma cadeia de valor podem unir seus esforços de recrutamento em um regime de parceria ou cooperação. Segundo Chiavenato (2009, p. 165), em alguns casos, "esses contatos interempresas chegam a formar cooperativas de recrutamento ou órgãos de recrutamento financiados por um grupo de empresas, que têm uma amplitude de ação maior do que se fossem tomados isoladamente".

Políticas e processos de recrutamento

Durante a fase de planejamento de sua administração de recursos humanos, a organização precisa determinar qual será sua política de recrutamento. Será dada prioridade ao recrutamento interno ou ao externo? Como será o processo de recrutamento? Haverá esforços de recrutamento contínuo? Essas são algumas das questões a serem discutidas.

A seguir, apresentaremos um panorama das opções de que as empresas dispõem para elaborar suas diretrizes. Veremos, também, como ocorre tipicamente o processo de recrutamento.

Recrutamento interno ou externo?

Tanto o recrutamento interno quanto o externo têm vantagens e desvantagens. Esses prós e contras são listados no Quadro 4.1, elaborado a partir dos comentários de Chiavenato (2009, p. 162-167).

A maioria das organizações dá preferência ao recrutamento interno, recorrendo ao externo somente quando se esgotam as possibilidades do primeiro. Na prática, isso gera um equilíbrio, com uma ligeira predominância do recrutamento interno. Afinal, é pouco provável que uma empresa consiga suprir todas as suas necessidades de pessoal apenas com seus talentos atuais; ela acabará tendo de recorrer à oferta externa — e, assim, renovará saudavelmente seus quadros.

Além disso, a política de recrutamento pode ser afetada pelo estilo competitivo da empresa, conforme comentamos no Capítulo 2. Vimos que organizações *defensoras*, que operam em mercados estáveis e pouco numerosos, tendem a desenvolver internamente seus talentos, pois têm tempo para isso. Já organizações *prospectadoras*, que estão sempre investindo em novos mercados e assumindo riscos, recorrem mais ao recrutamento externo, visto que não têm tempo de treinar seu pessoal para as novas competências exigidas em cada situação.

Quadro 4.1 Vantagens e desvantagens do recrutamento interno e do externo. Adaptado de: CHIAVENATO, 2009, p. 162-167.

	RECRUTAMENTO INTERNO	RECRUTAMENTO EXTERNO
VANTAGENS	■ É mais econômico, já que evita despesas com anúncios, honorários de consultorias, custos de atendimento aos candidatos, de admissão, integração etc. ■ É mais rápido – em alguns casos, a promoção ou transferência pode ser feita de um dia para o outro. ■ Apresenta maior índice de validade e segurança, pois o candidato já é conhecido e já vem sendo avaliado há algum tempo. ■ É uma fonte poderosa de motivação, na medida em que dá aos funcionários uma ótima razão para continuarem dedicando-se e aperfeiçoando-se. ■ Aproveita os investimentos da empresa em treinamento, que, muitas vezes, tem seu retorno quando o empregado passa a ocupar cargos mais elevados e complexos. ■ Desenvolve um sadio espírito de competição entre o pessoal.	■ Traz sangue novo e experiências novas para a organização. ■ Renova e enriquece os recursos humanos, principalmente quando a política é admitir pessoal com gabarito igual ou melhor do que o já existente na empresa. ■ Aproveita os investimentos em treinamento e desenvolvimento feitos por outras empresas ou pelos próprios candidatos.
DESVANTAGENS	■ Se a organização cria expectativas de crescimento, mas demora muito para cumpri-las, os funcionários podem ficar frustrados. ■ Pode gerar conflito de interesses: aqueles que não foram promovidos podem se sentir prejudicados. Também pode ocorrer de chefes inseguros podarem o avanço dos subordinados mais talentosos, com medo de perderem seus cargos. ■ Pode provocar um bitolamento às políticas e diretrizes da organização, na medida em que impede a vinda de elementos externos capazes de oxigenar a cultura organizacional. ■ Não pode ser praticado em termos globais. Nas palavras de Chiavenato: "a ideia de que quando o presidente se aposenta a organização admite um aprendiz de escritório e promove todo mundo já foi enterrada há muito tempo. Isso provoca uma descapitalização do capital humano: a organização pede um presidente e ganha um aprendiz de escritório novato e inexperiente".	■ É geralmente mais demorado do que o recrutamento interno. ■ É mais caro e exige despesas imediatas com anúncios, jornais, honorários de consultorias etc. ■ Em princípio, é menos seguro que o recrutamento interno, pois estamos trazendo uma pessoa que, apesar de ter passado pelo processo seletivo, não se conhece no dia a dia. ■ Pode provocar barreiras internas: os funcionários podem perceber o monopólio do recrutamento externo como uma política de deslealdade da empresa com seu pessoal. ■ Geralmente afeta a política salarial da empresa, principalmente quando oferta e procura de recursos humanos estão em situação de desequilíbrio.

Recrutamento contínuo

Na verdade, a identificação e a alimentação de fontes de talentos devem ser concebidas como um processo permanente. É por isso que hoje se fala em políticas de *recrutamento contínuo*.

O principal benefício do recrutamento contínuo é diminuir os custos e o tempo necessários para preencher uma vaga no momento em que ela surge, uma vez que a organização não vai partir do zero — ela já sabe onde estão os candidatos mais adequados.

Além disso, o recrutamento contínuo pode funcionar como uma ação de marketing. Ao elaborar a página "Trabalhe conosco" em seu site, ou ao montar um estande em uma feira universitária, a organização pode aproveitar para divulgar suas boas práticas de RH, bem como sua cultura e até mesmo seus produtos e serviços.

O processo de recrutamento

Mesmo nas empresas que promovem esforços de recrutamento contínuo, existe um momento em que é necessário acionar aquelas fontes de talentos já mapeadas e alimentadas e dar início ao processo efetivo de recrutamento. Geralmente, o que desencadeia esse processo é:

- a substituição de uma pessoa que se desligou da organização (ou que foi promovida/transferida) e para a qual não havia sucessor;
- uma decisão estratégica da empresa que exige a rápida busca de novas competências — por exemplo, a empresa decidiu empregar uma nova tecnologia, mas seus funcionários não a dominam e seria muito demorado treiná-los;
- uma expectativa de aumento na produção — como você deve se lembrar, vimos como calcular o número de pessoas necessário ao aumento no Capítulo 2 (Quadro 2.1).

A decisão de criar um cargo novo, ou preencher um cargo que ficou vago, parte sempre do órgão de linha, e não do órgão de RH (exceto, evidentemente, quando o cargo em questão fica no próprio órgão de RH). Tomada a decisão, o responsável pelo órgão deve preencher e assinar um formulário de *requisição de pessoal*.

Caso se trate apenas de uma substituição, normalmente basta a aprovação da área que detém a vaga e do RH. Contudo, se a requisição implica um aumento de quadro, os controles costumam ser mais rigorosos. Será necessário obter a aprovação da diretoria da área, da diretoria financeira ou de outro órgão responsável. Há empresas que só permitem novas contratações com aprovação da presidência.

Seja como for, é a aprovação da requisição de pessoal que dá início ao processo de recrutamento e seleção. Se a política da empresa for privilegiar o recrutamento interno, o RH examinará o inventário de talentos e os quadros de substituição. O próprio gerente do órgão de linha já pode, de antemão, indicar o sucessor para o posto que ficou vago, o que facilitará o trabalho do RH.

Caso não seja possível suprir a vaga pelo recrutamento interno, será preciso, como já vimos, recorrer às fontes externas. A escolha das fontes dependerá da natureza e importância do cargo, do tempo disponível e dos recursos que se pretende investir. O caminho mais lógico e fácil é examinar o banco de currículos e/ou as indicações feitas pelos funcionários. Contudo, para cargos mais importantes, às vezes é melhor desde o início considerar a contratação de uma consultoria.

A Figura 4.2 ilustra um processo típico de recrutamento.

Figura 4.2 Processo de recrutamento.

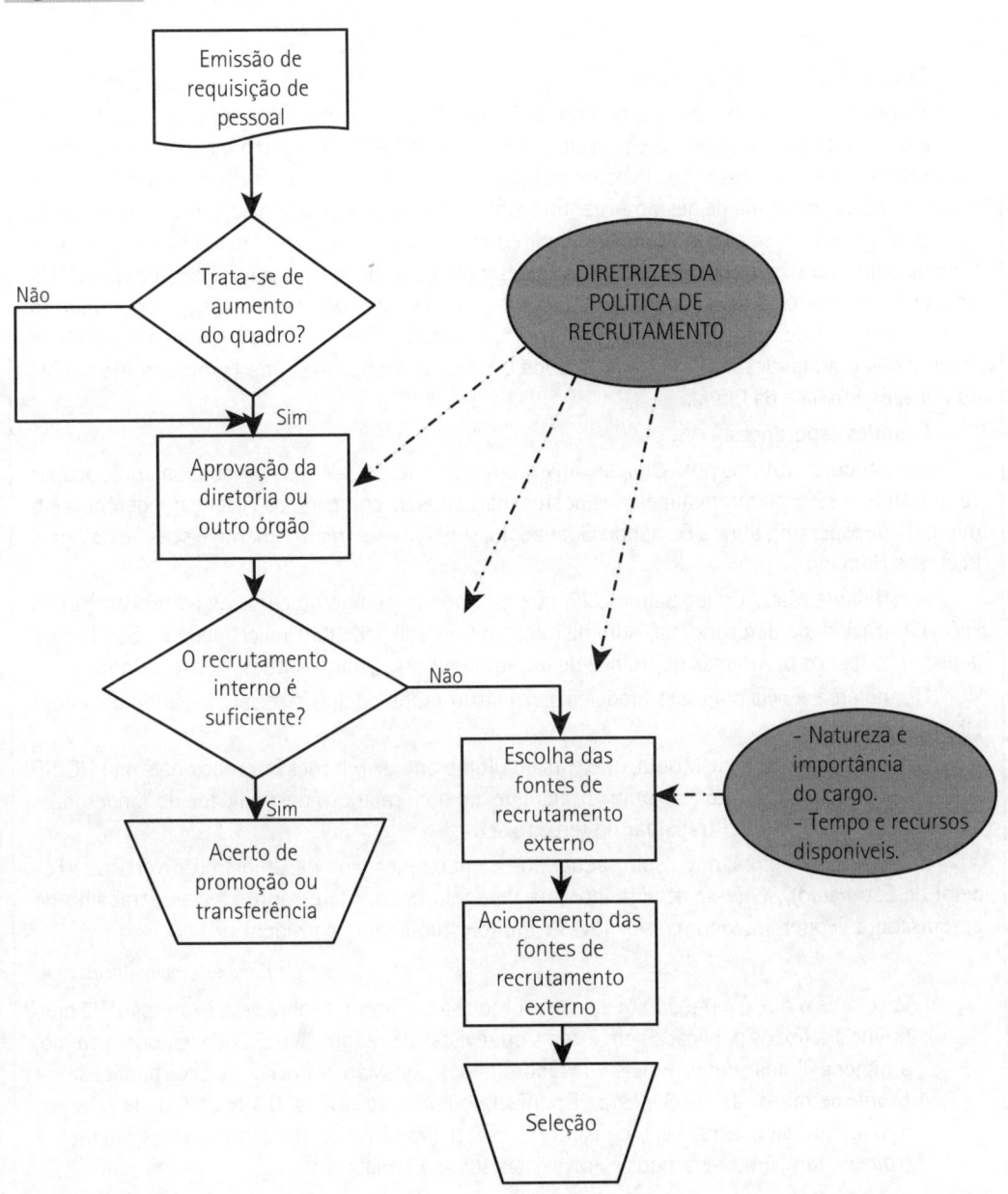

```
                    ┌─────────────┐
                    │ Emissão de  │
                    │requisição de│
                    │   pessoal   │
                    └──────┬──────┘
                           ▼
                    ╱ Trata-se de ╲            ┌─────────────────┐
         Não ◄─────╱   aumento    ╲            │  DIRETRIZES DA  │
                   ╲  do quadro?  ╱            │   POLÍTICA DE   │
                    ╲_____╱             │  RECRUTAMENTO   │
                           │ Sim               └─────────────────┘
                           ▼
                    ┌─────────────┐
                    │ Aprovação da│◄╌╌╌╌╌╌╌╌╌╌╌╌╌
                    │ diretoria ou│
                    │ outro órgão │
                    └──────┬──────┘
                           ▼
                    ╱O recrutamento╲    Não      ┌─────────────┐      ┌──────────────┐
                   ╱    interno é   ╲──────────►│ Escolha das │◄╌╌╌╌╌│ - Natureza e │
                    ╲  suficiente? ╱             │  fontes de  │      │  importância │
                     ╲_____╱              │ recrutamento│      │  do cargo.   │
                           │ Sim                 │   externo   │      │- Tempo e     │
                           ▼                     └──────┬──────┘      │  recursos    │
                    ╲ Acerto de  ╱                       ▼            │ disponíveis. │
                     ╲promoção ou╱               ┌─────────────┐      └──────────────┘
                      ╲transfer. ╱               │Acionamento  │
                       ╲_____╱                │das fontes de│
                                                 │recrutamento │
                                                 │   externo   │
                                                 └──────┬──────┘
                                                        ▼
                                                 ╲  Seleção  ╱
                                                  ╲_____╱
```

SAIU NA IMPRENSA

AMBICIOSOS, FORMANDOS PRIORIZAM BONS SALÁRIOS

Jovens brasileiros almejam alcançar os postos mais altos das empresas

DIOGO BERCITO
COLABORAÇÃO PARA A *FOLHA*

Além da entrega do trabalho de conclusão de curso, uma das maiores preocupações dos formandos nesta época do ano é entrar no mercado de trabalho. A ocasião inclui eleger critérios para selecionar os processos seletivos de que os estudantes querem participar. Segundo estudo realizado pela consultoria de gestão Accenture, obtido com exclusividade pela *Folha*, os formandos brasileiros colocam o salário em primeiro lugar entre as oportunidades e os benefícios que mais os atraem, seguido de um trabalho interessante e desafiador e de benefícios como plano de saúde. "Há uma ambição muito forte nesta geração, que inflaciona as expectativas salariais", aponta Rodolfo Eschenbach, líder de prática de consultoria da Accenture. O estudo foi feito em março deste ano e ouviu 2.464 graduandos do Brasil, dos Estados Unidos, do Reino Unido, da França, da Alemanha, da Índia, da Rússia e da China.

Grandes esperanças

No estudo, os futuros profissionais mostraram que querem, além de ter bons salários, ocupar cargos altos — 59% apontam almejar os postos mais altos da companhia. "Alcançar a gerência é o mínimo que esperam", afirma Fernando Guanabara, supervisor de recrutamento e seleção da Agnis Recursos Humanos.

A estudante Maíra Coube Salmen, 22, que está no último ano do curso de administração da FEA-USP (Faculdade de Economia, Administração e Contabilidade da Universidade de São Paulo), já está inscrita nos programas de trainee de grandes empresas como AmBev, Nestlé e Danone.

"Tenho preferência por esses modelos bem estruturados, de que já se sai ocupando um cargo elevado", destaca.

Já Gabriela Carvalho de Moura, que cursa o último ano de relações internacionais na PUC-SP (Pontifícia Universidade Católica), prioriza, além de um bom salário, a possibilidade de "poder fazer a diferença". Para isso, quer trabalhar no terceiro setor.

Roberta Stilhano, 24, que está graduando-se em biomedicina na Unifesp (Universidade Federal de São Paulo), sente-se atraída, por sua vez, pelo quão interessante será seu trabalho de pesquisadora. "Poder descobrir coisas novas é muito estimulante", considera.

Folha de S.Paulo, 19 out. 2008.

1. Você sabe o que é *geração Y*? Faça uma pesquisa na Internet sobre essa expressão. Dê preferência a textos publicados em jornais ou revistas de renome. Você pode ler, por exemplo, a matéria "Impacientes, infiéis e insubordinados", de Márcia Rocha, que foi publicada na *Exame* de março de 2008 e está disponível no portal da revista. O site da Cia. de Talentos (www.ciadetalentos.com.br), consultoria especializada no recrutamento de estagiários e *trainees*, também traz artigos e entrevistas sobre o tema.

Quando já tiver compreendido bem as características da chamada geração Y, responda: você se considera um membro dessa geração? Quais desafios e oportunidades a geração Y traz para a gestão de RH?

2. Imagine que você foi contratado como consultor de RH por uma organização que planeja contratar estagiários e *trainees*. Quais políticas de recrutamento você usaria para atrair esses jovens, que hoje se mostram tão exigentes e ambiciosos? A quais fontes de recrutamento você recorreria?

NA ACADEMIA

Neste capítulo, você viu que as indicações são uma das mais importantes fontes de recrutamento, respondendo às vezes por mais da metade das contratações de uma empresa. Mas o que fazer para aumentar suas chances de ser indicado para um bom emprego? Segundo especialistas, o segredo é investir no *networking*.

Reuna-se em um grupo de cinco colegas. Juntos, vocês vão preparar uma cartilha com dicas para um bom *networking*. O público-alvo da cartilha serão os colegas de seu curso ou mesmo de outras turmas da faculdade.

Discutam qual será o melhor formato para a cartilha: um arquivo PDF que vocês poderão disponibilizar no site ou blog do curso? Um cartaz impresso que vocês afixarão no corredor da faculdade? Ou algum outro formato?

Tendo decidido a forma e o meio de circulação da cartilha, façam uma pesquisa na Internet sobre *networking*. Sites de consultorias como a Catho e a Manager contêm vários artigos a respeito. Procurem também no portal dos profissionais de recursos humanos (www.rh.com.br), da revista *Você S/A* (http://vocesa.abril.com.br) ou em qualquer outra fonte que considerem rica e confiável.

Atenção: vocês não devem simplesmente "copiar e colar" o que encontrarem, mas sim reunir todas as informações, verificar os pontos em comum e redigir um novo texto, com suas próprias palavras. Se quiserem, ilustrem a cartilha. No fim do texto, indiquem as fontes consultadas.

Preparem um esboço da cartilha e mostrem ao professor, que vai lhes dar um feedback. Façam as alterações recomendadas e preparem a versão final. Depois, deem a ela a destinação previamente combinada.

Pontos importantes

- Recrutamento é o processo de identificar fontes de talentos para a organização e, no momento oportuno, acionar tais fontes, a fim de encaminhar as pessoas mais adequadas à etapa seguinte, que é a seleção. Existem dois tipos de recrutamento: o recrutamento interno, realizado entre profissionais que já trabalham para a organização, e o recrutamento externo, conduzido entre profissionais de fora da organização.

- As principais fontes de recrutamento interno são o inventário de talentos, os quadros de substituição e os anúncios internos de vagas.
- As principais fontes do recrutamento externo são: bancos de currículos; indicações; anúncios no próprio estabelecimento; anúncios em jornais, revistas, rádios ou TV; consultorias especializadas; contatos com sindicatos, associações de classe e outras entidades civis; contatos com órgãos governamentais; contatos com escolas, universidades, diretórios acadêmicos e centros de integração empresa-escola; e contatos com outras empresas.
- A maioria das organizações dá preferência ao recrutamento interno, recorrendo ao externo somente quando se esgotam as possibilidades do primeiro. Na prática, isso gera um equilíbrio, com uma ligeira predominância do recrutamento interno.
- A identificação das fontes de talentos deve ser um processo contínuo. De qualquer modo, existe um momento em que é necessário acionar tais fontes. Nesse momento, o responsável pelo órgão com a vaga em aberto preenche e assina um formulário de requisição de pessoal, dando início ao processo de recrutamento. Se o processo envolver um aumento de quadro, será preciso obter autorização de órgãos superiores, às vezes até mesmo da presidência. O desenho do processo depende da política de recrutamento previamente estabelecida pela empresa; a escolha das fontes de recrutamento dependerá, também, da natureza e importância do cargo e do tempo e recursos disponíveis.

Referências

A engenharia focada em pessoas. *Melhor*, set. 2009.

CHIAVENATO, Idalberto. *Recursos humanos*: o capital humano das organizações. 9. ed. Rio de Janeiro: Elsevier, 2009.

Contratar por indicação é hábito de 64% das micro e pequenas empresas. *Jornal Carreira & Sucesso*, 131 ed., 27 maio 2002.

Emprego: importância da indicação cresce entre empresas. *InfoMoney*, 17 mar. 2007.

GOMES, Carlos Augusto. Quais as vantagens de fazer parte de uma associação de classe? *Último Segundo*, s/d.

Quem indica amigo é. *Melhor*, jan. 2005.

Trainee é mais que "upgrade" de estagiário. *Folha de S.Paulo*, 26 set. 2004.

VEIGA, Brunna. Investimento em *high-potentials*. *Amcham Brasil*, 16 mar. 2009.

Capítulo 5

SELEÇÃO

Neste capítulo, abordaremos as seguintes questões:
- Qual a importância de uma seleção eficiente?
- Quais as etapas de um processo seletivo?
- Quais os modelos de processo seletivo, em relação à existência ou não de fases eliminatórias?
- Quais as principais técnicas de seleção?
- Qual a diferença entre entrevista comportamental e entrevista situacional?
- Quais são os principais testes psicológicos?
- Quais são as principais técnicas vivenciais?

Introdução

Processo seletivo. Só de ouvir essa expressão, muitos profissionais sentem um frio na barriga. Aquela sensação de estar tendo todas as suas palavras e ações esquadrinhadas e de estar sendo comparado a outra meia dúzia de pessoas é angustiante para quase todo mundo.

Do lado do avaliador, a situação não é melhor. A responsabilidade de escolher a pessoa certa no menor tempo possível, atendendo às expectativas da empresa cliente ou da área requisitante, também desperta preocupação.

Felizmente, a seleção de pessoas é hoje um processo bem estudado e discutido, de maneira que tanto candidatos quanto profissionais de RH podem se informar sobre as técnicas utilizadas, inclusive para desfazer eventuais mitos. O objetivo deste capítulo é precisamente contribuir para tal esclarecimento. Na primeira seção, veremos o processo seletivo como um todo, incluindo suas etapas e os cuidados que demanda. Na segunda seção, estudaremos uma a uma as principais técnicas de seleção empregadas hoje.

O processo de seleção

Nesta seção, estudaremos como se desenvolve um processo seletivo típico e cada uma de suas etapas. Antes, porém, propomos uma reflexão sobre a importância da seleção de pessoas e sobre a postura que a organização deve adotar em relação a seus possíveis novos colaboradores.

Importância de uma seleção eficiente

A seleção é uma prática nevrálgica da gestão de RH e, quando algo sai errado, os prejuízos são grandes. Uma contratação malsucedida gera vários custos diretos, principalmente estes:

- os próprios custos envolvidos no processo de recrutamento e seleção, seja ele realizado pelo departamento de RH interno, seja por uma assessoria especializada;
- os custos de admissão, incluindo exames médicos e trâmites burocráticos;
- os custos de integração, ou seja, o tempo e o investimento despendidos para ambientar o novo funcionário à cultura e às práticas da empresa;
- os salários e benefícios pagos durante o período de integração; e, por fim,
- os custos de desligamento, incluindo novamente exames médicos e trâmites burocráticos, além das entrevistas de desligamento.

Ricardo de Almeida Prado Xavier (2008), presidente da Manager Assessoria em Recursos Humanos, lembra que, além desses custos diretos, há outros menos facilmente perceptíveis, os chamados "custos invisíveis" de uma contratação equivocada: "A pessoa inadequada para o cargo é improdutiva e atrapalha as demais. Eventualmente entra em conflitos ou ocasiona conflitos de terceiros, emperrando os processos de trabalho. Toma decisões erradas, deixando de aproveitar devidamente as oportunidades".

Para esse especialista, há um perigo ainda maior: mesmo um profissional inadequado para o cargo pode conseguir sua permanência nele graças a outras qualidades, como a capacidade de formar alianças, ou de passar uma imagem pessoal positiva. Nesse caso, o estrago pode ser tremendo. "Dá para imaginar o que são dez anos de sobrevivência de alguém que opera a apenas 60% da eficiência que o cargo demandaria?", questiona Xavier.

Uma contratação inadequada também traz prejuízos para a equipe, que pode ficar sobrecarregada devido à ineficiência do novo colega ou líder. Estressados, os funcionários não raramente desenvolvem uma atitude de resistência às políticas da empresa.

Em última instância, a seleção negligente é prejudicial ao próprio contratado. A pessoa que passa por uma experiência profissional malsucedida fica com a autoestima abalada. E, se ela tiver feito alterações em sua rotina, como o trancamento de um curso ou mesmo uma mudança de bairro ou cidade, o transtorno é ainda maior. Caso o profissional estivesse empregado antes e tenha deixado seu trabalho para se arriscar na nova posição, sem dúvida o prejuízo será incalculável.

Por fim, uma seleção mal conduzida pode gerar até mesmo problemas judiciais. Embora ações indenizatórias desse tipo ainda não sejam tão comuns no Brasil quanto são nos Estados Unidos, o profissional de RH deve estar sempre atento ao aspecto ético de suas práticas e a possíveis implicações jurídicas. Se o cliente fizer exigências quanto ao sexo, etnia, orientação religiosa ou outras características pessoais do candidato, por exemplo, o profissional de RH deve alertá-lo sobre os riscos envolvidos, ou mesmo se recusar a adotar tais critérios. Também é preciso tomar cuidado com os documentos exigidos: o selecionador precisa ter justificativas para examiná-los.

Tome-se como exemplo o caso de uma empresa de recursos humanos do Paraná, cujas políticas de seleção foram investigadas pelo Ministério Público do Trabalho em 2008. O órgão constatou que, durante os processos seletivos, a consultoria pesquisava se os candidatos já tinham movido alguma ação trabalhista, se tinham antecedentes criminais e se tinham cheques devolvidos ou títulos protestados com registro na Serasa.

O juiz de primeira instância considerou tais práticas descabidas e condenou a ré a pagar uma multa de R$ 200 mil por danos morais coletivos, a serem revertidos para o Fundo de Amparo ao Trabalhador (FAT). Mais tarde a empresa recorreu ao Tribunal Regional do Trabalho de seu estado e conseguiu

> Você sabia que uma empresa não pode exigir mais do que seis meses de experiência de um candidato a emprego? Essa regra existe desde 12 de março de 2008, quando entrou em vigor a Lei n. 11.644/2008. A intenção era facilitar a entrada dos jovens no mercado de trabalho; contudo, a lei já nasceu fadada a entrar no rol daquelas que "não pegam". Afinal, a empresa pode perfeitamente continuar exigindo o tempo de experiência que quiser, limitando-se apenas a não divulgar isso nos seus anúncios de emprego. Na prática a lei atrapalha o próprio candidato, que fica sem saber se atende ou não aos requisitos. Além disso, caso ele se sinta prejudicado durante a seleção, será praticamente impossível provar que foi preterido por esse motivo e não por um outro qualquer.

escapar da multa. No entanto, foi proibida de continuar investigando a situação financeira dos candidatos. Motivo: não conseguiu explicar a relevância desses dados para a seleção.

Candidato ou cliente?

Manter uma postura ética e respeitosa durante o processo seletivo não ajuda apenas a evitar problemas com a Justiça. Muitas organizações já perceberam que, assim como o recrutamento, a seleção também é uma ação de marketing. "Não basta mais ser *top of mind* entre os consumidores e clientes. Trata-se de ser *top of mind* entre os profissionais", afirma Simon Franco (2002, p. 21, 25-26), que foi diretor da primeira empresa de *headhunting* do Brasil.

O mesmo autor resume a questão nos seguintes termos:

> [...] a empresa, especialmente a área de recrutamento e seleção, não pode agir como se estivesse com a faca e o queijo na mão. O profissional de talento não é um "candidato", é um cliente. A escolha é mútua: tanto a empresa escolhe o profissional quanto o profissional escolhe a empresa. Esteja certo de que, ao tratar com um profissional de talento, ele dispõe de outras oportunidades de trabalho. Por isso precisa ser tratado como parceiro, não como subordinado. Se a empresa possui um sistema desgastante de seleção, que exija muito tempo de espera, situações de desconforto e eventualmente pequenas aglomerações, esteja certo de uma coisa: nenhum verdadeiro talento vai passar mais que quinze minutos ali e nunca vai querer ingressar nessa empresa. E isso não vale apenas para os altos escalões: o fundamental hoje é que em todos os níveis de trabalho a empresa possa contar com os melhores profissionais.

Portanto, se a empresa age com prepotência e descaso durante o processo de R&S, arrisca-se a perder os melhores candidatos. Mas esse não é o único problema. Mesmo candidatos não tão competentes, ou que não tenham tantas outras propostas de trabalho, são perfeitamente capazes de identificar um processo seletivo mal conduzido.

O selecionador, ainda que funcionário de uma consultoria terceirizada, representa a organização contratante naquele momento. Profissionais despreparados, impontuais ou mesmo descorteses causam uma péssima impressão. E essa "queima de filme" não fica restrita àquelas poucas pessoas que participam do processo: elas certamente contarão a má experiência para uma grande quantidade de amigos e familiares.

Por fim, ainda dentro da analogia feita por Simon Franco entre candidatos e clientes, a empresa deve ter em mente que fazer promessas irrealizáveis aos futuros funcionários é tão desastroso quanto fazer propaganda enganosa de seus produtos ou serviços. Segundo Milkovich e Boudreau (2008, p. 212), a seleção é "um processo sinalizador de duas vias", em que tantos os candidatos quanto a organização emitem sinais, e ambos os lados usam tais sinais para prever como será o relacionamento de trabalho futuro. O candidato emite sinais por meio de seu currículo, de suas referências, de seu comportamento durante a entrevista, de sua forma de vestir etc. Já a organização emite sinais por meio da imagem institucional que construiu ao longo dos anos (caso se trate de uma empresa conhecida) — mas, principalmente, por meio das informações que presta ao candidato durante o processo de recrutamento e seleção.

Nessa "troca de sinais", é natural que ambos os lados evidenciem seus pontos positivos e não deem tanta ênfase aos negativos. Contudo, dourar exageradamente a pílula pode ser temerário. Acenar com perspectivas de crescimento que muito dificilmente ocorrerão, omitir que as horas extras são costumeiras naquele cargo, falar apenas das tarefas desafiadoras e empolgantes, "esquecendo-se" de mencionar as burocráticas, que vão ocupar mais de metade da jornada de trabalho... Tudo isso é a receita certa para ter um funcionário desmotivado e louco para trocar de emprego dali a seis meses.

Na verdade, o candidato é a parte mais frágil nessa relação. Isso porque, durante a entrevista e os testes, o selecionador pode descobrir se ele exagerou ou mentiu em seu currículo. Porém, o funcionário só vai descobrir os exageros e mentiras da empresa quando já estiver lá dentro, às vezes meses depois de ter sido contratado.

Para evitar esse tipo de problema, ainda nos anos 1980 psicólogos organizacionais norte-americanos sugeriram que as empresas oferecessem aos candidatos uma *previsão realista do cargo* (*realistic job preview* — *RJP*). Nas organizações que adotam tal abordagem, o cargo disputado é descrito em seus aspectos positivos e negativos, da maneira mais próxima possível à realidade. Embora isso possa ser feito por meio de materiais escritos, como folhetos explicativos, o método mais usado hoje é disponibilizar vídeos que permitam aos candidatos conhecer o futuro ambiente de trabalho e os futuros colegas.

Foi o que resolveu fazer a DDI, uma ONG sediada em Smithtown, no estado de Nova York, que atende aproximadamente mil adultos e crianças com desordens do espectro autista (DEA). A empresa veiculou em seu site e no YouTube um vídeo que mostra os funcionários em seu local de trabalho, contando como é seu dia a dia e quais as grandes recompensas e desafios de trabalhar na DDI. Situações difíceis, como aquelas em que um paciente se torna agressivo ou incontrolável, não são omitidas: uma das cenas mostra até uma funcionária correndo atrás de um paciente que tenta fugir pela porta da frente.

Embora no Brasil a abordagem RJP ainda não seja muito conhecida, a maioria dos profissionais de RH está de acordo em que a transparência é fundamental, de ambos os lados, durante o processo seletivo. Nas palavras de Grace Pedreira (2006, p. 54), diretora-geral da Grace & Co. Executive Search, "a empresa que valoriza a ética — e demonstra isso logo no processo de seleção —, já passa para o candidato uma imagem de confiabilidade e seriedade. Na mesma moeda, o candidato que é honesto, desde o princípio, também ganha mais pontos positivos e maiores chances de conquistar a vaga".

Outra forma de garantir a adequação e satisfação do candidato, principalmente os de nível mais operacional, é permitir que ele experimente na prática o dia a dia do cargo. Ele passa, por exemplo, uma semana "trabalhando" normalmente. Porém, apesar de se mostrar eficiente para que tanto a empresa quanto o candidato testem sua adaptabilidade, esse método implica dificuldades trabalhistas, como registro e risco de acidentes.

Etapas do processo seletivo

O processo seletivo como um todo compõe-se basicamente de cinco etapas: a) delineamento do perfil do cargo; b) triagem; c) seleção propriamente dita; d) encerramento do processo; e e) avaliação do processo. Vamos analisar essas etapas em tópicos separados.

Delineamento do perfil do cargo

No capítulo anterior, dissemos que o processo de recrutamento começa com o preenchimento de uma requisição de pessoal. Conforme a empresa, o formulário de requisição já pode conter uma descrição detalhada das funções e tarefas concernentes ao cargo e das características que seu ocupante idealmente deve ter.

Tudo o que estudamos no Capítulo 3 sobre entrevistas para fins de análise de cargo também se aplica aqui. Como muitas pessoas têm dificuldade para traduzir em palavras o que esperam de um candidato, McCourt e Eldridge (2003, p. 112) sugerem o seguinte método para conduzir uma entrevista desse tipo: 1) peça ao entrevistado que pense em três pessoas que já tenham ocupado o cargo em questão; 2) peça que pense nas duas que se saíram comparativamente melhor, então pergunte: "o que elas tinham em comum que as faziam sair-se bem nesse trabalho?"; 3) depois, peça que o entrevistado pense naquela pessoa que se saiu comparativamente pior e explique por que ela não era tão boa; 4) vá anotando as respostas em campos separados e, depois, compare os traços positivos e negativos até delinear o perfil ideal para aquele cargo. Esse método inspira-se na técnica dos incidentes críticos, criada pelo psicólogo John Flanagan para análise de cargos.

Se o formulário de requisição não contiver essas informações, ou não as contiver no grau de detalhamento necessário, os recrutadores devem obtê-las de outros modos. Eles podem recorrer:

- à análise do cargo, caso a empresa conte com uma estrutura formal de análise de cargos;
- ao mapeamento das competências almejadas, caso a empresa adote um modelo de gestão por competências;
- à análise do cargo no mercado de trabalho — expediente necessário quando se trata de um posto inteiramente novo; ou
- a entrevistas com os responsáveis pela requisição — na verdade, as entrevistas são sempre desejáveis, pois complementam e atualizam as informações encontradas nas outras fontes.

Juntas, todas as informações obtidas serão usadas para elaborar um documento de uso específico do recrutador. Esse documento é chamado de *perfil profissiográfico*, *perfil profissional* ou simplesmente *perfil do cargo*.

Autores que enfocam a seleção por competências propõem ainda outras denominações. Por exemplo: Felipe Pierry, em seu livro *Seleção por competências* (2006, p. 53), sugere que o selecionador elabore um *perfil psicolaboral*, que seria uma adaptação do perfil profissiográfico incluindo as competências necessárias para o desempenho do cargo. Já Fabrizio Rosso (2003) prefere falar em *perfil estruturado com competências* (*PEC*).

Seja qual for a denominação, o importante é que esse documento contenha uma descrição completa e minuciosa de todas as responsabilidades e tarefas que caberão ao futuro ocupante do cargo, bem como dos requisitos a que o candidato deve atender em termos de: condições físicas (se for o caso), escolaridade, experiência, conhecimentos, habilidades e traços psicológicos.

O documento que delineia o perfil do cargo é uma peça fundamental, porque não só influencia a escolha das fontes de recrutamento (conforme vimos no capítulo anterior), mas também serve de ponto de referência para todo o processo seletivo. Na verdade, a seleção nada mais é do que uma *comparação* entre o perfil do cargo e o perfil de cada candidato; o selecionado será aquele cujas características mais coincidam com as desejadas.

> *De todas as denominações que citamos, perfil profissiográfico é, sem dúvida, a mais tradicional. Não confunda, porém, o perfil profissiográfico usado para fins de seleção com o perfil profissiográfico previdenciário (PPP) — um formulário que a empresa deve preencher descrevendo as condições físicas em que a pessoa trabalha, se tem contato com substâncias tóxicas etc. O PPP é utilizado para pedidos de aposentadoria especial e outros benefícios.*

Evidentemente, alguns critérios serão mais decisivos do que outros; por isso, é necessário dividir as características buscadas entre *essenciais* e *desejáveis*, ou ainda estabelecer uma escala de pesos. Hoje em dia, a maioria das organizações dá maior ênfase às características pessoais, como dinamismo e adaptabilidade, do que aos conhecimentos e à formação técnica do candidato. Elas partem do princípio de que é mais fácil ensinar a pessoa a fazer alguma coisa do que mudar traços de sua personalidade.

Uma vez definido o perfil do cargo, os responsáveis pelo recrutamento e seleção (que podem pertencer ao RH da própria empresa ou a uma consultoria) farão o planejamento do R&S. O planejamento define quais serão:

- as fontes de recrutamento;
- as técnicas de triagem e seleção;
- os critérios de seleção (em ordem de importância);
- os prazos para cada etapa;
- o número ideal de candidatos em cada etapa; e, em muitos casos,
- os indicadores para avaliação do próprio processo de R&S.

Feito o planejamento, passa-se à ação. E o primeiro passo nesse sentido é acionar as fontes de recrutamento, conforme vimos no capítulo anterior. A bem da verdade, o recrutamento já é uma forma de seleção — afinal, a escolha das fontes permite "recortar" o mercado de trabalho e, além disso, uma descrição clara dos requisitos no anúncio evita a candidatura de profissionais inadequados.

Triagem

Entre o recrutamento e a seleção propriamente dita, existe uma etapa chamada *triagem* ou *pré-seleção*. Seu objetivo é proporcionar um primeiro filtro, de maneira que cheguem à seleção apenas candidatos com chance real de aprovação.

Obviamente, a técnica de triagem mais básica é a análise do currículo. Mas os selecionadores também costumam aplicar um questionário e/ou uma entrevista de triagem. Vejamos essas três técnicas separadamente.

Análise de currículo

No capítulo anterior, mencionamos que uma solução tecnológica de *e-recruitment* pode selecionar, dentro de um banco de currículos, aqueles que atendam aos requisitos de determinada vaga. Para tanto, esses softwares normalmente trabalham com palavras-chave.

Embora essa triagem eletrônica facilite a vida do selecionador, é preciso tomar alguns cuidados. O primeiro deles é a escolha adequada das palavras-chave. Suponha, por exemplo, que uma empresa procure um profissional de tecnologia da informação com experiência nas plataformas Linux, Unix e Windows Server e também no banco de dados Oracle. Se o selecionador usar como filtros todas essas palavras (*Linux + Unix + Windows Server + Oracle*), correrá o risco de excluir bons candidatos que deixaram de mencionar um ou mais dos termos em seus currículos. Por outro lado, se escolher uma expressão ampla demais (*TI*, por exemplo), receberá uma quantidade exagerada de resultados.

Devido a essas limitações, a triagem eletrônica é considerada apenas um passo inicial da análise curricular — processo que continua dependendo dos olhos atentos de um profissional de RH. Os candidatos contribuem muito para a análise quando elaboram currículos objetivos e bem organizados (e, para fazê-lo, podem se apoiar nas inúmeras orientações veiculadas hoje em sites de empregos, programas de TV etc.). Contudo, mesmo diante de currículos benfeitos, os selecionadores precisam desenvolver técnicas para localizar rapidamente as informações, visto que realizam dezenas de análises por dia.

Os critérios para análise variam muito de acordo com a vaga, mas em geral os selecionadores "batem o olho" primeiro no objetivo e no resumo das qualificações. Se o candidato passar por esse crivo inicial e o selecionador continuar lendo, é recomendável que faça anotações (muitos softwares permitem isso, se a pessoa estiver lendo na tela) para usar durante a entrevista, marcando, por exemplo, pontos de dúvida ou de maior interesse.

Em alguns processos seletivos, é estabelecido um sistema de notas ou pontos para a análise curricular. Por exemplo: inglês avançado vale três pontos, experiência na função vale cinco pontos etc.

Questionário de triagem

Em geral, o objetivo de um *questionário de triagem* é checar se a pessoa realmente atende aos requisitos da vaga, ou pelo menos aos mais importantes deles. Suponha, por exemplo, que um anúncio para professor universitário peça diploma de mestrado, mas um candidato, mesmo sem ter o título, resolva se inscrever, na esperança de que suas outras qualificações supram essa carência. Se a universidade contratante considera o requisito essencial, pode colocar como questão de triagem:

Você possui título de mestre? ☐ Sim. ☐ Não.

Se o candidato marcar a opção "não", será automaticamente desclassificado. Em geral, as perguntas são fechadas (do tipo sim ou não), como no exemplo dado, pois isso facilita o processamento das respostas.

A redação das questões deve ser o mais objetiva e delimitada possível. Por exemplo: em vez de "Você domina Excel?", é melhor perguntar "Você sabe criar macros em Excel?"; em vez de "Você tem experiência em seleção de pessoas?", é melhor perguntar "Você já elaborou e aplicou entrevistas de seleção?", e assim por diante.

Quando a candidatura é feita por Internet (método mais utilizado hoje), o questionário de triagem pode ser exibido automaticamente, assim que a pessoa se inscreve para a vaga. Os questionários também são úteis aos candidatos, pois dão uma boa pista daquilo que a empresa realmente valoriza.

Entrevista de triagem

Em alguns processos seletivos, o candidato primeiro passa pelo questionário de triagem e depois pela entrevista de triagem. Em outros, porém, apenas um dos instrumentos é empregado.

Seja como for, a *entrevista de triagem* caracteriza-se por ser mais longa e detalhada que o questionário. Na maioria das vezes, ela é conduzida por telefone, para evitar deslocamentos. Também está se tornando comum o uso de programas de mensagens instantâneas (como o MSN®) para esse fim, inclusive com emprego de *webcam*.

Como a entrevista pode durar muitos minutos, o selecionador deve ligar antes para marcar um horário. Assim, o candidato poderá desmarcar outros compromissos e procurar um lugar tranquilo para atender ao telefonema. Esse cuidado é especialmente importante se o candidato estiver empregado — por motivos óbvios, ele não poderá conversar à vontade em seu local de trabalho.

O conteúdo das entrevistas de triagem pode variar muito, indo desde uma mera verificação das informações presentes no currículo até uma conversa bem detalhada. Em entrevista ao portal Empregos.com.br, Alessandra Olinger, analista da Pró RH, explicou que, para ela, a entrevista por telefone tem a função de confirmar três questões principais:

> Primeiro vejo se a pessoa tem interesse em ocupar a vaga; depois confirmo o perfil do profissional, para ver se ele apresenta realmente tudo o que fala no currículo e se pode ocupar o cargo; e então vou querer saber por que ele saiu ou quer sair da empresa. Claro, ao longo da conversa já analiso se ele tem uma comunicação adequada, sabe falar corretamente e ainda se ele apresenta erros de português. Não que sejam pontos eliminatórios, mas uma pessoa que sabe se expressar certamente tem vantagens sobre a que não sabe.

Para cumprir o primeiro objetivo mencionado por Olinger (verificar se a pessoa tem interesse em ocupar a vaga), o entrevistador deve explicar claramente a proposta. Isso é mais importante ainda quando a empresa ou consultoria tiver descoberto o candidato em um banco de currículos, caso em que a entrevista de triagem será o primeiro contato da pessoa com aquela oportunidade de emprego.

Seleção

Pronto: nossos candidatos passaram pela análise curricular, pelo questionário de triagem e/ou pela entrevista de triagem. Agora é que começará a seleção propriamente dita.

Os procedimentos para a seleção podem variar muito, conforme a natureza do cargo, a organização contratante ou mesmo a consultoria que presta o serviço. É possível, porém, detectar algumas tendências gerais.

Nesse sentido, a pesquisa bienal "A Contratação, a Demissão e a Carreira dos Executivos Brasileiros", conduzida desde 1988 pela empresa de recursos humanos Catho Online, pode nos fornecer dados interessantes. Embora a pesquisa tenha a palavra *executivos* no título, o perfil dos respondentes é bem variado: na edição de 2009, que contou com 13.340 respondentes válidos (foram considerados respondentes válidos apenas aqueles com mais de 18 anos que trabalham em empresas privadas), havia presidentes e gerentes gerais (2%), diretores (5%), gerentes (20%), coordenadores e supervisores (22%), profissionais especializados (14%), ocupantes de cargos operacionais (9%) e de cargos administrativos (10%), além de consultores independentes, consultores de empresas de consultoria, professores universitários, *trainees*, estagiários e outros, em porcentagens menores.

No Quadro 5.1, você confere alguns dos resultados da pesquisa.

Conforme você observa no Quadro 5.1, a primeira entrevista dos candidatos a diretor ou posições superiores é conduzida pelo próprio presidente em aproximadamente metade das vezes, segundo os dados da pesquisa. Tal situação, porém, é bastante rara em todos os outros níveis hierárquicos.

De maneira bem genérica, e sem deixar de lado as inúmeras variações possíveis, podemos dizer que o processo seletivo habitualmente segue estes passos:

Entrevista com o selecionador (profissional de RH)

↓

Aplicação de provas, testes, dinâmicas etc.

↓

Entrevista com o requisitante do cargo (gerente, supervisor etc.)

Algumas organizações estão adotando a política de envolver os requisitantes do cargo em todas as etapas do processo seletivo. Assim um gerente pode, por exemplo, acompanhar a entrevista inicial feita pelo selecionador. Esse procedimento traz bons frutos para os dois lados: como normalmente os gerentes não têm experiência em condução de entrevistas,

Quadro 5.1 Algumas conclusões da pesquisa "A contratação, a demissão e a carreira dos executivos brasileiros", conduzida pela Catho Online (ARRUDA, 2009).

Entrevistas

- Em média, são conduzidas duas entrevistas antes da contratação. Quanto maior a empresa e quanto mais importante o cargo na hierarquia, mais entrevistas são feitas.
- A alta cúpula tem participação significativa no processo seletivo: em 21,4% dos casos, a primeira entrevista foi feita pelo próprio presidente, gerente geral ou equivalente. Naturalmente, esse contato direto é mais frequente nas empresas de menor porte (37,7%). Mas, mesmo nas grandes organizações, candidatos da diretoria para cima fazem a primeira entrevista com o presidente em aproximadamente metade dos casos.
- Considerando a amostra como um todo, 11,7% das entrevistas foram feitas em língua estrangeira. Esse tipo de entrevista é mais comum em organizações de grande porte (20,8%) e para cargos de diretor (26,9%) e *trainee* (24,4%).

Testes

- Além da entrevista, a grande maioria (82,3% dos respondentes) passou por algum tipo de teste durante o processo seletivo.
- Os testes mais comuns foram, nesta ordem: teste de personalidade (53,7%), teste de competências (52,3%), teste de inteligência (49,2%), teste de aptidões (47,2%), dinâmica de grupo (20,9%) e teste de idiomas (11,7%). Com um número muito baixo de menções, os testes grafológicos foram desconsiderados na análise.
- A natureza dos testes varia muito conforme o cargo. Dinâmicas de grupo são raras nos níveis hierárquicos superiores. Já os testes de idiomas são, naturalmente, pouco usados para cargos simples, como os operacionais e administrativos. Há, porém, uma unanimidade: os testes de competências (que podem assumir várias formas, como a entrevista comportamental e a dinâmica de grupo, conforme veremos adiante neste capítulo), foram mencionados por ocupantes de toda a escala hierárquica.

Duração do processo seletivo

- A duração do processo seletivo vem caindo: em 2003, gastavam-se em média 3,5 semanas; em 2009, foram apenas 2,4 semanas. Esse avanço explica-se, sobretudo, pela adoção de soluções tecnológicas durante o recrutamento e a seleção.
- O tempo médio do processo seletivo tende a ser ligeiramente mais longo para níveis hierárquicos mais altos. A seleção mais longa é a de *trainees*, com duração média de 3,2 semanas.
- O tempo médio do processo de contratação do profissional empregado (2,6 semanas) é ligeiramente maior que o do profissional desempregado (2,2 semanas).

Razões para aceitar a proposta

- O que leva um profissional empregado a aceitar outra proposta de trabalho? Para 43% dos respondentes que tomaram essa decisão, o motivo foram as perspectivas de crescimento na nova empresa. Bem atrás, com apenas 12,7% dos votos, aparece um "bom aumento salarial" e, depois, o "gosto pelo tipo de trabalho", com 11,1%.
- Entre os desempregados, as perspectivas de crescimento também encabeçam a lista de motivos, com 36,4%. Em segundo lugar vem a justificativa "estava desempregado", com 16,4% das respostas.

podem aprender muito observando o trabalho dos selecionadores; por outro lado, os gerentes podem ter *insights* ou fazer perguntas sobre aspectos técnicos que escapariam ao selecionador. Existem, ainda, as entrevistas do tipo *painel*, nas quais o candidato é entrevistado por várias pessoas da empresa, geralmente em fases mais avançadas do processo seletivo.

Em relação à existência ou não de fases eliminatórias, Milkovich e Boudreau (2008, p. 247-248) afirmam que se pode escolher entre três modelos: o de processos compensatórios, o de barreiras múltiplas e o de processos híbridos.

Processos compensatórios (ver Figura 5.1a) — nesse modelo, nenhuma fase é eliminatória: somente no fim do processo se decide se o candidato foi aprovado ou não. Os pontos obtidos em cada fase são somados e depois divididos (às vezes de forma ponderada), de maneira que o mau desempenho em uma fase pode ser compensado pelo bom desempenho em outra. Segundo os autores, "esse processo geralmente é usado em situações em que não existem requisitos básicos e o objetivo é ter uma avaliação genérica das qualificações do candidato". Sua grande desvantagem é o custo, visto que é necessário aplicar todas as entrevistas, testes ou outras técnicas a todos os candidatos.

Barreiras múltiplas (ver Figura 5.1b) — nesse modelo, o candidato só passa à fase seguinte depois de ter sido aprovado na anterior; portanto, todas as fases são eliminatórias. É o mais indicado quando existem muitos candidatos e quando o cargo exige competências indispensáveis. Em processos seletivos para professor, por exemplo, normalmente o candidato faz primeiro uma prova de conhecimentos (para comprovar se conhece bem a disciplina que leciona), depois uma prova de aula (para demonstrar se tem boa comunicação e sabe expor as ideias de maneira lógica) e, por fim, uma entrevista com os requisitantes do cargo, sendo todas as fases eliminatórias. A razão disso é que, se o candidato souber a matéria, mas não souber expô-la, não será um bom professor; e o inverso também é verdadeiro, portanto, a seleção de barreiras múltiplas é a ideal.

Processos híbridos (ver Figura 5.1c) — esse é o modelo mais utilizado: algumas fases são eliminatórias e outras não. Pode-se deixar a fase mais cara e decisiva para o final (por exemplo, uma entrevista com o presidente). Por outro lado, se existir algum requisito indispensável, ele deve constituir uma barreira eliminatória logo no início do processo (por exemplo, um teste de resistência física para o cargo de bombeiro).

Encerramento do processo

No encerramento do processo seletivo, a principal responsabilidade do profissional de RH é dar uma resposta aos candidatos — todos eles, inclusive os não aprovados. Muitos recrutadores deixam de dar retorno alegando falta de tempo, mas a verdade é que o silêncio traz ao candidato grande inquietação e desapontamento. Vale lembrar que *ele* também dedicou uma boa parcela de seu tempo ao processo seletivo. Além disso, como já mencionado, a imagem da empresa está em jogo durante a seleção, e a ausência de contato passa uma péssima impressão.

Seleção | 109

Figura 5.1 Três modelos quanto à existência ou não de fases eliminatórias: processos compensatórios, barreiras múltiplas e processos híbridos. Adaptado de: Milkovich e Boudreau (2008, p. 247).

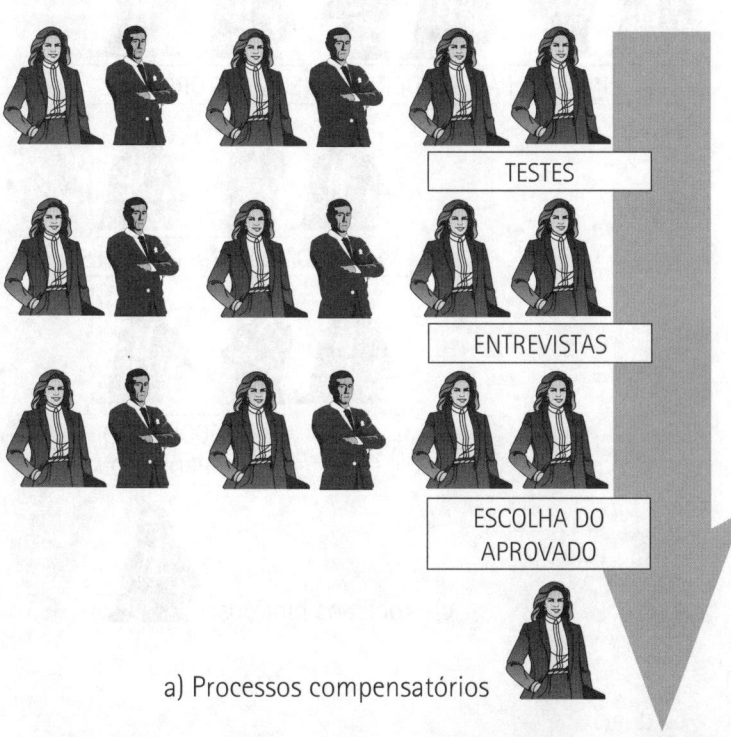

TESTES

ENTREVISTAS

ESCOLHA DO APROVADO

a) Processos compensatórios

TESTES

ENTREVISTAS

ESCOLHA DO APROVADO

b) Barreiras múltiplas

PRIMEIRA BATERIA DE TESTES (ELIMINATÓRIOS)

SEGUNDA BATERIA DE TESTES

ESCOLHA DO APROVADO

c) Processos híbridos

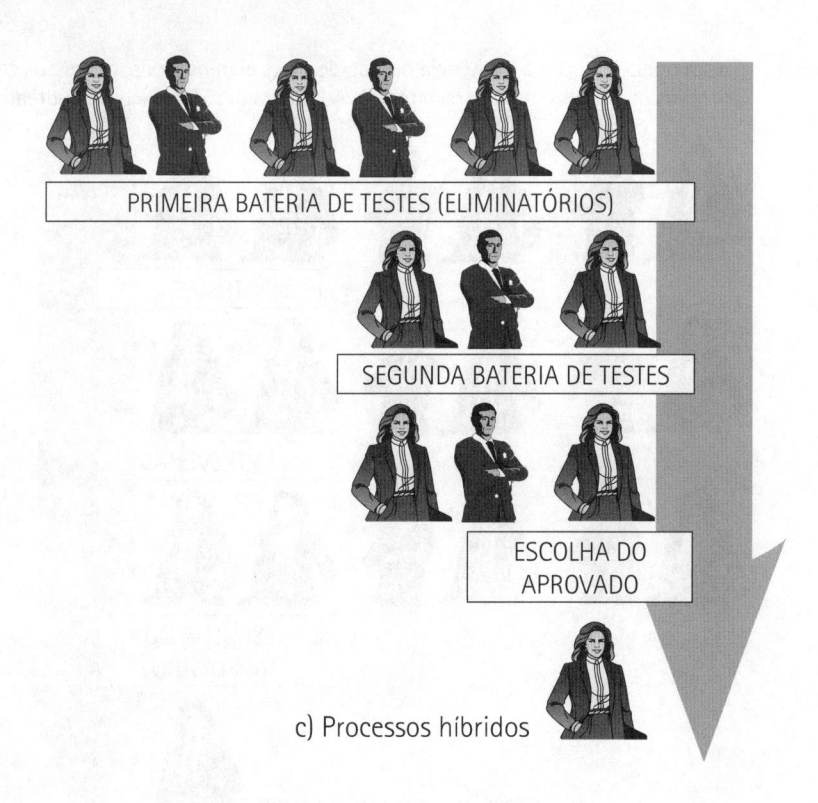

O aviso de desclassificação não só deve vir, como deve vir rápido, pois assim a pessoa pode se focar em outras seleções das quais esteja participando. Quanto à forma de contato, por mais práticos que sejam o e-mail ou as mensagens de texto, a atitude mais educada continua sendo dar um telefonema ou enviar uma carta. O recrutador deve agradecer a participação do candidato e informar que seu currículo continua na base de dados da empresa (ou da consultoria) e que ele poderá ser chamado para novas oportunidades.

Em algumas situações é possível oferecer ainda um *feedback* (também chamado de *devolutiva*), ou seja, explicar sucintamente por que o candidato não foi escolhido, mencionando em quais aspectos seu perfil não coincidiu com o perfil do cargo. Se passadas com tato e respeito, essas informações serão importantíssimas para o desenvolvimento do profissional.

O candidato aprovado também deve saber por que foi escolhido. Isso sinalizará o que a empresa espera dele e já será, ao mesmo tempo, um agente inicial de motivação. Dificilmente um candidato atenderá a 100% dos requisitos; portanto, o encerramento do processo seletivo também pode ser o início do processo de treinamento e desenvolvimento, na medida em que já podem ser informados ao novo funcionário os aspectos nos quais ele ainda precisa se aprimorar.

Avaliação do processo de recrutamento e seleção

Conforme vimos no primeiro capítulo deste livro, o cenário competitivo da atualidade não deixa espaço para amadorismo nas práticas de RH. Os processos devem ser quantificados e avaliados para que se verifique se estão ou não atingindo o desempenho esperado. Isso se aplica também ao processo de recrutamento e seleção.

Existem vários indicadores que uma organização pode adotar para avaliar o desempenho de seu próprio R&S, quando conduzido internamente, ou dos serviços oferecidos pela consultoria contratada. Em geral, esses indicadores medem:

- *tempo* – quantos dias os selecionadores demoram para levar um número *x* de candidatos à etapa final (que costuma ser, como dito, a entrevista com o requisitante);

- *custo* – quanto dinheiro é investido no processo seletivo, de modo direto (com a publicação de anúncios, contratação de consultorias, *headhunters*, pagamento de viagens dos candidatos etc.) e indireto (horas de trabalho dos profissionais internos de RH envolvidos no processo, dos requisitantes do cargo que fazem entrevistas etc.);

- *qualidade* – logicamente, o processo seletivo não precisa ser apenas rápido e econômico, mas também, e sobretudo, capaz de trazer os melhores talentos para a organização; as métricas de qualidade geralmente estabelecem um determinado período de permanência do novo funcionário para que a contratação seja considerada bem-sucedida.

Existem também métricas mais sofisticadas, que correlacionam, por exemplo, a melhora na tomada de decisões com a adoção de um novo tipo de processo seletivo (ou com a contratação de determinada consultoria de R&S). Contudo, esses índices são de difícil análise, visto que o desempenho do novo profissional no médio e longo prazo depende de inúmeros fatores, inclusive dos esforços de integração. Afinal, não adianta muito contratar uma pessoa competente e depois abandoná-la à própria sorte, sem preparar a equipe para recebê-la nem inseri-la adequadamente na cultura da organização.

A Figura 5.2 resume as etapas do processo seletivo conforme acabamos de descrever.

Figura 5.2 As etapas do processo seletivo.

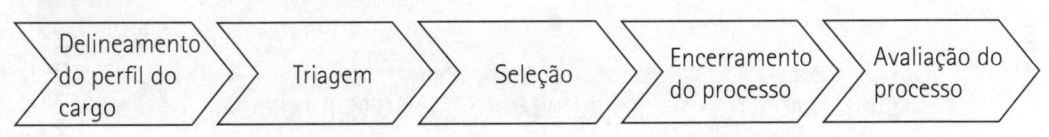

Delineamento do perfil do cargo ▸ Triagem ▸ Seleção ▸ Encerramento do processo ▸ Avaliação do processo

Técnicas de seleção

As principais técnicas de seleção são: a) entrevistas; b) provas de conhecimento ou capacidade; c) testes psicológicos; d) técnicas vivenciais; e e) investigação do histórico. Cada uma delas será estudada a seguir, em tópicos específicos.

Entrevista

A entrevista é a mais difundida técnica de seleção. Quando se adota um processo seletivo de fase única (como é o caso em muitas micro e pequenas empresas), é quase certo que a técnica utilizada será a entrevista.

Se o processo seletivo tiver várias fases, também é quase certo que a entrevista será a mais decisiva delas – não obstante a sua subjetividade. Na verdade, a subjetividade, o caráter humano da entrevista, é justamente seu grande trunfo. É nela que o candidato deixa de ser aquele personagem sem rosto descrito no currículo, ou aquele número nos testes psicológicos, para se tornar um ser humano de carne e osso, com gestos, olhares, sorrisos, titubeios e tudo mais.

Em relação ao formato, as entrevistas (não só as de seleção) podem ser:
- *estruturadas* – têm um roteiro predefinido que deve ser rigidamente seguido;
- *semiestruturadas* – têm um roteiro predefinido, mas admitem improvisos; ou
- *não estruturadas* – não têm roteiro predefinido.

Nos processos seletivos, a entrevista feita pelo selecionador (profissional de RH) geralmente é estruturada ou semiestruturada, enquanto aquela feita pelo requisitante do cargo tende a ser semiestruturada ou não estruturada, como ilustra a Figura 5.3.

A entrevista de seleção tem, basicamente, os seguintes objetivos:
- *Apresentar a proposta de emprego e a organização* – caso não tenha havido a entrevista de triagem, este é o momento de explicar as responsabilidades do cargo, o horário de trabalho etc. O bom candidato faz a "lição de casa" e informa-se com antecedência sobre a organização; mas, se isso não tiver sido feito, ou se o processo for sigiloso, cabe ao selecionador passar as informações. Mesmo que não possa revelar o nome da empresa, o selecionador deve fornecer dados básicos,

Figura 5.3 Formatos de entrevista e seus usuários habituais.

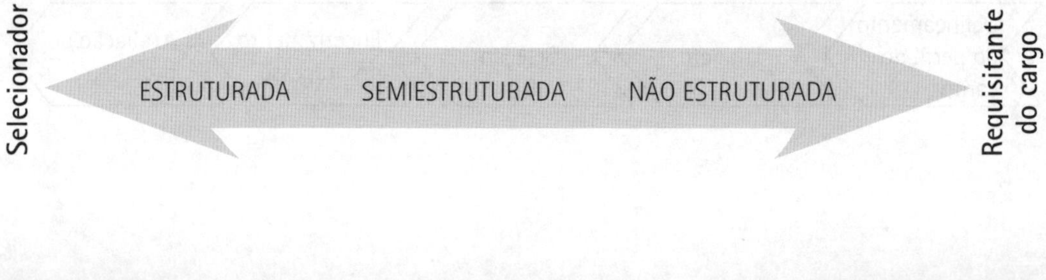

Selecionador ←—— ESTRUTURADA   SEMIESTRUTURADA   NÃO ESTRUTURADA ——→ Requisitante do cargo

como porte, número de empregados, área de atuação etc. Também é recomendável situar o candidato dentro do processo seletivo, informando o número de vagas e candidatos, quais fases já foram superadas, quais ainda virão e qual o objetivo da entrevista.

- *Averiguar se o que consta no currículo corresponde à realidade e/ou elucidar pontos obscuros* – eventuais "maquiagens" do currículo podem ser detectadas durante a entrevista. Por exemplo: se o candidato teve várias experiências profissionais curtas, talvez prefira omitir algumas para não dar impressão de instabilidade. Nesse caso, o selecionador deve perceber a lacuna temporal entre um emprego e outro e perguntar o que houve. O candidato pode até ter uma boa resposta (por exemplo: "Omiti isto, porque as outras experiências são mais relevantes e quis falar mais sobre elas"), mas o importante é que tudo fique bem esclarecido.
- *Recompor a trajetória profissional do candidato* – isso pode ser feito analisando-se o currículo, mas o mais interessante é saber como a própria pessoa vê essa trajetória. Embora seja útil ter um quadro geral, a ênfase recai sobre as três últimas experiências. Saber por que o profissional saiu de seu último emprego, ou deseja sair do atual, é essencial para a análise.
- *Conhecer os projetos e motivações do candidato* – será que esta empresa é o local ideal para este profissional realizar seus sonhos? É fundamental saber *por que* ele ou ela deseja ocupar a vaga e fazer parte da organização.
- *Detalhar a formação do candidato e sua atitude de aprendizado* – na maioria das áreas, a formação contínua é essencial. O entrevistador pode querer saber mais sobre cursos que o candidato mencionou no currículo, ou perguntar como ele se atualiza (por exemplo, se assina alguma publicação específica de sua área, se participa de comunidades profissionais na Internet etc.).
- *Verificar se o candidato possui as competências técnicas necessárias ao cargo* – essa verificação é feita de modo mais preciso com a aplicação de provas de conhecimento ou capacidade, mas a entrevista também pode se prestar a isso, especialmente quando as competências técnicas são simples, ou em pequeno número, de maneira que é fácil averiguá-las.
- *Verificar se o candidato possui as competências comportamentais necessárias ao cargo* – para este fim, utiliza-se especificamente a *entrevista comportamental*, sobre a qual falaremos em um tópico à parte mais adiante. A entrevista comportamental pode ser uma técnica independente, administrada por uma pessoa diferente e em ocasião distinta da entrevista básica; ou, ainda, pode fazer parte da entrevista básica, constituindo-se, nesse caso, de questões comportamentais que são inseridas em dado momento da entrevista.
- *Conhecer um pouco a vida pessoal do candidato* – saber se a pessoa é casada, solteira, se tem filhos, se mora com os pais ou sozinha, seus *hobbies*, o que faz nas

horas livres... tudo isso ajuda a traçar seu perfil. Não se trata, porém, de invadir a privacidade de ninguém. Se uma mulher com filhos pequenos está concorrendo a uma vaga que exige viagens constantes, faz sentido perguntar-lhe como pretende lidar com isso. Mas perguntar a uma mulher de 40 anos "por que você nunca se casou?", além de ser grosseiro, em nada contribui para a seleção.

- *Discutir questões práticas, como salário, benefícios, moradia etc.* — nem sempre a proposta salarial é apresentada na primeira entrevista; mas, caso isso ocorra, o selecionador deve estar preparado para ouvir uma eventual contraproposta do candidato e, posteriormente, transmiti-la aos requisitantes do cargo. A entrevista também é o momento de discutir como o funcionário vai se deslocar para o trabalho, como será feita a mudança de cidade, se for o caso, como será feita a transição de um emprego para o outro, caso a pessoa esteja empregada no momento etc.

Como você deve ter percebido ao examinar todos esses objetivos, conduzir uma entrevista de seleção não é tarefa simples. Existem cursos específicos que podem ajudar o futuro selecionador, mas na verdade somente a prática dará o pleno domínio dessa técnica.

De qualquer modo, apenas a título de ilustração, apresentamos a seguir alguns cuidados que o selecionador deve ter antes, durante e depois da entrevista (Quadro 5.2). Em seguida, no Quadro 5.3, listamos as doze perguntas que, de acordo com um experiente profissional da área (Willyans Coelho, idealizador e diretor do site RH.com.br), não podem faltar em uma entrevista de seleção.

Entrevista comportamental com foco em competências

Como você deve ter percebido no Quadro 5.1, em que apresentamos alguns resultados da pesquisa "A contratação, a demissão e a carreira dos executivos brasileiros", a seleção por competências "está na moda". Na questão que perguntava a quais testes os respondentes haviam sido submetidos na seleção para seu atual emprego, os "testes de competências" apareceram em segundo lugar, tendo sido mencionados em mais de 50% dos casos.

Esses números podem significar um avanço, mas é preciso cautela: conforme vimos no Capítulo 2, a seleção por competências é apenas *parte* da gestão por competências. Falar em competências durante o processo seletivo e depois enterrar o assunto não adianta muito.

Imaginemos, porém, que a empresa seguiu o caminho correto e adotou um modelo completo de gestão por competências. Assim, bem antes do processo seletivo, já foi feito o mapeamento das competências atuais e das almejadas, de acordo com os objetivos estratégicos. Já se sabe, portanto, as competências desejadas para cada área e para o cargo em questão. E essas competências já foram usadas pelo selecionador no delineamento do perfil do cargo (conforme vimos na primeira seção deste capítulo).

Como executar, então, uma seleção por competências? Basicamente, o selecionador dispõe de duas técnicas para identificar se os candidatos possuem — e em que grau

Quadro 5.2 Alguns procedimentos recomendáveis ao selecionador antes, durante e após a entrevista.

Antes da entrevista

- Estude detidamente o perfil do cargo e, a partir dele, trace o roteiro básico de perguntas.
- Depois, releia o currículo dos candidatos a serem entrevistados e acrescente ao roteiro perguntas específicas para cada pessoa.
- Chegue ao local do encontro com antecedência e com todos os papéis bem organizados.
- Certifique-se de que o ambiente onde será realizada a entrevista está bem preparado, com os materiais necessários, temperatura agradável e nível de ruído baixo. Desligar o próprio celular é um cuidado óbvio.

Durante a entrevista

- É natural que o candidato esteja um pouco nervoso. Começar a conversa de maneira informal, perguntando como estava o trânsito, se a pessoa achou facilmente o endereço etc., pode ajudar a descontrair. Você também deve oferecer água ou café, assim como papel e lápis para que a pessoa faça suas próprias anotações.
- Não existe uma ordem obrigatória para as perguntas, mas é importante seguir uma sequência lógica. Não interrompa o candidato nem tente completar suas frases.
- Evite julgamentos precipitados ou preconceituosos. Mulheres, pessoas com mais de 40 anos e orientais, por exemplo, são constantemente vítimas de estereótipos. Em vez de "tentar adivinhar" como a pessoa é, deixe que ela mesma explique.
- Preste muita atenção à comunicação não verbal do candidato. Tamborilar de dedos, contrações faciais exageradas, sorrisos demais ou de menos, uma postura curvada, um aperto de mão inseguro, roupas transparentes ou decotadas demais, maquiagem excessiva, desleixo no asseio pessoal... Tudo isso pode sinalizar insegurança e/ou despreparo para o desempenho do cargo. Hesitação ou desconforto na hora de responder a alguma pergunta também pode indicar que a pessoa não está sendo totalmente honesta.
- Tome notas, mas sem exagero – não a ponto de perder o contato visual, por exemplo.
- Mantenha o foco e evite que a conversa derive para assuntos não pertinentes.
- Antes de encerrar a entrevista, pergunte se o candidato deseja tirar alguma dúvida ou acrescentar algo. Depois, agradeça-lhe pela participação e informe os próximos passos do processo.

Depois da entrevista

- Reveja suas anotações e prepare o relatório, listando os pontos fortes e fracos do candidato. Tente fazer isso imediatamente, enquanto as lembranças ainda estão nítidas.
- Tome cuidado para não se deixar influenciar pelo contraste entre um candidato e outro. Se você entrevistou primeiro uma pessoa extremamente extrovertida e, logo depois, uma mais tímida, pode ficar com a impressão de que a segunda é *muito* tímida. Os candidatos devem ter suas características contrastadas com o perfil do cargo, e não necessariamente entre si.
- Se o candidato foi eliminado, avise-o da maneira adequada e o mais rápido possível, conforme já comentado antes.

Quadro 5.3 Doze perguntas essenciais em uma entrevista de seleção (COELHO, 2009).

1. Por que você escolheu essa profissão?
2. Como você avalia seu desenvolvimento profissional até o presente momento?
3. Quais são as suas principais limitações profissionais?
4. Qual é a sua meta profissional de longo prazo?
5. O que mais o irrita no ambiente de trabalho?
6. Qual foi a situação profissional mais difícil que você resolveu? Como?
7. Em seu último emprego, quais foram as suas realizações mais importantes?
8. Qual objetivo que você não conseguiu atingir em seu último emprego?
9. Dentre os gerentes com quem você já trabalhou, qual foi o melhor e o pior? Por quê?
10. Por que você saiu (ou deseja sair) de seu emprego atual?
11. O que você sabe sobre nossa empresa?
12. O que o faz querer trabalhar conosco?

possuem — as competências buscadas: a entrevista comportamental e as técnicas vivenciais (dinâmicas de grupo e dramatização). Embora seja difícil definir exatamente o que os respondentes da pesquisa da Catho entenderam como "testes de competências", é provável que eles estivessem se referindo a uma dessas duas técnicas. Agora, falaremos sobre a entrevista comportamental e, no tópico correspondente, sobre as técnicas vivenciais.

Na realidade, o conceito de entrevista comportamental é bem anterior ao de gestão por competências. Esse tipo de entrevista apoia-se nas teorias comportamentais surgidas em meados do século passado, segundo as quais o comportamento passado ajuda a predizer o comportamento futuro. Em outras palavras, a entrevista comportamental visa descobrir como a pessoa se comportou em determinada situação no passado, a fim de prever como ela se comportará em uma situação semelhante no futuro.

Logicamente, a técnica não é infalível, porque o ser humano não é uma máquina que vai agir sempre do mesmo jeito. Contudo, acredita-se que a margem de acerto é razoável — especialmente se comparada à de outras técnicas, como a *entrevista situacional*.

Em uma entrevista situacional, o selecionador propõe uma situação hipotética ao entrevistado, e este tem de falar como se comportaria. Por exemplo, ao entrevistar um candidato ao cargo de produtor de eventos, o selecionador pergunta:

> Imagine que você seja responsável pela produção de um badalado evento do mundo da moda. Todos os ingressos foram vendidos, os jornalistas estão a postos, e o público começa a chegar, ansioso para apreciar o desfile da grande estrela: uma *top model* de fama internacional. Uma hora antes do início do evento, porém, você recebe a notícia de que a moça ficou doente e não poderá se apresentar. O que você faria nessa situação?

Para os defensores da entrevista comportamental, o grande problema com esse tipo de pergunta é que o entrevistado não vai pensar de maneira realista — até porque a situação *não* é real, é hipotética. Em vez disso, o candidato vai pensar em qual resposta o entrevistador quer ouvir.

Na entrevista comportamental, isso não ocorre (ou melhor, não ocorre de modo tão intenso), pois o entrevistado é levado a pensar em algo que *realmente* lhe aconteceu. Para tanto, o selecionador faz perguntas voltadas a experiências passadas. Ele começa estimulando a pessoa a se lembrar de determinada situação já vivida. No caso do produtor do evento, por exemplo, o entrevistador poderia dizer: "Fale-me sobre uma situação em que, durante a produção de um evento, as coisas não correram como planejado..."

Em seguida, o selecionador espera que o entrevistado se lembre de uma situação assim (isso pode levar alguns minutos). Quando a pessoa tiver se lembrado, o selecionador faz mais perguntas, de modo a descobrir exatamente o que aconteceu, o que a pessoa fez, o que pensou, o que sentiu, quais consequências suas ações tiveram. Como ilustra a Figura 5.4, a meta da pergunta comportamental é obter uma resposta com:

- *contexto* — uma descrição da situação;
- *ação* — o que a pessoa fez; e
- *consequências* — qual foi o resultado daquela ação, ou seja, como terminou a história.

Observe outros exemplos de perguntas comportamentais, dados pela psicóloga Adriana Gomes (2006):

Figura 5.4 Resposta comportamental completa.

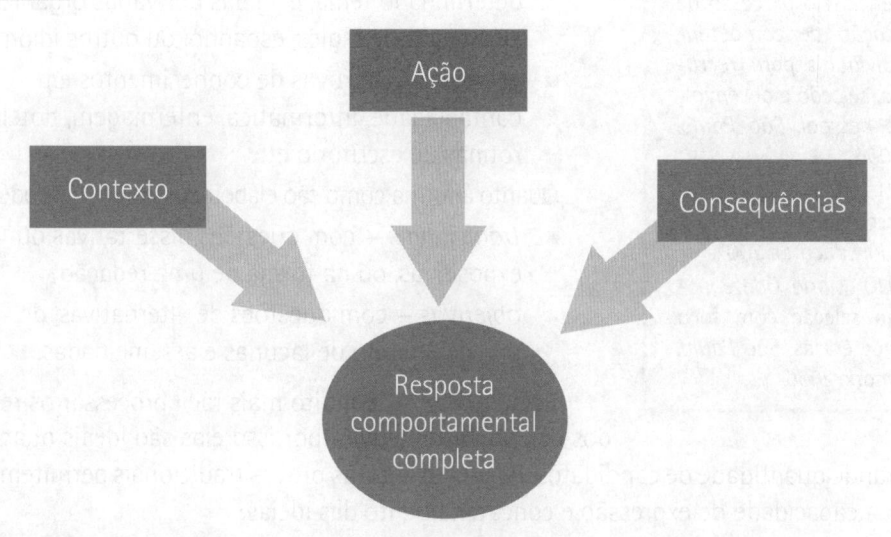

- Quais foram as técnicas que você utilizou com a sua equipe de vendas, num determinado projeto (especificar melhor em função do que se deseja observar), e quais foram os resultados obtidos?
- Descreva uma situação, no seu emprego anterior, em que você teve um problema com um de seus colegas e como lidou com isso.
- Relate uma situação na qual, durante um trabalho em equipe, um dos membros não participava com a parte dele. Como você se sentiu e o que fez para resolver a questão?
- Relate uma situação em que um projeto que você desenvolveu não obteve o resultado esperado. Como administrou a situação?

Provas de conhecimento ou capacidade

As *provas de conhecimento ou capacidade* têm como objetivo medir aquilo que a pessoa aprendeu ao longo da vida de maneira formal ou informal, isto é, por meio de cursos e treinamentos ou pela prática. Segundo Chiavenato (2009, p. 184-186), as provas de conhecimento ou capacidade podem ser classificadas quanto à maneira como são aplicadas, quanto à área de conhecimentos abrangidos e quanto à forma como são elaboradas.

Quanto à maneira como são aplicadas, as provas podem ser:
- *orais*;
- *escritas*;
- *de realização* (manobrar uma empilhadeira, operar uma máquina etc.).

Quanto à área de conhecimentos abrangidos, podem ser:
- *gerais* — provas de conhecimentos gerais; também se incluem nessa categoria as redações sobre determinado tema, exigidas por várias organizações, e os testes de inglês, espanhol ou outros idiomas;
- *específicas* — provas de conhecimentos em contabilidade, informática, enfermagem, hotelaria, rotinas de escritório etc.

Quanto à forma como são elaboradas, as provas podem ser:
- *tradicionais* — com questões dissertativas ou expositivas, ou na forma de uma redação;
- *objetivas* — com questões de alternativas, de preenchimento de lacunas e assemelhadas.

Evidentemente, é muito mais fácil processar os resultados das provas objetivas, por isso elas são ideais quando há uma grande quantidade de candidatos. Por outro lado, as provas tradicionais permitem aferir melhor a capacidade de expressão e concatenamento das ideias.

O que apresentamos aqui é apenas um brevíssimo resumo sobre entrevista comportamental com foco em competências. Para saber mais sobre o uso dessa e de outras técnicas na seleção por competências, leia:

PIERRY, Felipe. Seleção por competências: o processo de identificação de competências individuais para recrutamento, seleção e desenvolvimento pessoal. São Paulo: Vetor, 2006.

RABAGLIO, Maria Odete. Seleção por competências. 6. ed. São Paulo: Educator, 2007.

RABAGLIO, Maria Odete. Jogos para seleção com foco em competências. São Paulo: Qualitymark, 2006.

Testes psicológicos

Os *testes psicológicos* permitem analisar as características psicológicas dos candidatos de maneira mais rápida e econômica do que usando entrevistas ou dinâmicas de grupo. Contudo, não devem ser considerados eliminatórios, e sim uma ferramenta auxiliar de análise.

Qualquer teste psicológico é julgado de acordo com duas características: validade e confiabilidade. A *validade* indica se o teste efetivamente mede aquilo que se propõe a medir. Por exemplo: o grande problema dos primeiros testes de inteligência, aplicados no início do século XX, é que mais tarde se descobriu que eles mediam apenas um aspecto da inteligência — em geral o aspecto verbal ou numérico — de maneira que um indivíduo analfabeto seria considerado pouco inteligente. Portanto, esses testes não eram muito válidos, porque diziam medir uma coisa (a inteligência geral) e, na verdade, mediam outra (a inteligência verbal ou numérica).

Já a *confiabilidade* (também chamada de *precisão*) diz respeito à consistência dos resultados. Um teste confiável ou preciso apresenta resultados semelhantes sempre que for aplicado à mesma pessoa, ainda que em diferentes ocasiões ou por diferentes psicólogos.

Existem inúmeras maneiras de classificar os testes psicológicos. Uma das mais práticas é a que os define segundo aquilo que pretendem medir. Nesse caso, temos os testes de inteligência, os de aptidões e os de personalidade. Vejamos cada um deles em tópicos separados.

Testes de inteligência

A versão atualizada dos antigos testes de inteligência geral para adultos é o *Weschler Adult Intelligence Scale-Revised* (*WAIS-III*), o mais utilizado em nível global. Contudo, muitos psicólogos preferem usar testes nacionais, desenvolvidos para a nossa cultura, como o *G-36* (teste não verbal de inteligência) e o *G-38* (teste verbal de inteligência), ambos criados por Efraim Rojas Boccalandro, um professor venezuelano que vive no Brasil desde 1954. Outro teste nacional comum é o *R-1*, criado em 1973 pelo psicólogo Rynaldo de Oliveira especialmente para pessoas com baixa escolarização ou analfabetas.

Por fim, há testes de inteligência voltados ao raciocínio lógico-dedutivo, que avaliam especificamente a capacidade da pessoa de aplicar uma regra sistemática a situações análogas. Pertencem a essa linha o *teste dos dominós D-48* e o *teste dos relógios*.

Testes de aptidões

A ideia de que a inteligência não é um bloco monolítico, mas sim uma série de fatores, está na raiz dos testes de aptidões. Eles avaliam habilidades isoladas, como raciocínio, percepção, memória ou atenção.

Um dos mais comuns é o *teste de atenção concentrada* (*AC*), geralmente aplicado a motoristas, vigilantes e seguranças. Seu objetivo é avaliar a capacidade da pessoa de manter-se atenta durante certo período. Muitas organizações usam também baterias de testes, que medem várias aptidões de uma vez só.

Testes de personalidade

Muito populares (aparecem em primeiro lugar na pesquisa da Catho), os testes de personalidade podem ser: projetivos, expressivos ou objetivos.

Testes projetivos

Você conhece uma anedota em que o pai está preocupado com a obsessão do filho por sexo e o leva ao psicólogo; este lhe mostra uma série de figuras abstratas e o garoto vê cenas sexuais em todas elas?

Essa piada brinca com os testes psicológicos projetivos. Tais testes partem do princípio de que a pessoa *projetará* seu inconsciente nas figuras ou outros estímulos que receber, daí o nome. Os principais testes projetivos são:

- *Teste de Rorschach* — esse é o mais clássico dos testes projetivos (e o que deu origem à piada). A pessoa recebe dez cartões, cada um contendo uma mancha diferente. A cada cartão, o psicólogo lhe pergunta: "O que isso o faz lembrar?" Para avaliar as respostas, o psicólogo recorre a um complexo sistema de análise que contém mais de 100 variáveis.

- *Teste Z* ou *Zulliger* — igualmente baseado em manchas, é considerado uma versão resumida do teste de Rorschach.

- *Teste de Wartegg* — também conhecido como *teste de complemento de desenhos*, apresenta uma folha dividida em oito quadrados brancos delimitados por uma moldura negra. No centro de cada quadrado há um sinal gráfico que a pessoa deve completar como quiser. A análise leva em conta não apenas o desenho em si, mas a ordem em que a pessoa preenche os quadros, a pressão que exerce com o lápis no papel etc.

- *Teste de apercepção temática (TAT)* — nesse tipo de teste, o psicólogo mostra uma série de figuras e pede à pessoa que conte uma história a partir delas. Como as figuras são ambíguas, acredita-se que a pessoa as interprete segundo suas próprias preocupações e motivações.

- *Teste da árvore* — esse teste foi muito popular algumas décadas atrás: a pessoa desenhava uma árvore e o psicólogo fazia inferências sobre sua personalidade com base no formato do tronco, dos galhos, da presença de folhas, frutos, flores ou outros elementos.

- *Teste da figura humana* — trata-se de um teste parecido com o da árvore, mas, nesse caso, a pessoa deve desenhar uma figura humana.

A vantagem dos testes projetivos é permitir a análise de aspectos únicos e individuais da personalidade. Contudo, eles são bastante criticados por sua excessiva subjetividade e pelos baixos índices de confiabilidade e validade.

Testes expressivos

Os *testes expressivos* assemelham-se em grande medida aos projetivos, tanto que alguns autores não fazem distinção entre os dois grupos. A diferença é que os testes expressivos partem do princípio de que as pessoas *expressam* sua personalidade por meio de seus movimentos corporais e manuais.

Os dois testes expressivos mais conhecidos são:

- *Teste psicodiagnóstico miocinético (PMK)* – se você tirou a carteira de motorista, deve conhecer o PMK: ele é o famoso psicotécnico. A pessoa é convidada a realizar sete exercícios sobre folhas grandes encaixadas em uma mesa especial. Conforme as instruções do observador, alterna as mãos e vai desenhando círculos, zigue-zagues, linhas, escadas etc. O PMK parte do princípio de que é possível conhecer a personalidade da pessoa por meio de seus movimentos inconscientes, como tremores e alterações do tônus postural. A avaliação visa detectar traços de agressividade, emocionalidade, tendência a inibição ou à excitação etc.
- *Análises grafológicas* – as análises grafológicas correlacionam a maneira de escrever com traços de personalidade. Uma série de fatores são levados em conta, tais como escrita rápida ou lenta, letras angulosas ou arredondadas, falta de pontuação ou de barra nos *tt*. Um tipo específico de análise grafológica é o *teste palográfico*, que pode ser aplicado inclusive a analfabetos, pois não exige a grafia de palavras. Nesse teste, a pessoa é convidada a fazer uma série de traços, conforme instruções do observador, e depois os traços são analisados em termos de quantidade, desenho etc. Como vimos no Quadro 5.1, as análises grafológicas parecem ser uma técnica em desuso.

Testes objetivos

Diferentemente dos projetivos e expressivos, os *testes objetivos* são estruturados, ou seja, compõem-se de questões com respostas padronizadas que o sujeito deve escolher, sem a possibilidade de que ele reaja livremente aos estímulos. Por motivos óbvios, são considerados mais objetivos e bem mais fáceis de analisar. Contudo, também por motivos óbvios, não permitem captar tão bem as singularidades de cada personalidade.

A maioria dos testes objetivos trabalha com um conjunto de traços psicológicos, que seriam mais ou menos predominantes em cada pessoa, sendo por isso chamados de *inventários de personalidades*. Alguns dos mais conhecidos são:

- *Inventário Multifásico de Personalidade de Minnesota (MMPI)* – originalmente pensado para detectar distúrbios clínicos, como depressão ou esquizofrenia, hoje tem várias aplicações, inclusive em processos seletivos.
- *Myers-Briggs Type Indicator (MBTI)* – foi desenvolvido por Katharine Briggs e sua filha, Isabel Briggs Myers, com base no trabalho do psiquiatra suíço Carl Gustav

Jung. Por meio de um questionário, o psicólogo tenta detectar as inclinações das pessoas em quatro áreas, segundo uma escala representada por letras:

- se a pessoa é mais voltada a seu mundo interior (introversão = I) ou ao exterior (extroversão = E);
- se a pessoa capta informações do ambiente pelos cinco sentidos (S) ou por um "sexto sentido", isto é, pela intuição (N);
- se ela toma decisões com base no pensamento (T) ou no sentimento (F); e
- se ela relaciona-se com o mundo pelo julgamento (J), preferindo levar uma vida organizada e planejada, ou pela percepção (P), preferindo "deixar-se levar", de modo espontâneo e flexível.

Do cruzamento entre as possibilidades nas quatro áreas-chave, surgem 16 tipos psicológicos. Por exemplo: uma pessoa do tipo ESFP é voltada ao mundo exterior, prefere entender o ambiente pelos cinco sentidos, toma decisões guiada pelos sentimentos e relaciona-se com o mundo pela percepção.

- *Inventário Fatorial de Personalidade* (*IFP*) — trata-se de uma adaptação de trabalhos estrangeiros feita por pesquisadores do Instituto de Psicologia da Universidade de Brasília, sob coordenação do professor Luiz Pasquali. O examinado responde a 155 itens, escolhendo entre sete opções em uma escala que vai de 1 ("nada característico") até 7 ("totalmente característico"). As respostas são usadas para investigar em que medida a pessoa apresenta as 15 necessidades ou dimensões da personalidade. Veja, a título de exemplificação, as três primeiras dimensões, descritas por Pasquali, Azevedo e Ghesti (1997):
    - *assistência* — tendência a auxiliar e tratar as pessoas com compaixão e ternura;
    - *ordem* — tendência a manter a ordem e a valorizar a limpeza, o equilíbrio e a precisão dos objetos do mundo exterior;
    - *denegação* — tendência a se entregar passivamente às forças externas, a se resignar perante as dificuldades e até mesmo a apresentar desejos de dor e autodestruição.
- *Sistema Hogan de Avaliação de Liderança* (*SHAL*) — trata-se de um sistema desenvolvido em 1982 pelo psicólogo Robert Hogan e introduzido no Brasil em 2003. Como o nome indica, seu foco é a avaliação de liderança. Para tanto, o sistema conta com três instrumentos: o *Inventário de Potencial de Liderança* (*IPL*), que avalia a impressão que a pessoa causa nas outras, com seu estilo típico de comportamento social; o *Estudo sobre Desafios de Liderança* (*EDL*), também conhecido como *Fatores de Risco de Descarrilamento Profissional*, que explora como a pessoa reage à pressão, estresse ou insegurança e como seu comportamento afeta os outros nessas condições; e o *Inventário de Valores de Liderança* (*IVL*), que permite predizer como essa pessoa tratará seus liderados e qual tipo de ambiente instalará.

Além dos inventários de personalidade, existem os *inventários de interesses profissionais*, usados tradicionalmente na orientação vocacional, mas também em seleção. Evidentemente, esse tipo de teste só se aplica a profissionais bem jovens, como estagiários ou *trainees*.

Técnicas vivenciais

Assim como as entrevistas comportamentais e os testes psicológicos, as *técnicas vivenciais* buscam avaliar os comportamentos, as atitudes e os traços da personalidade dos candidatos. A diferença é que elas fazem isso na prática, ou seja, observando diretamente como o indivíduo se comporta em determinadas situações.

Atualmente, elas são muito empregadas para avaliação de competências, conforme comentados anteriormente. As principais técnicas vivenciais são as dinâmicas de grupo e a dramatização (*role-playing*).

> Os testes psicológicos podem ser uma ferramenta valiosa. Contudo, exigem muita cautela. Para início de conversa, eles só podem ser aplicados por psicólogos. Além disso, nem todos os testes são recomendados pelo Conselho Federal de Psicologia (CFP). Alguns dos mais populares, como o Wartegg, o dos dominós e o palográfico, por exemplo, não são. No Sistema de Avaliação de Testes Psicológicos, disponível no site do CFP (www2.pol.org.br/satepsi/sistema/admin.cfm), você pode saber mais sobre os testes e conferir quais o conselho recomenda.

Segundo a psicóloga Suely Gregori Andrade (1999), *dinâmica de grupo* é uma técnica que consiste em colocar um grupo de pessoas em movimento por meio de jogos, brincadeiras e exercícios, tendo como objetivo simular uma situação e proporcionar sensações da vida real. A técnica é muito indicada na seleção de funcionários da linha de frente, ou seja, aqueles que lidarão diretamente com o público, como vendedores e atendentes (conforme vimos no Quadro 5.1, ela praticamente nunca é aplicada a ocupantes do alto escalão).

Ainda de acordo com Andrade, a dinâmica também é útil quando há vários bons candidatos. Se houver muitos candidatos, é melhor agendar várias sessões, pois não se recomenda mais de dez participantes por vez. Cada observador pode acompanhar no máximo cinco pessoas; portanto, grupos maiores devem contar com mais observadores. Para Andrade, o selecionador que pretende aplicar uma dinâmica de grupo deve antes:

- *Estabelecer objetivos claros* — se a dinâmica estiver sendo usada na avaliação de competências, por exemplo, deve-se definir quais competências serão avaliadas e por meio de quais comportamentos.
- *Pensar em como medir os resultados* — o observador pode montar uma tabela com pontos ou escalas; por exemplo: o candidato fica (muito — pouco — nada) desconcertado quando contrariado.
- *Identificar os participantes* — a dinâmica deve ser escolhida em função do cargo, do nível cultural, da idade etc.
- *Qual local e aparelhagem poderá estar disponível* — a dinâmica deve ser realizada em um ambiente agradável e tranquilo, com sanitários, bebidas e lanches à

disposição dos participantes. Em geral são necessários materiais de papelaria, como papel, lápis, borracha, tesoura etc.

- *Qual o tempo de aplicação* — o tempo máximo deve ser de quatro horas, sendo três horas e meia para o exercício propriamente dito e meia hora para atrasos, *coffee break* e despedidas. Após esse tempo, tanto a percepção do observador quanto o desempenho dos candidatos ficam prejudicados.
- *Quem vai auxiliar na dinâmica* — é bom que o observador conte com um auxiliar. Além disso, a presença do requisitante do cargo acompanhando o processo é muito bem-vinda.
- *Custos* — a dinâmica não é uma técnica das mais baratas; portanto, geralmente faz parte de fases mais avançadas do processo seletivo.

Outra técnica vivencial é a *dramatização*, também chamada de *role-playing* ou *representação de papéis*. Os objetivos podem ser iguais aos da dinâmica, mas a teoria subjacente e a metodologia são diferentes. Enquanto na dinâmica o objetivo é que a pessoa vivencie uma situação sendo ela mesma, na dramatização a pessoa é estimulada a assumir um papel específico (que pode até ter a ver com ela, mas que, como em uma peça de teatro, *não é ela*, é um personagem). Assim, por exemplo, a pessoa pode assumir o papel de gerente, funcionário, cliente...

Tanto a dinâmica de grupo quanto a dramatização também têm larga aplicação no treinamento e desenvolvimento, conforme veremos no próximo capítulo.

Investigação do histórico

Muitas organizações consideram útil investigar o histórico das pessoas que podem vir a ingressar em seus quadros, não apenas para certificar-se de suas qualidades profissionais, mas também para averiguar questões como honestidade e bom relacionamento interpessoal.

É bom deixar claro, porém, que quando falamos em investigar não estamos nos referindo a uma atividade detetivesca ou secreta. O candidato deve ser o primeiro a saber que será examinado. Assim, se o objetivo é obter *referências*, isto é, conversar com antigos superiores ou colegas, devemos pedir que o próprio candidato indique as pessoas com quem podemos falar.

Algumas ocupações — gerente de banco, por exemplo — exigem também o exame de documentos específicos, como o atestado de antecedentes criminais. Contudo, conforme já comentamos na primeira seção deste capítulo, a exigência de documentação precisa ser claramente justificável.

No Quadro 5.4, você encontra um resumo das técnicas de seleção que acabamos de descrever.

Quadro 5.4 Resumo das técnicas de seleção estudadas.

Entrevistas	{ estruturadas semiestruturadas não estruturadas	
	{ básicas comportamentais vivenciais	
Provas de conhecimento ou capacidade	{ orais escritas de realização	
	{ gerais específicas	
	{ tradicionais objetivas	
Testes psicológicos	{ *de inteligência* – ex.: WAIS-III, G-36, G-38, R-1, teste dos dominós D-48, teste dos relógios.	
	de aptidões – ex.: atenção concentrada (AC), baterias de testes.	
	de personalidade	*projetivos* – ex.: Rorschach, Zulliger, Wartegg, TAT, teste da árvore, teste da figura humana. *expressivos* – ex.: PMK, análises grafológicas. *objetivos* – ex.: inventários de personalidade (MMPI, MBTI, IFP, SHAL) e inventários de interesses profissionais.
Técnicas vivenciais	{ dinâmica de grupo dramatização	
Investigação do histórico	{ referências exame de documentos	

SAIU NA IMPRENSA

JOVENS ESBARRAM EM EXIGÊNCIAS

Desemprego é crescente entre novatos, que "travam" na falta de experiência e qualificação

CRISTIANE ALVES
COLABORAÇÃO PARA A FOLHA

Contrassenso. Para muitos jovens de 16 a 24 anos, não há palavra mais adequada que defina as dificuldades por eles enfrentadas ao tentar ingressar no mercado formal de trabalho.

A experiência como requisito em oposição à pouca idade dos candidatos e à escassez de vagas é o primeiro impedimento.

Acrescenta-se à lista a qualificação obrigatória em contraposição à baixa renda dos que procuram emprego justamente para ter como pagar os estudos.

"Eles [os empregadores] exigem muitos cursos e boa aparência", resume o estudante Lincoln de Souza Teixeira, 16.

Ansioso por sua estreia no ambiente profissional, Teixeira compõe o retrato típico dos que fazem parte das estatísticas do desemprego juvenil no Brasil.

Entre 1995 e 2005, de cada 100 jovens com idade para ingressar no mercado de trabalho, apenas 45 encontraram uma ocupação — os demais permaneceram desempregados.

Os números fazem parte da análise divulgada em fevereiro pelo professor da Unicamp (Universidade Estadual de Campinas) Marcio Pochmann.

No período, a taxa nacional de desemprego entre os jovens variou de 11,4%, em 1995, para 19,4% da PEA (População Economicamente Ativa), em 2005. Um incremento de 70% — bem superior aos 44% registrados para o restante da população.

A ineficácia de políticas públicas para o primeiro emprego ajuda a explicar esse cenário. Estimativa da DRT-SP (Delegacia Regional do Trabalho), por exemplo, demonstra que 40% das organizações ainda não cumprem a Lei do Aprendiz, sancionada em 2000. Pela lei, jovens com idade entre 14 e 24 anos devem representar de 5% a 15% dos funcionários de médias e grandes empresas. [...]

Agir por necessidade

A situação está difícil até para quem já acumula experiências profissionais no currículo.

É o que atesta o estudante Diego Fernandes Francisco, 20, que não consegue uma oportunidade mesmo tendo trabalhado por quase dois anos.

Enquanto procura um emprego, ele faz "bicos" como pedreiro e pintor. "É um trabalho pesado, mas não tem problema. Se não trabalho, fico sem comer", afirma Francisco, que vive com cinco pessoas e uma renda familiar de R$ 1.500.

Tanto Francisco como Teixeira compartilham da necessidade de seguir batalhando até encontrar uma oportunidade, não importa qual seja a função.

"Não paro para pensar nas dificuldades. Se fizer isso, ficarei revoltado. Tenho de agir, de me virar", comenta Teixeira.

Folha de S.Paulo, 25 mar. 2007.

Neste país de tantos contrastes, lemos duas matérias de jornal bem diferentes: a do capítulo anterior retratava jovens formados por universidades de ponta, que só aceitavam cargos promissores em grandes empresas; aqui, vemos jovens que ainda nem conseguiram entrar na faculdade porque não têm um emprego que lhes permita bancá-la — emprego que não conseguem por não ter experiência.

1. Imagine que você vá atuar no processo seletivo de aprendizes que serão treinados para o cargo de assistente administrativo em uma grande empresa, e o público-alvo são jovens de baixa renda como os descritos na reportagem. Como esses jovens não têm experiência profissional, quais critérios você levaria em conta na seleção?
2. Ao procurar um emprego mais qualificado, muitos jovens omitem em seu currículo experiências em trabalhos braçais como as de Francisco (pedreiro e pintor). O que você pensa a respeito? Se você fosse selecionador, como encararia esse tipo de experiência?
3. Na sua opinião, o que um jovem de baixa renda que ainda não conseguiu o primeiro emprego pode fazer para aumentar as suas chances?

NA ACADEMIA

- Para esta atividade, a turma será dividida em duplas. Um dos colegas será o candidato a emprego, e o outro, o selecionador.
- Se você for fazer o papel de candidato, primeiro procure na Internet orientações sobre como fazer um bom currículo. Se você já tem um currículo, revise-o, levando em conta as orientações encontradas; se não tem, aproveite para criar um.
- Em seguida, procure oportunidades de emprego em sites de consultorias ou em outras fontes de recrutamento. Quando encontrar algo que lhe interesse, levante o máximo de informações possível sobre a vaga e a organização. Copie essas informações (ou os links que levam a elas) em um arquivo à parte, pois você terá de enviá-las a seu colega de dupla.
- Uma das orientações sobre confecção de currículos que você deve ter encontrado é que o currículo precisa ser sempre adaptado a cada oportunidade específica. Faça, portanto, essa adaptação de acordo com a vaga que você selecionou.
- Repasse todas as informações sobre essa vaga e a empresa ao seu colega. Com base nessas informações e em pesquisas adicionais que julgar necessárias, ele vai delinear o perfil do cargo. Depois, vai seguir todos os procedimentos estudados neste capítulo para realizar uma entrevista com você, candidato àquela vaga.
- No dia e horário combinado, realizem a entrevista. O ideal é que isso seja feito em sala de aula, para que o professor acompanhe o trabalho. Se não houver tempo para que todas as duplas se apresentem, algumas podem apenas entregar o roteiro da entrevista.

Pontos importantes

- Uma seleção eficiente, capaz de contratar a pessoa certa para o cargo certo, evita uma série de custos diretos e indiretos. Além disso, evita problemas para a equipe, para o próprio profissional e até mesmo problemas com a Justiça, visto que seleções mal conduzidas podem ser alvo de questionamentos jurídicos.
- Um processo seletivo compõe-se das seguintes etapas: delienamento do perfil do cargo, triagem, seleção propriamente dita, encerramento do processo e avaliação do processo.
- Em relação à existência ou não de fases eliminatórias, o processo seletivo pode ser: de processos compensatórios (nenhuma fase eliminatória), de barreiras múltiplas (todas as fases eliminatórias) ou híbrido (algumas fases eliminatórias e outras não).
- As principais técnicas de seleção são: entrevistas; provas de conhecimento e capacidade; testes psicológicos; técnicas vivenciais; e investigação do histórico.
- A entrevista comportamental foca experiências do passado, que realmente aconteceram, enquanto a situacional propõe experiências hipotéticas.
- Os principais testes psicológicos são os de inteligência, os de aptidões e os de personalidade. Os de personalidade podem ser projetivos, expressivos ou objetivos.
- As principais técnicas vivenciais são as dinâmicas de grupo e a dramatização.

Referências

ANDRADE, Suely Gregori. *Teoria e prática de dinâmica de grupo*: jogos e exercícios. São Paulo: Casa do Psicólogo, 1999.

ARRUDA, Adriano (Org.). *A contratação, a demissão e a carreira dos executivos brasileiros.* Catho Online, 2009.

CHIAVENATO, Idalberto. *Recursos humanos*: o capital humano das organizações. 9. ed. Rio de Janeiro: Elsevier, 2009.

COELHO, Willyans. 12 perguntas essenciais numa entrevista de seleção. *RH.com.br*, 12 jan. 2009.

CRAIGHEAD, W. Edward; NEMEROFF, Charles B. *The Corsini encyclopedia of psychology and behavioral science.* v. 3. 3rd ed. New York: John Wiley and Sons, 2002.

Empresa não pode discriminar candidatos endividados. *UOL Empregos*, 18 jun. 2008.

FALCÃO, Juliana. Manual do entrevistador. *Empregos.com.br*, s/d.

FRANCO, Simon. Recrutamento e seleção: a hora da verdade. In: BOOG, Gustavo; BOOG, Magdalena (Coords.). *Manual de gestão de pessoas e equipes*: estratégias e tendências. v. 1. São Paulo: Gente, 2002.

GOMES, Adriana. Entrevista comportamental: revelação de perfil. Entrevista concedida a Patrícia Bispo. *RH.com.br*, 10 jul. 2006.

HANDLER, Charles; HUNT, Steve. Guidelines for the effective use of online pre-screening tools. *ere.net*, 28 ago. 2003.

MALKI, Yara. *Descortinando o teste psicológico e sua relação com a educação*: reflexões a partir da teoria crítica. São Paulo: Annablume, 2008.

McCOURT, Willy; ELDRIDGE, Derek. *Global human resource management*: managing people in developing and transitional countries. Cheltenham (UK): Edward Elgar, 2003.

MICHELETTI, Camila. A entrevista por telefone. *Empregos.com.br*. Acesso em 25 out. 2009.

MILKOVICH, George T.; BOUDREAU, John W. *Administração de recursos humanos*. 6. reimpr. Tradução de Reynaldo C. Marcondes. São Paulo: Atlas, 2008.

OLIVEIRA, Marco A. *E agora, José?*: guia para quem quer buscar emprego, mudar de trabalho, montar seu negócio ou repensar sua carreira. 3. ed. São Paulo: Ed. Senac, 1998.

PASQUALI, Luiz; AZEVEDO, Maria Mazzarello; GHESTI, Ivânia. *Inventário fatorial de personalidade*: manual técnico e de aplicação. São Paulo: Casa do Psicólogo, 1997.

PEDREIRA, Grace. Ética é como bondade: basta saber o que é. *Vencer*, ed. 83, ago. 2006.

PIERRY, Felipe. *Seleção por competências*: o processo de identificação de competências individuais para recrutamento, seleção e desenvolvimento pessoal. São Paulo: Vetor, 2006.

ROSSO, Fabrizio. *Gestão ou indigestão de pessoas?* Manual de sobrevivência para RH na área da saúde. São Paulo: Loyola, 2003.

SANTOS, Roberto. A personalidade do líder e a eficácia da organização. *Empregos.com.br*, s/d.

XAVIER, Ricardo de Almeida Prado. Evitando os custos invisíveis da contratação. *RHPortal.com.br*, jun. 2008.

PARTE IV
T&D E REMUNERAÇÃO

Os talentos certos já foram recrutados e selecionados e já estão nas posições mais adequadas da organização. Agora, nesta Parte IV, vamos estudar as práticas que fazem essa 'engrenagem' rodar, ou seja, que leva as pessoas a realizar seu potencial, produzindo mais e melhor e em equilíbrio com suas próprias aspirações.

Primeiro, no Capítulo 6, falaremos do aspecto mais humano desse processo: a motivação e o treinamento e desenvolvimento de pessoas. Em seguida, no Capítulo 7, estudaremos como administrar adequadamente cargos, salários e benefícios.

Capítulo 6

ADMINISTRAÇÃO DE PESSOAS

Neste capítulo, abordaremos as seguintes questões:
- O que é motivação e como ela se relaciona com o desempenho?
- O que dizem as três teorias clássicas da motivação: a teoria da hierarquia das necessidades, de Maslow, a teoria X e a teoria Y, de McGregor, e a teoria dos dois fatores, de Herzberg?
- O que dizem outras teorias sobre motivação?
- Como as teorias sobre motivação traduzem-se em práticas organizacionais?
- Qual a diferença entre treinamento e desenvolvimento?
- Como elaborar um programa efetivo de T&D?
- O que é *coaching*?

Introdução

Você sabe a diferença entre um funcionário engajado, um desengajado e um ativamente desengajado? Sergio Pais, da consultoria de recursos humanos Gallup, explica: "Se há um incêndio, o engajado chama o bombeiro, tenta apagar e alerta a todos. O desengajado faz a mesma ligação, mas pega suas coisas e vai embora. O ativamente desengajado joga o computador e vê se o fogo aumenta" (LOBATO, 2009). Agora observe a o gráfico a seguir, feito com base em uma pesquisa da mesma Gallup, conduzida em 2008 entre 1.004 profissionais brasileiros.

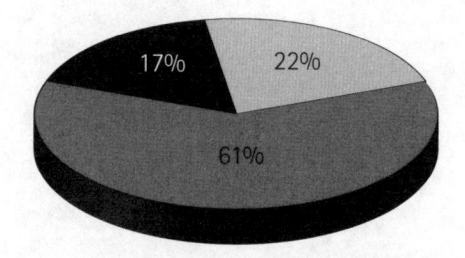

Na sua opinião, essa maioria de 61% representa que grupo: o dos engajados, o dos desengajados ou o dos ativamente desengajados? Acertou quem respondeu desengajados. E os ativamente desengajados não são poucos: nada menos que 17%. Apenas 22% são engajados.

Para os pesquisadores, a maior culpada é a própria organização. "É fácil colocar rótulos, mas as pessoas não são desengajadas, elas estão [nessa situação]", afirma Pais. Mas onde será que as empresas estão errando? O que fazer, afinal, para ter funcionários engajados, interessados na própria carreira e no futuro da empresa?

É justamente disso que vamos falar neste capítulo. Começaremos abordando um dos temas mais discutidos ao longo da história do RH: a motivação. Depois, na segunda seção, falaremos do treinamento e desenvolvimento, um dos caminhos que as organizações podem abrir para que os funcionários invistam em si mesmos – e, de quebra, elevem o capital humano da empresa.

Motivação

Conforme vimos no Capítulo 1, os estudos e teorias sobre motivação foram os primeiros frutos da aliança entre psicologia e administração, iniciada nos anos 1930 com os experimentos de Hawthorne e intensificada nas décadas seguintes. Até hoje a motivação é assunto popular não só entre pesquisadores, mas também entre pessoas comuns, que frequentam as estantes de autoajuda e lotam auditórios de palestras motivacionais.

Mas o que é exatamente motivação? Em sua obra *Comportamento organizacional*, Stephen P. Robbins (2005, p. 132) define *motivação* como "o processo responsável pela intensidade, direção e persistência dos esforços de uma pessoa para o alcance de uma determinada meta". Ressalte-se que tal meta não está necessariamente relacionada ao trabalho; a pessoa pode estar motivada para perder peso, concluir um curso ou juntar dinheiro, por exemplo. Seja como for, as metas são determinadas por uma necessidade, isto é, a pessoa sente-se necessitada de algo e, então, empenha seus esforços para suprir tal carência; por isso, a maioria das teorias da motivação discute as *necessidades* humanas.

A motivação sozinha, porém, não garante o alcance da meta. Por mais motivada que a pessoa esteja, seu desempenho ficará prejudicado se ela não tiver a capacidade física, técnica ou intelectual necessária para levar a cabo seu intento. Por isso, a maioria dos especialistas coloca a motivação como um elemento da seguinte equação:

> *Você observou que a pesquisa da Gallup fala em engajamento, não em motivação. Termo muito popular atualmente, o engajamento (ou comprometimento) refere-se à motivação focada especificamente no trabalho e no atingimento das metas organizacionais. Assim, um funcionário engajado é aquele que, além de estar satisfeito e motivado, conhece os objetivos da empresa e sabe como seu trabalho contribui para atingi-los.*

$$\text{Desempenho} = \text{Motivação} \times \text{Capacidade}$$

Teorias sobre motivação

Tendo visto uma conceituação básica da motivação, percorreremos agora um resumo das principais teorias sobre o tema. Primeiro, veremos as três mais tradicionais: a teoria da hierarquia das necessidades, de Abraham Maslow; a teoria X e a teoria Y, de Douglas McGregor; e a teoria de dois fatores, de Frederick Herzberg.

Apesar de já terem mais de meio século de vida, e apesar de terem recebido inúmeras críticas ao longo dos anos, essas teorias serviram e continuam servindo de base às reflexões sobre o tema, daí a necessidade de conhecê-las. Depois, veremos brevemente algumas outras teorias posteriores e mais específicas.

Teoria da hierarquia das necessidades

Criada na década de 1950 pelo psicólogo norte-americano Abraham Maslow, a *teoria da hierarquia das necessidades* é sem dúvida a mais conhecida das teorias sobre motivação. Nela, as necessidades humanas são organizadas em uma hierarquia, representada por uma pirâmide com cinco degraus, como se vê na Figura 6.1.

A teoria parte do princípio de que o ser humano busca primeiro satisfazer suas necessidades mais básicas. À medida que estas são atendidas, ele se sente novamente insatisfeito e então se preocupa com as necessidades do degrau seguinte.

Não é necessário, porém, que as necessidades de uma categoria estejam plenamente satisfeitas para que se busque as da seguinte. Uma pessoa que tenha, por exemplo, 80% de suas necessidades fisiológicas atendidas provavelmente já está preocupada em atender também às necessidades de segurança, e assim por diante.

Figura 6.1 A pirâmide das necessidades humanas, segundo Abraham Maslow.

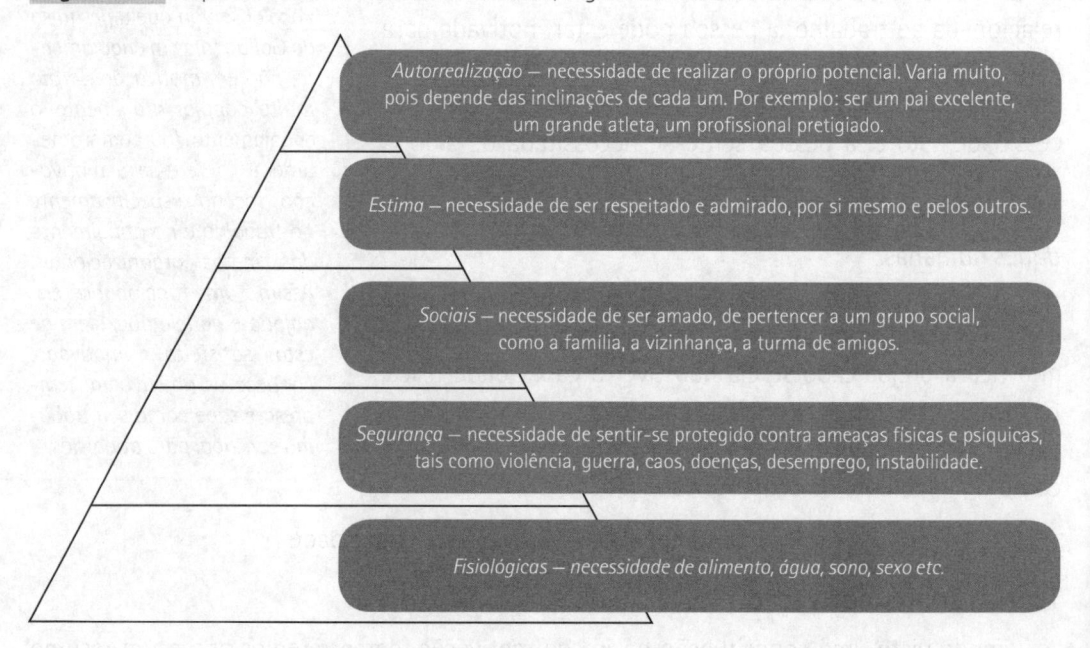

Autorrealização – necessidade de realizar o próprio potencial. Varia muito, pois depende das inclinações de cada um. Por exemplo: ser um pai excelente, um grande atleta, um profissional pretigiado.

Estima – necessidade de ser respeitado e admirado, por si mesmo e pelos outros.

Sociais – necessidade de ser amado, de pertencer a um grupo social, como a família, a vizinhança, a turma de amigos.

Segurança – necessidade de sentir-se protegido contra ameaças físicas e psíquicas, tais como violência, guerra, caos, doenças, desemprego, instabilidade.

Fisiológicas – necessidade de alimento, água, sono, sexo etc.

As necessidades correspondentes aos quatro primeiros degraus da pirâmide são chamadas de *inferiores* ou necessidades *de deficiência*. Isso porque representam carências irremediáveis do ser humano que, caso não supridas, limitam gravemente seu bem-estar físico e psíquico. Apenas a última categoria, a da autorrealização, é considerada uma necessidade *superior* ou *de crescimento*. "Os autorrealizados não têm deficiências graves a remediar, por isso estão livres para crescer, para o amadurecimento e o desenvolvimento", afirma Maslow (1991, p. 242).

Elaborada para ser aplicada em psicoterapia, a teoria da hierarquia das necessidades ganhou ampla popularidade no meio organizacional graças ao psicólogo Douglas McGregor, que a partir dela idealizou uma famosa dicotomia: a teoria X e a teoria Y.

Teoria X e teoria Y

A dialética das teorias X e Y, concebida por Douglas McGregor, não é propriamente uma teoria da motivação, mas sim um modelo de administração de recursos humanos baseado na motivação. No livro *O lado humano da empresa*, de 1960, McGregor afirmava que, até então, as teorias administrativas e a prática dos empresários haviam abordado a gestão dos recursos humanos segundo um conjunto de princípios que ele batizou de *teoria X*. No entanto, as descobertas recentes da psicologia e da sociologia permitiam lançar as bases para uma nova maneira de pensar o RH – a chamada *teoria Y*.

No Quadro 6.1, vemos quais são as principais premissas de cada uma dessas teorias, de acordo com McGregor.

Quadro 6.1 Principais premissas das teorias X e Y, segundo Douglas McGregor (2006).

Premissas da teoria X	1. O ser humano médio tem natural aversão pelo trabalho e tentará evitá-lo sempre que puder. 2. Como não gostam de trabalhar, as pessoas geralmente precisam ser coagidas, controladas, dirigidas e ameaçadas para que se dediquem ao alcance dos objetivos organizacionais. 3. O ser humano médio prefere ser dirigido, evita a responsabilidade, tem ambições relativamente pequenas e busca a segurança acima de tudo.
Premissas da teoria Y	1. O ser humano médio não tem aversão natural pelo trabalho; tudo depende das circunstâncias – o trabalho pode ser tanto fonte de satisfação (e nesse caso será voluntariamente executado), quanto fonte de sofrimento (e nesse caso, sim, será evitado). 2. A pessoa que estiver comprometida demonstrará autodirecionamento e autocontrole rumo ao cumprimento das metas. 3. O comprometimento com as metas depende das recompensas associadas ao seu atingimento, sendo que as recompensas mais significativas geralmente estão ligadas à autorrealização. 4. O ser humano pode aprender não apenas a aceitar, mas também a buscar a responsabilidade. A aversão à responsabilidade, a falta de ambições e a ênfase na segurança são geralmente consequência de experiências passadas, e não características inatas do ser humano.

Como se observa, a teoria X pressupõe que as necessidades inferiores da pirâmide de Maslow são as preponderantes para a maioria das pessoas. O símbolo máximo dessa teoria é um desenho em que um patrão segura um chicote e, na outra mão, uma vara de pescar com uma cenoura na ponta; na frente vai o empregado, buscando sofregamente a cenoura e levando chicotadas quando diminui o ritmo. A cenoura representa a luta do ser humano para saciar sua fome (primeiro degrau da pirâmide), enquanto o chicote simboliza seu medo da instabilidade (segundo degrau da pirâmide), que, nesse caso, pode assumir a forma de demissão ou punições.

A teoria Y rompia com essa maneira de pensar, pois pregava que são as necessidades superiores, em especial a autorrealização, as mais importantes para a maioria das pessoas. Logo, se uma organização tem funcionários preguiçosos e sem iniciativa, a culpa não é deles, e sim da organização, que subestima sua capacidade.

O livro de McGregor fez um sucesso avassalador e se tornou uma verdadeira bíblia para muitos administradores na década de 1960. Entre suas propostas inovadoras estavam uma administração mais participativa, a revitalização do plano Scanlon (um antigo programa de participação nos lucros criado na década de 1930 por Joseph Scanlon) e um novo relacionamento entre os órgãos de linha e de *staff*, em que estes não seriam mais meros agentes de controle e fiscalização daqueles, mas sim seus assessores e consultores – visão que, conforme vimos no Capítulo 1, prevalece até hoje. McGregor também sugeria programas de treinamento em liderança, e eles logo se tornaram uma febre nas empresas ocidentais.

Contudo, a imensa repercussão que a obra de McGregor atingiu acabou gerando exageros e distorções. Em nenhum momento o autor havia dito que a teoria Y era isenta de problemas, nem que sua implantação seria fácil. Inclusive, no livro *The professional manager* — uma continuação de *O lado humano da empresa* publicada após sua morte –, McGregor salienta que colocar em prática a teoria Y exige um tremendo esforço tanto por parte dos administradores quanto dos funcionários.

O próprio Maslow, embora aprovasse o trabalho de McGregor, via falhas na teoria Y. A principal, para ele, era que a teoria errava ao imaginar que boa parte das pessoas era capaz de assumir responsabilidades e manter a autodisciplina. Segundo Maslow, muitos trabalhadores precisam, sim, de uma mão forte para dirigi-los. Autonomia para essas pessoas não é sinônimo de satisfação, e sim de uma pressão insuportável.

Teoria dos dois fatores

Frederick Herzberg foi contemporâneo de Douglas McGregor e, assim como ele, um importante nome da abordagem comportamental à administração, sobre a qual falamos no primeiro capítulo deste livro. Em 1959, Herzberg apresentou sua *teoria dos dois fatores* no livro *The motivation to work*, escrito com colegas. Diferentemente das teorias de Maslow e de McGregor, a de Herzberg fora elaborada a partir de pesquisas empíricas: ele e sua equipe entrevistaram 200 engenheiros e contabilistas de diferentes empresas em Pittsburgh, na Pensilvânia. Primeiro eles pediam que o entrevistado descrevesse situações nas quais havia se sentido extremamente *bem* em seu trabalho e, depois, situações nas quais havia se sentido extremamente *mal*.

A conclusão mais surpreendente do estudo é que os eventos que levam à satisfação são diferentes dos que levam à insatisfação. Até então, era senso comum pensar que o oposto da insatisfação era a satisfação; por exemplo, um ambiente de trabalho sujo deixaria o funcionário insatisfeito, enquanto um ambiente limpo o deixaria satisfeito. Baseado em suas análises, Herzberg afirmava que as coisas não eram bem assim: um ambiente sujo deixava o funcionário insatisfeito, mas um ambiente limpo não o deixava satisfeito; deixava-o apenas neutro, sem o sentimento de desagrado. Desse modo, se os administradores resolvessem os problemas que causam insatisfação, poderiam ter uma equipe apaziguada, mas não necessariamente satisfeita — a menos que investissem *também* nos fatores de satisfação.

Na interpretação de Herzberg, os fatores que geravam insatisfação estavam relacionados às necessidades mais básicas do ser humano, como saciar a fome e proteger-se de ameaças externas. Um emprego que não atendesse tais necessidades — por oferecer um salário baixo demais ou promover um permanente clima de medo, por exemplo — seria insatisfatório.

Os fatores que levavam à satisfação, por sua vez, estavam relacionados às necessidades superiores do ser humano, ao seu desejo de vencer desafios e, assim, alcançar o crescimento psicológico. Um emprego que satisfizesse tais necessidades superiores, aí sim, seria satisfatório.

Por estarem relacionados às condições de trabalho, e não ao trabalho em si, e por não serem capazes sozinhos de promover a motivação, os fatores de insatisfação foram chamados de *fatores de higiene*. Por outro lado, aqueles que levavam à satisfação foram chamados de *fatores de motivação*. Devido a essa nomenclatura, a teoria de Herzberg também é chamada de *teoria da higiene-motivação*. Os fatores higiênicos e de motivação são apresentados no Quadro 6.2, por ordem de importância.

A fim de sugerir um modelo de gestão dos recursos humanos condizente com as suas descobertas, Herzberg criou um conceito que se tornaria muito famoso: o de *enriquecimento de cargos* (*job enrichment*), prática que consiste em associar às tarefas comuns do trabalhador outras mais nobres, desafiadoras e significativas. O enriquecimento de cargos foi uma das primeiras tentativas concretas, nos Estados Unidos, de abandonar o paradigma taylorista-fordista em favor de modos de organização do trabalho mais participativos e cooperativos.

Contudo, embora representassem um avanço para as empresas norte-americanas, esses novos arranjos se revelariam tímidos quando comparados aos já existentes no Japão e em alguns países da Europa, conforme estudamos no Capítulo 1. Segundo alguns críticos, o enriquecimento de cargos dava apenas uma falsa sensação de autonomia, visto que o funcionário não tinha escolha na hora de aceitar ou não as tarefas "mais nobres", nem na hora de selecioná-las.

Outras teorias sobre motivação

Depois das teorias clássicas de Maslow, McGregor e Herzberg, inúmeras outras surgiram ao longo das décadas seguintes. Enquanto algumas refinavam as anteriores, outras propunham vieses inteiramente novos. Aqui, selecionamos algumas por sua importância e originalidade: a teoria das necessidades adquiridas, de David McClelland; a teoria ERG, de Clayton Alderfer; a teoria da equidade, de J. Stacy Adams; a teoria da expectativa, de Victor Vroom; e, por fim, a teoria do estabelecimento de metas, sistematizada por Gary P. Latham e Edwin A. Locke.

Quadro 6.2 Os fatores de higiene (associados à insatisfação) e os fatores de motivação (associados à satisfação), segundo a teoria dos dois fatores de Frederick Herzberg.

Fatores de higiene (associados à insatisfação no trabalho)	Fatores de motivação (associados à satisfação no trabalho)
■ Políticas e administração da empresa ■ Supervisão ■ Relacionamento com o supervisor ■ Condições de trabalho ■ Salário ■ Relacionamento com colegas ■ Vida pessoal ■ Relacionamento com subordinados ■ *Status* ■ Segurança	■ Realização ■ Reconhecimento ■ O trabalho em si ■ Responsabilidade ■ Progresso ■ Crescimento

Teoria das necessidades adquiridas

Lembra-se do teste de apercepção temática (TAT), um dos testes projetivos usados em seleção que comentamos no capítulo anterior? O TAT é aquele em que o psicólogo mostra ao examinado uma sequência de figuras e, a partir delas, a pessoa conta uma história. No fim dos anos 1940, David McClelland e seus colegas eram alguns dos inúmeros psicólogos que aplicavam esse teste nos Estados Unidos. Até que eles começaram a perceber algumas ocorrências curiosas: se o examinado estava faminto, tendia a criar histórias que envolviam alimentos. Quanto mais faminta estivesse a pessoa, mais os alimentos se sobrepunham a qualquer outro elemento da narrativa.

Os psicólogos passaram, então, a examinar variáveis menos óbvias e confirmaram a tendência: quanto mais a pessoa tinha necessidade de alguma coisa, mais essa coisa aparecia nos seus relatos. A primeira necessidade identificada por McClelland e seus colegas foi a de realização, por isso sua teoria às vezes é chamada de *teoria da necessidade de realização*. Pessoas com essa necessidade viam nas figuras situações em que havia a possibilidade de superar algum desafio — situações que passavam despercebidas por outras pessoas.

McClelland logo percebeu o potencial de sua teoria para o mundo organizacional e chegou, inclusive, a fundar uma consultoria. Os empresários precisavam entender que pessoas com necessidade de realização eram muito mais motivadas por desafios do que por dinheiro. Contudo, o psicólogo percebeu também que esse não era o único perfil dentro das empresas e, assim, acrescentou à sua teoria outros dois tipos de necessidade: de poder e associação. Em resumo, a teoria de McClelland ficou com a forma que apresentamos no Quadro 6.3.

Um diferencial da teoria de McClelland é que, como diz o nome, ela não considera as necessidades como características inatas, e sim como características *adquiridas* ao longo da vida. Isso tem implicações importantes para a organização, porque ela pode ajudar os funcionários a contrabalançar suas inclinações. Por exemplo: um programa adequado de treinamento pode ajudar uma pessoa com alta necessidade de associação a ser mais assertiva.

Teoria ERG

Douglas McGregor não foi o único a aperfeiçoar a teoria de Abraham Maslow com vistas à aplicação no contexto organizacional. Em 1969, o psicólogo Clayton Alderfer apresentou uma nova teoria das necessidades humanas mais flexível e mais facilmente aplicável à prática das empresas.

A primeira mudança na teoria de Maslow que Alderfer fez foi condensar os cinco degraus da pirâmide em apenas três, conforme mostra a Figura 6.2. A teoria ERG deve seu nome, portanto, a estas três necessidades restantes: existência, relacionamento e crescimento (*growth*).

Quadro 6.3 Os três tipos de necessidade, de acordo com a teoria de David McClelland.

Tipo de necessidade	Como são as pessoas com um alto grau dessa necessidade	Como se dão bem no trabalho
Necessidade de realização	<ul><li>Preferem situações em que o sucesso depende do seu próprio esforço e capacidade, e não do acaso.</li><li>Gostam de assumir pessoalmente a responsabilidade por uma tarefa e também de ficar com o crédito por sua realização. Tendem, assim, a ser centralizadoras e individualistas.</li><li>Preferem situações de risco moderado – isto é, o desafio é excitante o suficiente para ser perseguido, mas não grande demais a ponto de se tornar intransponível.</li><li>Gostam de receber um *feedback* claro por seus esforços e trabalham melhor após o *feedback*.</li></ul>	<ul><li>Em cargos nas quais as metas a serem atingidas são desafiadoras e individuais – a área de vendas é o caso típico.</li><li>Muitas empresas promovem excelentes vendedores a gerentes e, na nova posição, eles se revelam um fracasso. Motivo: eles têm alta necessidade de realização, mas baixa necessidade de poder.</li></ul>
Necessidade de poder	<ul><li>Sentem-se satisfeitas quando conseguem influenciar os outros.</li><li>Existem dois tipos de necessidade de poder: social e pessoal. Pessoas com necessidade de *poder social* usam sua influência para alcançar um objetivo comum. Ficam felizes ao ver que, graças à sua atuação, os outros realizaram seu potencial e foram bem-sucedidos.</li><li>Já pessoas com necessidade de *poder pessoal* usam sua influência para satisfazer desejos individuais. Em casos extremos podem se tornar destrutivas, subjugando e humilhando os demais.</li></ul>	<ul><li>Pessoas com esse tipo de necessidade são líderes natas. Pesquisas posteriores demonstraram que os melhores executivos têm alta necessidade de poder e baixa necessidade de associação (WINTER, 2002).</li><li>Obviamente, os melhores líderes são os que têm necessidade de poder social, não pessoal.</li></ul>
Necessidade de associação	<ul><li>Sentem-se satisfeitas quando são aceitas pelo grupo.</li><li>Gostam de manter relacionamentos amigáveis e calorosos.</li><li>Preferem a cooperação à competição.</li><li>Podem se tornar corruptas, pois tendem a privilegiar seus amigos dentro da organização.</li></ul>	<ul><li>São indicadas para postos em que o relacionamento interpessoal é importante, como no atendimento ao cliente ou na área de RH.</li><li>Raramente se dão bem como líderes, exceto quando o líder deve ter um papel mais integrador do que condutor.</li></ul>

Figura 6.2 Comparação entre a pirâmide de Maslow e a nova escala de necessidades proposta por Alderfer (teoria ERG).

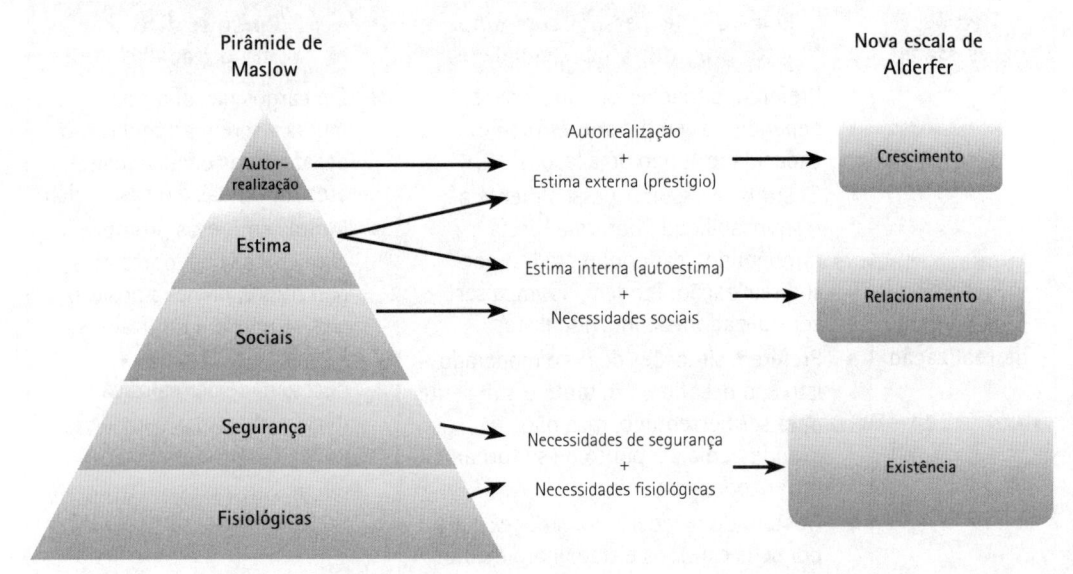

Pirâmide de Maslow:
- Autorrealização
- Estima
- Sociais
- Segurança
- Fisiológicas

Nova escala de Alderfer:
- Crescimento ← Autorrealização + Estima externa (prestígio)
- Relacionamento ← Estima interna (autoestima) + Necessidades sociais
- Existência ← Necessidades de segurança + Necessidades fisiológicas

Além disso, Alderfer estabeleceu três pontos de divergência em relação à teoria de Maslow:

- Diferentemente de Maslow, Alderfer não achava que pudesse haver uma única teoria das necessidades válida para toda a humanidade. Ele admitia que, para algumas pessoas e algumas culturas, a prioridade das necessidades poderia ser diferente. Sua escala seria, portanto, apenas uma referência para os gestores, e não uma regra absoluta.
- Outra divergência importante é que, ao contrário de Maslow, Alderfer achava que a pessoa poderia estar simultaneamente motivada por mais de uma necessidade. Assim, um líder teria mais chances de motivar sua equipe se apelasse para várias de suas necessidades ao mesmo tempo.
- Por fim, a teoria ERG afirmava que, quando uma necessidade de nível superior não é satisfeita, a pessoa pode voltar a se sentir motivada por uma necessidade de nível inferior, em um ciclo que foi chamado de *frustração-regressão*. Assim, no ambiente organizacional, os funcionários que não têm oportunidade de crescimento podem 'regredir' e concentrar todos os esforços na satisfação de necessidades inferiores, lutando por salários mais altos ou mais estabilidade, mesmo que já estejam em uma situação confortável quanto a esses aspectos.

Por não prever uma separação rígida entre uma categoria de necessidade e outra — sugerindo inclusive que a pessoa pode "voltar atrás" —, a escala de necessidades de Alderfer é normalmente representada por um *continuum*, e não por uma pirâmide, como a hierarquia de Maslow.

Teoria da equidade

João e Francisco trabalham nas Indústrias Ltda. Ambos são profissionais experientes, com excelente formação e altamente dedicados à empresa. A remuneração e os benefícios que recebem estão abaixo da média de mercado, mas nenhum dos dois parece se importar muito com isso.

Um dia, a Indústrias Ltda. é comprada por uma grande multinacional. É instituído um novo plano de cargos e salários, e João e Francisco recebem um substancial aumento. Ficam radiantes. Agora têm o emprego de seus sonhos.

Mas a nova organização também fez algumas contratações e, certo dia, conversando com um funcionário novato, João e Francisco descobrem que o garoto tem bem menos qualificações do que eles, não está nem aí com os interesses da empresa... mas mesmo assim ganha quase o dobro do salário deles. Inconformados, os veteranos nunca mais se dedicam como antes. Alguns meses depois, pedem demissão.

O que explica este aparente paradoxo: quando ganhavam mal, João e Francisco estavam motivados, mas depois, mesmo recebendo mais, perderam totalmente a 'gana' de trabalhar? A *teoria da equidade*, proposta pelo psicólogo John Stacey Adams no início dos anos 1960, pode dar algumas pistas.

Segundo essa teoria, a motivação depende da percepção que a pessoa tem sobre a relação entre as entradas (*inputs*) que ela coloca no trabalho e os resultados (*outcomes*) que obtém, e tal percepção, por sua vez, depende de como ela compara sua relação entradas/resultados com a relação entradas/resultados dos outros. A Figura 6.3 ilustra tal ideia.

Figura 6.3 Comparação entre a relação entradas/resultados própria e alheia, segundo a teoria da equidade de Adams.

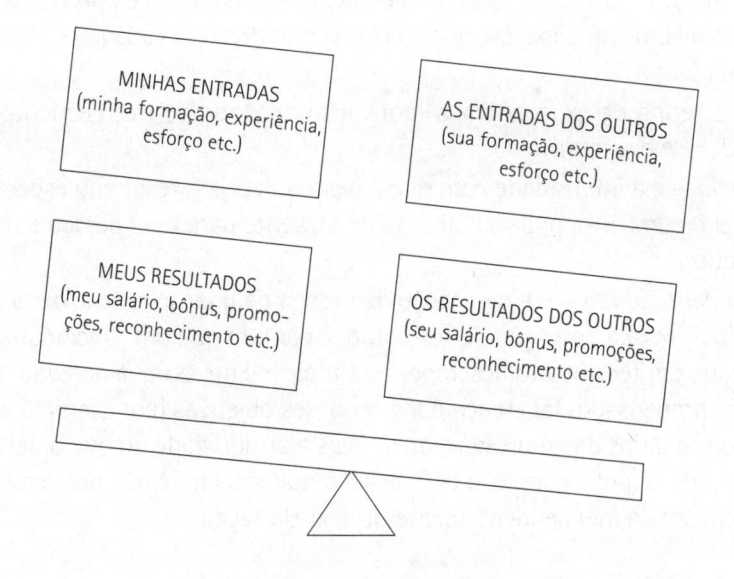

MINHAS ENTRADAS
(minha formação, experiência, esforço etc.)

AS ENTRADAS DOS OUTROS
(sua formação, experiência, esforço etc.)

MEUS RESULTADOS
(meu salário, bônus, promoções, reconhecimento etc.)

OS RESULTADOS DOS OUTROS
(seu salário, bônus, promoções, reconhecimento etc.)

Desse modo, quando ganhava mal, João sentia que a relação entre suas entradas e resultados era semelhante à de Francisco, e vice-versa. Os dois percebiam uma situação de *equidade* e, por isso, sentiam-se satisfeitos. Quando receberam o aumento, a satisfação foi ainda maior. Contudo, quando encontraram o funcionário novato e descobriram que sua relação entradas/resultados era diferente da deles (leia-se, melhor), perceberam uma *inequidade* e, assim, ficaram insatisfeitos.

A teoria de Adams estabelece as seguintes premissas:

- a pessoa define se há ou não inequidade de acordo com sua percepção da relação entradas/resultados — percepção essa que pode ou não corresponder à realidade;
- uma relação de altas entradas e baixos resultados não é percebida como iníqua — desde que a dos colegas seja igual (como ocorria no caso de João e Francisco);
- a percepção de iniquidade pode ser para mais ou para menos — ou seja, a pessoa pode sentir que está sendo pouco recompensada, mas também excessivamente recompensada.

Segundo a teoria, a percepção de uma iniquidade gera uma tensão dentro da pessoa, que procurará (conscientemente ou não) eliminá-la ou reduzi-la. Para tanto, a pessoa usará um destes expedientes: a) alterar suas entradas (trabalhando menos, por exemplo); b) alterar seus resultados (pedindo um aumento ou promoção); c) mudar o objeto de comparação (achando outra pessoa na organização mais próxima dos seus parâmetros); d) abandonar o campo de batalha (pedindo transferência ou demissão); e) ou, ainda, distorcer cognitivamente a comparação (dizendo a si mesma que o outro ganha bem, mas em compensação seu trabalho é chatíssimo, por exemplo).

Teoria da expectativa

Desenvolvida na década de 1960 por Victor Vroom, a *teoria da expectativa* é até hoje considerada uma das mais coerentes e completas. Seu diferencial é apresentar a motivação como resultado de um complexo processo, envolvendo diversas variáveis e diferindo de pessoa para pessoa.

Segundo a teoria da expectativa, a motivação depende de três elementos — valência, instrumentalidade e expectativa:

- *Valência* — é a intensidade com que a pessoa deseja o resultado esperado. A mesma recompensa pode ser altamente atraente para uma pessoa e muito pouco para outra.
- *Instrumentalidade* — é a percepção da pessoa de quanto suas ações vão realmente contribuir para a obtenção do resultado. É comum que um funcionário não se preocupe em ter um alto desempenho simplesmente porque acredita que isso não será recompensado. Tal crença pode ter bases objetivas (por exemplo, o plano de cargos e salários da empresa valoriza mais a antiguidade do que o desempenho) ou subjetivas (por exemplo, a pessoa acha que seu chefe não gosta dela e não vai recompensá-la independentemente do que ela faça).

- *Expectativa* – é a percepção da pessoa de que vai ou não conseguir ter o desempenho necessário para obter o resultado. Na hora de estabelecer recompensas, a organização precisa levar em conta a capacidade dos funcionários de atingirem as metas, a percepção que eles têm sobre a própria capacidade (sua autoconfiança) e os auxílios que vão necessitar para atingi-las, como treinamentos, recursos financeiros ou mais pessoas na equipe.

Nessa teoria, a motivação é o resultado da multiplicação entre valência, instrumentalidade e expectativa. Em outras palavras, quanto mais uma pessoa atribuir um valor positivo ao resultado esperado, quanto mais ela acreditar que seu desempenho vai contribuir para o alcance desse resultado e quanto mais ela se acreditar capaz de ter o desempenho necessário para isso, mais motivada ela estará.

Teoria do estabelecimento de metas

Ao longo das décadas de 1960 e 1970, alguns psicólogos começaram a investigar a relação entre motivação e fixação de objetivos. Os que mais se destacaram nesse campo foram Gary P. Latham e Edwin A. Locke, responsáveis por sistematizar a *teoria do estabelecimento de metas*.

Essa teoria contrapõe-se a outras que consideram a motivação como um resultado de forças inconscientes, como as teorias das necessidades de Maslow, McClelland e Alderfer. Para a teoria do estabelecimento de metas, a motivação é a aplicação deliberada de esforços com vistas ao alcance de um objetivo consciente.

Segundo Latham e Locke, se observarmos profissionais com níveis semelhantes de conhecimento e habilidade, perceberemos que alguns realizam a mesma tarefa melhor do que outros. Para os autores, essa diferença ocorre porque as pessoas possuem diferentes metas de desempenho.

Assim, a fim de obter o melhor desempenho de suas equipes, as organizações devem seguir um método bem planejado de estabelecimento de metas. Embora os métodos nesse sentido possam variar muito, para serem bem-sucedidos devem conter, no mínimo, os seguintes elementos:

- *Metas difíceis* – quanto mais difícil a meta, melhor o desempenho. Isso ocorre porque as pessoas ajustam seus esforços à dificuldade da tarefa. Mas é preciso bom senso: a meta tem de ser atingível e adequada à capacidade do funcionário.
- *Metas específicas* – elas são mais eficazes que metas vagas, do tipo "Faça o seu melhor".
- *Metas aceitas pelos funcionários* – essa aceitação pode ser conseguida: a) pela *autoridade do líder*, quando este é visto como confiável, dedicado e capaz; b) pela *influência dos colegas*, quando a meta é estabelecida para a equipe toda; c) por *recompensas e incentivos*, que podem ir desde um aumento no salário até troféus; d) pela *autoeficácia*, isto é, a confiança que a pessoa deposita em sua capacidade de cumprir a meta (equivale ao conceito de *expectativa* na teoria de Vroom).

- *Feedback* — o *feedback* deve ser fornecido ao longo de todo o caminho até o alcance da meta. A pessoa precisa saber se está conseguindo cumprir as etapas intermediárias até o resultado final ou se algo precisa ser melhorado.

Além desses quatro elementos imprescindíveis para um bom programa de metas, Latham e Locke incluíram três elementos de apoio: a) boas fontes de informação para o estabelecimento de metas (a análise do desempenho passado, por exemplo); b) estratégias para enfrentar a resistência ao estabelecimento das metas; e) políticas de apoio, incluindo comunicação, treinamento, recursos financeiros etc.

A Figura 6.4 ilustra a relação entre os elementos-chave e os elementos de apoio para um bom programa de estabelecimento de metas.

As teorias da motivação na prática

Acabamos de analisar nada menos do que oito teorias diferentes sobre motivação. E ainda deixamos de incluir várias outras, que ultrapassariam o escopo deste livro.

Diante disso, é inevitável se perguntar: como esse mosaico de estudos acadêmicos pode contribuir para o dia a dia das empresas? Como integrar teorias tão diferentes e até mesmo contraditórias — por exemplo, para alguns estudiosos, o que motiva as pessoas é algo inconsciente e imutável (Maslow), enquanto para outros é algo inconsciente, porém mu-

Figura 6.4 Elementos-chave e elementos de apoio para um bom programa de estabelecimento de metas.

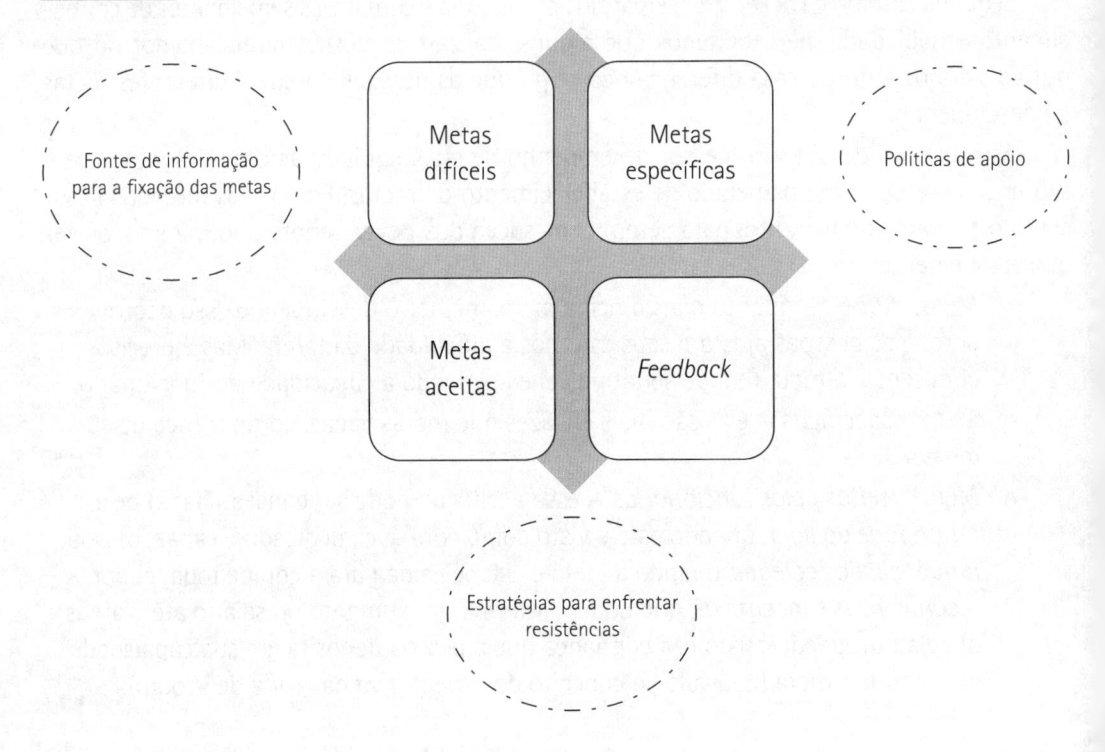

tável (McClelland), e para outros, ainda, é algo consciente e mutável (Latham e Locke)? E os desafios: são algo que realmente todo mundo busca, como sugerem as teorias Y e a do estabelecimento de metas? Ou há pessoas que preferem um trabalho rotineiro e previsível? Será que o reconhecimento é realmente mais motivador que um bom salário, como sugere a maioria das teorias?

Na visão mais aceita atualmente, a organização que souber integrar melhor diferentes políticas, capazes de atingir a variada gama de pessoas que a compõem e suas diversas características de personalidade, será aquela com a equipe mais motivada. Nesse sentido, Robbins (2005, p. 160-183) enumera várias políticas de motivação que as empresas podem adotar:

1. *Administração por objetivos (ou gestão por resultados)* — no Capítulo 2, explicamos detalhadamente como funciona esse modelo de gestão. Ele foi delineado por Peter Drucker e coincide, em grande medida, com as premissas da teoria Y e da teoria do estabelecimento de metas, segundo as quais a autonomia, a fixação de objetivos e o *feedback* são poderosos agentes motivadores. Apesar das dificuldades de sua implantação, a APO continua sendo bastante utilizada.
2. *Programas de reconhecimento* — são todos os programas que visam reconhecer, de modo não material, o bom trabalho dos funcionários. Podem assumir as mais variadas formas, desde um simples "muito obrigado", dado pelo superior, até programas formalizados, como os quadros de "funcionário do mês" ou prêmios e troféus anuais.
3. *Programas de envolvimento* — incluem:
   - *gestão participativa:* os funcionários participam diretamente da tomada de decisões;
   - *participação por representação:* os funcionários formam comitês e, assim, são representados por colegas durante os processos de tomada de decisão;
   - *círculos de qualidade:* modelo herdado do sistema japonês e do qual já falamos no Capítulo 1, consiste em reuniões regulares de pessoas que trabalham na mesma área e buscam, juntas, soluções para melhorar a produtividade e o desempenho;
   - *plano de participação acionária:* como parte de um pacote de benefícios, os funcionários têm a opção de comprar ações da empresa, normalmente a preços abaixo do mercado.
4. *Esquemas flexíveis* — buscam tornar a rotina mais interessante e adaptada às necessidades pessoais do funcionário. Podem assumir a forma de:
   - *rodízio de tarefas* (job rotation) — esse sistema de origem japonesa, do qual também já falamos no Capítulo 1, consiste em alternar regularmente as tarefas, de maneira que o funcionário conheça todo o processo produtivo e, ao mesmo tempo, evite o tédio gerado pela rotina;

- *enriquecimento de cargos:* conforme já dissemos, essa prática foi proposta por Frederick Herzberg e tornou-se popular algumas décadas atrás; hoje, porém, é considerada tímida e pouco eficaz;
- *horário flexível:* essa, sim, é uma prática que ganha mais adeptos a cada dia, pois permite que os funcionários conciliem melhor a vida pessoal com a profissional; contudo, ela encontra um grande empecilho na retrógrada legislação trabalhista brasileira, sendo poucos os acordos nesse sentido reconhecidos por nossos tribunais;
- *emprego compartilhado:* esse arranjo, proibido pela legislação brasileira mas usual em países como Estados Unidos e Japão, permite que duas pessoas dividam entre si um emprego tradicional de 40 horas semanais — uma delas pode trabalhar pela manhã e a outra à tarde, ou ambas podem trabalhar o dia todo, mas em dias alternados;
- *teletrabalho (ou trabalho remoto):* a pessoa trabalha na sua casa, com grande dose de autonomia e flexibilidade de horários; embora venha se tornando muito comum no Brasil, esse arranjo ainda carece de regulamentação.

5. Programas de remuneração variável — o mais comum é o *programa de participação nos lucros ou resultados* (*PLR*), que distribui a todos os funcionários um bônus vinculado a índices gerais de lucratividade ou desempenho. Comuns em outros países, os *programas de remuneração variável vinculados ao desempenho individual* são de difícil implantação no Brasil, pois esbarram no princípio constitucional da isonomia (igualdade) salarial. Apenas as comissões sobre vendas e as gorjetas são explicitamente permitidas, mas obviamente seu campo de aplicação é muito restrito. No próximo capítulo, discutiremos com mais detalhes a remuneração variável.

6. *Benefícios flexíveis* — é um sistema em que o funcionário pode optar entre um menu de benefícios, segundo suas preferências e necessidades. Falaremos mais sobre isso no próximo capítulo.

> Para saber mais sobre motivação, leia:
> BERGAMINI, Cecília Whitaker. Motivação nas organizações. São Paulo: Atlas, 1997.
> LÉVY-LEBOYER, Claude. A crise das motivações. São Paulo: Atlas, 1994.

Treinamento e desenvolvimento

O primeiro efeito dos programas de treinamento e desenvolvimento (T&D) na equação do desempenho é evidente: eles elevam a capacidade do funcionário. Mas isso não é tudo; o T&D também é capaz de mexer na outra parte da equação, a da motivação.

Isso ocorre por vários motivos. Em primeiro lugar, o T&D é uma forma de a empresa reconhecer o valor das pessoas, na medida em que demonstra interesse em investir nelas. Em segundo lugar, o T&D também representa um desafio e uma saudável quebra na rotina. Por fim, os programas de T&D podem estar articulados a outras iniciativas, como o estabelecimento de metas ou planos de recompensas, contribuindo, assim, para integrar as estratégias de motivação e retenção.

Vamos começar nossa discussão sobre essa importante parte da administração de RH com uma dúvida comum: qual a diferença entre treinamento e desenvolvimento? Alguns autores apresentam outros pontos de vista, mas, de modo geral, as diferenças são as indicadas no Quadro 6.4.

Como se percebe pelo quadro, o T&D é uma dança de dois passos que devem estar bem sincronizados. Se a empresa não tiver um plano de desenvolvimento para o longo prazo, corre o risco de estar sempre "apagando incêndios", com ações meramente corretivas e desarticuladas. Por outro lado, é impossível dissociar desenvolvimento de treinamento, visto que, ao participar de programas isolados de treinamento, a pessoa também está caminhando rumo a seu crescimento integral.

Neste capítulo, veremos o passo a passo para elaborar cada projeto de treinamento. Em um tópico final, definiremos outros dois importantes conceitos relacionados ao T&D: universidade corporativa e *coaching*.

A nomenclatura que estamos empregando aqui para as etapas do processo de treinamento foi extraída da norma ISO 10015: Gestão da qualidade – diretrizes para treinamento. As normas da série ISO 10000 foram elaboradas para dar apoio às conhecidas normas ISO 9000, utilizadas na implantação de sistemas de gestão da qualidade.

Como elaborar um projeto de treinamento

A elaboração de um projeto de treinamento eficiente contempla as seguintes etapas: a) identificação das necessidades de treinamento; b) planejamento e programação do treinamento; c) execução do treinamento; e d) avaliação dos resultados do treinamento. Vejamos cada uma delas separadamente.

Quadro 6.4 Diferenças entre treinamento e desenvolvimento.

Treinamento	Desenvolvimento
■ Visa suprir carências específicas de um funcionário para o desempenho de seu cargo.	■ Visa ao crescimento integral da pessoa, de maneira que ela desenvolva ou aprofunde competências importantes para ela e para a organização.
■ Tem função corretiva: o funcionário deveria apresentar determinadas competências hoje, mas não as apresenta.	■ Tem função preventiva: no futuro, será bom que a pessoa apresente aquelas competências.
■ Tem foco no curto prazo.	■ Tem foco no médio e longo prazo.
■ Voltado ao cargo. ■ É específico e pontual.	■ Voltado à pessoa. ■ É holístico e abrangente.

Identificação das necessidades de treinamento

É nesta primeira etapa que se faz o chamado *levantamento de necessidades de treinamento* (*LNT*). Os principais meios utilizados para isso são:

- *Mapeamento de competências* – para as empresas que adotam um modelo completo de gestão por competências (reveja o Capítulo 2), a identificação do *gap* entre as necessidades atuais e as almejadas é a peça-chave para definir as necessidades de treinamento. Os métodos usados para o mapeamento podem, inclusive, coincidir com os tradicionalmente empregados em LNT (enumerados a seguir).
- *Questionários* – segundo a professora Maria Inês Felippe (2006, p. 6), os questionários podem ser aplicados tanto aos ocupantes de cada cargo quanto a seus superiores. Para o ocupante do cargo ela sugere que se pergunte, por exemplo: "Você executa tarefas que não estão diretamente ligadas ao seu cargo? Quais?", "Você tem apresentado dificuldades em exercer as tarefas? Quais?", "Como essas dificuldades poderiam ser solucionadas?" etc. Já para supervisores e gerentes pode ser apresentado um questionário em forma de planilha, no qual eles devem listar os ocupantes de cada cargo sob sua responsabilidade e informar, em relação a cada um deles, os conhecimentos, habilidades e atitudes que a seu ver poderiam ser melhorados, bem como sugerir cursos ou outras formas de treinamento e, ainda, indicar a prioridade de cada ação.
- *Entrevistas* – podem ter um formato semelhante ao dos questionários, mas, como se trata de um método mais demorado e custoso, geralmente elas só são aplicadas a pessoas-chave da organização.
- *Avaliações de desempenho* – os indicadores de desempenho (incluindo avaliações 360 graus), que comentaremos no Capítulo 8, são uma ótima maneira de levantar os pontos em que cada funcionário ainda pode melhorar.
- *Documentação do processo seletivo* – conforme vimos no capítulo anterior, as entrevistas e outras técnicas aplicadas durante a seleção geralmente revelam aspectos nos quais o perfil do funcionário recém-contratado ainda não coincide com o perfil do cargo, fornecendo, assim, subsídios úteis à LNT.
- *Entrevistas de desligamento* – eis uma boa oportunidade para verificar problemas no cargo que a pessoa ocupava, ou no setor ao qual pertencia.
- *Pesquisa de clima organizacional* – conforme comentamos no Capítulo 2, a PCO é uma excelente ferramenta para o planejamento de RH, pois permite identificar, entre inúmeras outras coisas, as necessidades de treinamento. Veja um exemplo: Antônio Júlio Franco, vice-presidente de desenvolvimento organizacional e pessoas da Embraer, recorda que certa vez, examinando a pesquisa de clima da companhia, comparou duas áreas semelhantes e descobriu que em uma delas havia problemas. A explicação estava no tratamento inadequado que o líder dispensava à sua equipe –

sinal de que ele estava precisando passar por um treinamento comportamental (CARVALO, ACIOLI, 2005).

- *Análise de cargos* – a análise de cargos, sozinha, não ajuda na LNT, pois indica apenas os conhecimentos e habilidades que o funcionário *deve ter* para ocupar o cargo, e não em que medida ele já os detém. Contudo, em empresas nas quais essa documentação está articulada com outras, como o mapeamento de competências, sua utilidade para a LNT será grande.
- *Solicitação de supervisores e gerentes* – o treinamento pode ser solicitado diretamente por um supervisor ou gerente; normalmente, porém, isso só ocorre quando a carência já se tornou grave, daí a importância de manter um programa preventivo de LNT.

Além de lançar mão desses instrumentos para levantar as necessidades de treinamento, o profissional encarregado do T&D deve estar atento a indicadores que sinalizam uma carência já instalada (indicadores retrospectivos), ou que poderá existir no futuro (indicadores prospectivos). Os principais indicadores dos dois grupos estão listados no Quadro 6.5.

Planejamento e programação do treinamento

Quando as necessidades de treinamento já tiverem sido levantadas, é hora de passar à etapa seguinte: o planejamento e programação do treinamento. Essa etapa envolve definir:

- o *conteúdo* do treinamento – o que será ensinado ou desenvolvido;
- o *perfil* do público – a que tipo de colaborador se dirige o treinamento; e
- os *métodos* de treinamento – como o conteúdo será trabalhado.

A escolha dos métodos de treinamento depende diretamente da definição dos dois primeiros itens (conteúdo e perfil).

Quadro 6.5 Indicadores a serem considerados durante o levantamento das necessidades de treinamento.

Indicadores retrospectivos (sinalizam carências já instaladas)	Indicadores prospectivos (antecipam carências futuras)
- Alto índice de absenteísmo ou rotatividade. - Constantes problemas de relacionamento. - Queixas de clientes ou fornecedores. - Problemas de produção: baixa produtividade, produtos defeituosos. - Problemas nos processos: desperdícios, atrasos em relação ao cronograma, avarias nos equipamentos, alto índice de acidentes.	- A empresa planeja utilizar novas tecnologias, atingir novos mercados, ou, ainda, mudar o foco de seu negócio. - A empresa planeja expandir seu quadro de pessoal (será necessário treinar os novos funcionários). - A empresa planeja reduzir seu quadro de pessoal (será necessário treinar os funcionários restantes para que assumam novas funções).

Conteúdo do treinamento

Em relação ao *conteúdo*, o treinamento pode focalizar uma das três dimensões da competência (reveja a Figura 2.2, no Capítulo 2):

- *conhecimentos* (*saber*) — um treinamento focado em conhecimentos trará um embasamento teórico ao profissional, que pode se referir a algo que ele já faz na prática, mas cujos fundamentos não compreende bem, ou a algo novo para ele;
- *habilidades* (*saber fazer*) — um treinamento focado em habilidades terá um caráter mais prático e técnico, como aprender a lidar com um novo *software* ou um novo equipamento;
- *atitudes* (*saber ser*) — o treinamento focado em atitudes é o mais complexo, mas, muitas vezes, também o mais importante. Segundo o consultor Vicente Graceffi (2006, p. 27),

> as atitudes podem ser aprendidas, substituídas e/ou desenvolvidas por meios associativos conscientes que originem novas imagens ou novos registros afetivos e comportamentais, ou que alterem os registros antigos, sempre que haja interesse pessoal amparado por forte e contínua imaginação do prazer na melhora idealizada.

De acordo com o mesmo autor, o processo de treinamento atitudinal contempla quatro fases, conforme representado na Figura 6.5.

Figura 6.5 As fases de um processo de treinamento atitudinal. Adaptado de: GRACEFFI, 2006, p. 27.

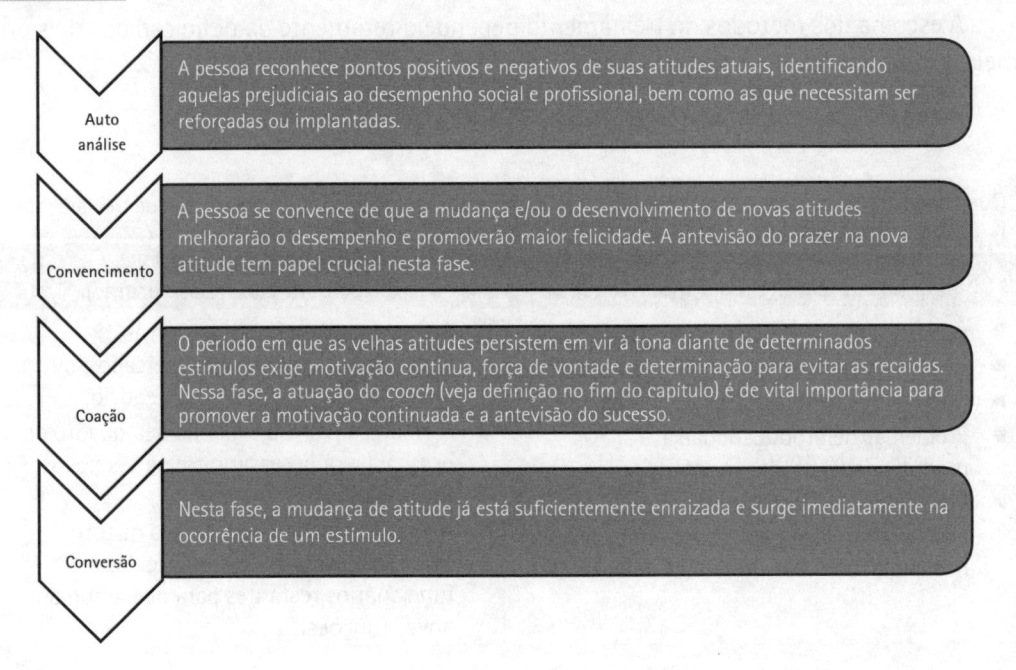

Auto análise: A pessoa reconhece pontos positivos e negativos de suas atitudes atuais, identificando aquelas prejudiciais ao desempenho social e profissional, bem como as que necessitam ser reforçadas ou implantadas.

Convencimento: A pessoa se convence de que a mudança e/ou o desenvolvimento de novas atitudes melhorarão o desempenho e promoverão maior felicidade. A antevisão do prazer na nova atitude tem papel crucial nesta fase.

Coação: O período em que as velhas atitudes persistem em vir à tona diante de determinados estímulos exige motivação contínua, força de vontade e determinação para evitar as recaídas. Nessa fase, a atuação do *coach* (veja definição no fim do capítulo) é de vital importância para promover a motivação continuada e a antevisão do sucesso.

Conversão: Nesta fase, a mudança de atitude já está suficientemente enraizada e surge imediatamente na ocorrência de um estímulo.

Perfil do público

Evidentemente, o perfil do público é fundamental para o planejamento e a programação do treinamento – treinar motoristas de caminhão é bem diferente de treinar supervisores de vendas. Mas, à parte disso, existem programas de treinamento desenhados para categorias específicas de colaboradores.

Por exemplo: o *treinamento de integração* é oferecido a funcionários recém-contratados. Nas palavras de Cristina Aiach Weiss (2006, p. 117), esse tipo de treinamento "tem o objetivo de adaptar o novo funcionário à empresa contratante, facilitando seu processo de socialização no novo cenário de aprendizado no qual ele inicia suas atividades profissionais". Para tanto, são abordados temas como o histórico da instituição, sua missão, visão e valores – enfim, a sua cultura organizacional.

Segundo a mesma autora, o programa de integração pode ser geral (para todos os novos funcionários) ou específico para gestores. O *programa de integração geral* normalmente inclui a exibição de vídeos ou slides sobre a empresa, uma visita guiada às instalações e a apresentação do novo colaborador aos colegas. O *programa de integração para gestores*, por sua vez, inclui uma apresentação detalhada da área que a pessoa vai liderar, reuniões com líderes de áreas parceiras e a elaboração de uma mensagem para apresentação do novo gestor, que pode ser enviada a diversos públicos, como subordinados, clientes, fornecedores e acionistas.

Outro programa específico para certa categoria de colaboradores é o *treinamento gerencial* (também chamado *desenvolvimento gerencial* – *DG*). Esse treinamento costuma ser fortemente centrado em atitudes e incorporar a aprendizagem fora da sala de aula – por exemplo, viagens de *benchmarking* (para conhecer práticas de outras filiais ou outras organizações) ou participação em grupos focais para resolução de problemas específicos.

Métodos de treinamento

Existem várias maneiras de classificar os métodos de treinamento. Aqui, vamos agrupá-los segundo: quem os ministra; o local em que são realizados; a técnica utilizada.

Em relação a quem ministra o treinamento, existem três modelos básicos:

1. *Treinamento ministrado por profissionais da empresa não pertencentes à área de RH* – é um dos modelos mais comuns quando o foco está nas habilidades. O líder da área ou um colega mais experiente ensina o conteúdo a outros. Nem sempre a pessoa domina técnicas didáticas, por isso é importante apoiá-la ou, quando houver muitos treinamentos desse tipo, elaborar um programa específico para formar instrutores internos.
2. *Treinamento ministrado por profissionais da empresa pertencentes à área de RH* – não é um modelo comum, pois o RH interno geralmente atua como um mediador entre o cliente interno (área requisitante) e o prestador de serviços externo.

Contudo, existem situações — por exemplo, o programa de integração — em que o próprio profissional de RH pode conduzir o treinamento.
3. *Treinamento ministrado por especialistas externos* — esses especialistas externos podem ser consultores (por exemplo, palestrantes, especialistas em dinâmicas de grupo) ou professores de uma instituição de ensino. Em ambos os casos, o programa de treinamento pode ser:
- *"de prateleira"*: uma solução que já existe e é oferecida ao mercado como um todo; ou
- *customizado*: uma solução desenhada sob medida para a organização.

Mais baratos e prontamente acessíveis, os programas "de prateleira" são ideais quando o conteúdo a ser ministrado é genérico — por exemplo, temas gerais de finanças, vendas, liderança etc. — e quando o número de alunos é pequeno. Já programas customizados são indicados quando é preciso abordar temas específicos da organização. Se a quantidade de alunos for muito pequena, não vale a pena investir nessa solução, que costuma ser mais cara. Por outro lado, se houver uma quantidade muito grande de alunos, podem ser formados *multiplicadores*, isto é, agentes internos ou externos que replicam o treinamento para outros públicos.

Em relação ao local em que é realizado, um método de treinamento pode ser:
1. *"On the job" ou em serviço* — na verdade, todos os dias os funcionários já estão recebendo treinamento em serviço (ou *on the job*). A simples observação dos colegas e a troca de informações com eles é a maior fonte do chamado *treinamento informal*; uma pesquisa realizada no fim dos anos 1990 (LESLIE, ARING, BRAND, 1998) revelou que esse tipo de treinamento é responsável por nada menos do que 70% de tudo que alguém aprende em sua profissão. O problema do treinamento informal é que ele é incontrolável — não é possível verificar se está dando certo nem o que está sendo ensinado (não é raro, aliás, que se ensinem coisas indesejáveis). Existem, porém, inúmeros programas formais de treinamento em serviço. São exemplos clássicos os programas de aprendizes, estagiários e *trainees*. O programa de integração também é um treinamento *on the job*. O *coaching* e o *mentoring*, sobre os quais falaremos no último tópico desta seção, também podem se encaixar nessa categoria.
2. *Em sala de aula ou auditório* — esta categoria abrange tanto as aulas tradicionais, ministradas na própria empresa ou em um instituto de ensino, quanto palestras e técnicas vivenciais *indoor*, como dinâmicas de grupo ou jogos. Todos esses eventos têm em comum o fato de que o funcionário é levado para um ambiente interno e específico, diferente do seu local de trabalho.
3. *Outdoor* — os treinamentos *outdoor* ou ao ar livre incluem atividades de arvorismo, iatismo, trilhas com jipes *off-road*, *rafting* (descida de corredeira em bote), *trekking* (caminhada), prova de orientação com bússola, rapel, escalada e jogos cooperativos ao ar livre. São utilizados em treinamento comportamental para trabalhar temas como superação, comunicação, foco em resultados e trabalho em equipe.

Quanto mais diferente o ambiente de treinamento do local de trabalho da pessoa, mais motivadora e 'inesquecível' pode ser a experiência. Contudo, também mais empenho será necessário para vincular aquele evento ao dia a dia do funcionário: deve-se buscar maneiras de manter o clima de entusiasmo e introjetar o conteúdo aprendido na prática organizacional.

Finalmente, em relação às *técnicas* utilizadas, o treinamento pode ser:

1. *Expositivo* — aulas, palestras e conferências, por exemplo.
2. *Prático* — encaixam-se nessa categoria *workshops*, simulações de voo, aulas práticas de direção de um veículo, de operação de máquinas e instrumentos etc. Logicamente, o treinamento expositivo também pode (e deve) oferecer momentos de atividade prática.
3. *Vivencial* — conforme já comentamos no capítulo anterior, as técnicas vivenciais são bastante utilizadas no treinamento de competências comportamentais. As mais comuns são: dinâmicas de grupo, jogos, dramatização ou *role-playing* e atividades com música e dança. Os já comentados treinamentos *outdoor* também se encaixam nessa categoria.
4. *A distância* — os treinamentos a distância mais comuns são os filmes e vídeos corporativos, as transmissões em tempo real via satélite e, principalmente, o *e-learning*, isto é, a educação mediada por computador. Por seu custo relativamente baixo e pela ampla flexibilidade de horários que oferece, o *e-learning* conquistou muitos adeptos. Contudo, é importante tomar alguns cuidados para evitar o maior problema dessa modalidade, que é a evasão (desistência). Várias pesquisas indicam que o *e-learning* é mais eficiente quando: a) conta com um bom sistema de tutoria (tutores são os educadores que interagem com o aluno); b) apresenta o mesmo conteúdo de variadas formas, como texto verbal, imagens, vídeos etc.; e c) oferece opções diversificadas para o aluno interagir com o conteúdo, os tutores e os colegas.

O Quadro 6.6 sintetiza os métodos de treinamento enumerados aqui.

Quadro 6.6 Classificação dos métodos de treinamento segundo quem ministra, onde são realizados e quais as técnicas empregadas.

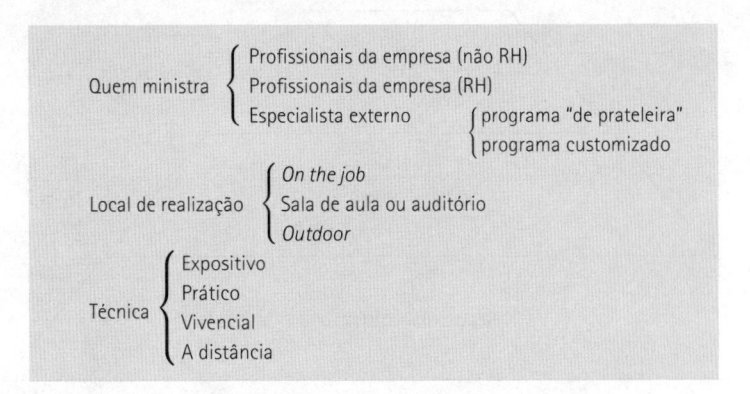

Quem ministra
- Profissionais da empresa (não RH)
- Profissionais da empresa (RH)
- Especialista externo
  - programa "de prateleira"
  - programa customizado

Local de realização
- On the job
- Sala de aula ou auditório
- Outdoor

Técnica
- Expositivo
- Prático
- Vivencial
- A distância

Execução do treinamento

Esta etapa inclui, entre outras ações:

- delegação de responsabilidades;
- produção do material didático — se for feita externamente, será necessário preparar um *briefing* claro e detalhado aos prestadores de serviço;
- reserva de espaços dentro ou fora da organização;
- reserva de hospedagem, transporte, alimentação e outras conveniências para os participantes;
- realização propriamente dita do treinamento, se possível com o acompanhamento do responsável pelo T&D da empresa.

A fase de execução contém minúcias tão variadas que seria impossível explanar aqui. Um detalhe importante para o profissional de RH é que todas as despesas devem ser cuidadosamente documentadas, pois elas serão um elemento importante na avaliação dos resultados, conforme veremos a seguir.

Avaliação dos resultados do treinamento

Ainda nos anos 1970, o professor norte-americano Donald Kirkpatrick criou um modelo de avaliação de resultados para treinamento que é muito utilizado até hoje. Esse modelo contempla quatro níveis de avaliação, conforme ilustrado na Figura 6.6.

O nível 1 avalia se os participantes gostaram do programa. Embora seja um critério simples e subjetivo, é indispensável medi-lo — afinal, um treinamento que desagrada o funcionário já começa mal. Para tanto, deve-se distribuir um questionário voltado a esse aspecto depois de qualquer treinamento (de preferência, um ou dois dias após, para que a pessoa

Figura 6.6 Os quatro níveis de avaliação para um programa de treinamento.

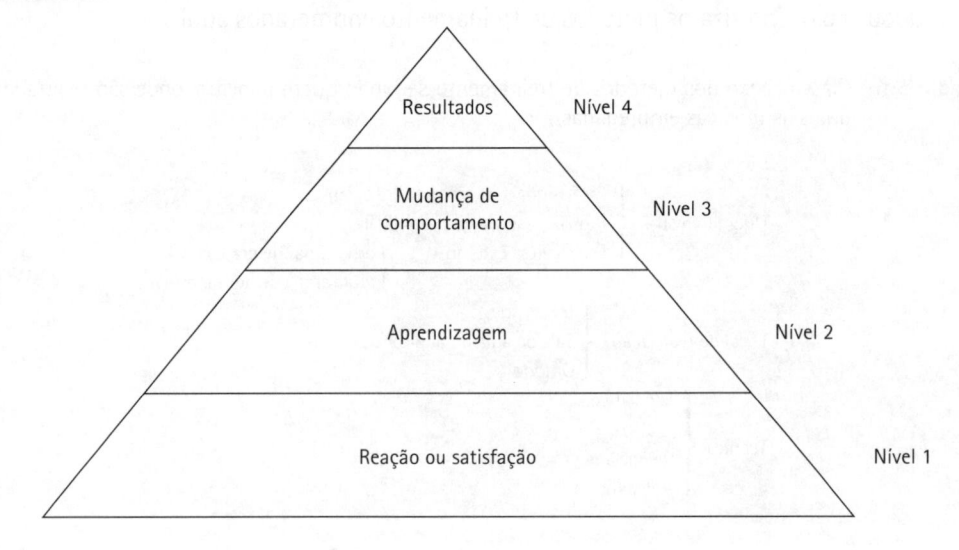

já tenha um distanciamento emocional em relação ao evento). A consultora Cristina Gomes Palmeira (2006) recomenda que esse questionário avalie a parte operacional do treinamento (ambiente, hospedagem, alimentação, equipamentos) e separadamente a parte cognitiva (instrutor, conteúdo, duração).

O nível 2 diz respeito ao que a pessoa aprendeu. Para avaliar esse aspecto, é possível aplicar uma prova ou questionário após o treinamento (garantindo ao participante que ele não será punido se 'errar' alguma coisa) ou perguntando-se à pessoa quais conceitos transmitidos no treinamento foram novos para ela. Palmeira também sugere o uso de grupos de controle: compara-se o desempenho entre o grupo que participou do treinamento e outro que não participou.

A mesma autora recomenda que a primeira avaliação do nível 3, ou seja, o que se refere à mudança de comportamento, seja realizada 30 dias após o treinamento. Várias pessoas podem opinar sobre o novo comportamento do participante: ele mesmo, seu superior, colegas etc.

O nível 4, ou seja, o de resultados concretos para a empresa, pode ser medido em termos *quantitativos* (produtos ou serviços concluídos, número de clientes, pedidos atendidos etc.); *qualitativos* (diminuição de queixas, aumento da satisfação do consumidor, diminuição do custo de refazer um produto, menos acidentes etc.); e em termos de *economias* (diminuição de horas extras, tempo parado, atrasos, afastamentos por motivo de saúde etc.). Há, ainda, uma fase mais avançada da avaliação de resultados: o cálculo do *retorno sobre o investimento* (*ROI*), que tem a seguinte fórmula:

$$ROI = \frac{\text{lucro obtido com o treinamento} - \text{investimento feito no treinamento}}{\text{investimento feito no treinamento}}$$

Quanto mais se avança pela pirâmide da avaliação, mais difícil se torna medir os resultados. Há muitos casos em que simplesmente não será possível fazer a avaliação completa. Segundo Palmeira, todos os treinamentos podem ser avaliados no nível 1, 70% no nível 2, 50% no nível 3 e apenas 20% no nível 4. A aplicação do cálculo de ROI é ainda mais rara: apenas 5 a 10% dos programas de treinamento podem ser avaliados desse modo.

Ainda que não seja possível avaliar o programa de treinamento em todos os níveis, é fundamental avaliá-lo em pelo menos alguns deles. Feito isso, deve-se sempre contrastar os resultados com os investimentos feitos (que já foram cuidadosamente contabilizados, conforme dito no tópico anterior).

> *Para saber mais sobre T&D, leia:*
> BOOG, Gustavo G.; BOOG, Magdalena T. (Orgs.) Manual de treinamento e desenvolvimento: *gestão e estratégias.* São Paulo: Pearson Prentice Hall, 2006.
> BOOG, Gustavo G.; BOOG, Magdalena T. (Orgs.) Manual de treinamento e desenvolvimento: *processos e operações.* São Paulo: Pearson Prentice Hall, 2006.

Assim, na mais modesta das hipóteses, a organização pelo menos conseguirá comparar seus programas de treinamento uns com os outros.

Outros conceitos em T&D: universidade corporativa e *coaching*

Além de tudo o que acabamos de estudar sobre T&D, é importante conhecer alguns conceitos bastante debatidos atualmente na área. Neste último tópico, selecionamos dois deles para uma rápida discussão: universidade corporativa e *coaching*.

Universidade corporativa

Na definição clássica de Jeanne Meister (2000, p. 180), uma das maiores autoridades mundiais no assunto, *universidade corporativa (UC)* é...

> o guarda-chuva estratégico e centralizado para educar e desenvolver funcionários e outros membros da cadeia de valor, como clientes, fornecedores e parceiros. Mais do que isso, uma universidade corporativa é o principal veículo para disseminar a cultura da organização e promover o desenvolvimento de competências relacionadas não apenas ao cargo, mas à vida profissional de modo geral, tais como aprender a aprender, liderança, pensamento criativo e resolução de problemas.

Nota-se, portanto, que a implantação de uma universidade corporativa é nitidamente um projeto de desenvolvimento integral das pessoas, voltado para médio e longo prazos. O modelo das UCs apresenta diversas vantagens, entre elas:

- possibilidade de unificar e planejar estrategicamente os esforços de T&D;
- importante papel no marketing (fortalecimento da imagem da empresa) e na retenção de talentos;
- possibilidade de criar programas de T&D sob medida, voltados à conquista das competências essenciais para a organização;
- redução de custos, quando se leva em conta o investimento feito e o retorno recebido em termos de aumento da competitividade.

Contudo, um projeto como esse precisa ser implantado de maneira muito criteriosa. Existem casos de empresas que "entraram na onda" das universidades corporativas, mas nada fizeram além de dar uma nova etiqueta às suas antiquadas práticas de T&D. Também vale lembrar que esse modelo só faz sentido para organizações de grande porte.

No estudo de caso, voltaremos a falar de universidades corporativas.

Coaching

A palavra *coach* vem do mundo dos esportes, sendo usada em inglês com o significado de preparador ou técnico. No universo corporativo, *coach* é a pessoa que ajuda o colaborador da empresa (chamado de *cliente* ou *coachee*) a extrair o melhor de si e a realizar todo o seu potencial. O *coach* pode ser interno, como um gerente ou alguém do RH, mas o mais comum — e recomendável — é que seja um consultor externo, normalmente um psicólogo especializado.

Aliás, há quem afirme que, com o *coaching*, os psicólogos finalmente encontraram sua mais importante função nas empresas. De fato, esse modelo pode ser considerado uma "resposta" da psicologia organizacional ao ambiente de negócios ultracompetitivo e instável em que vivemos.

Rosa Elvira Alba de Bernhoeft (2002), especialista em psicologia social e organizacional, conta uma mudança em sua atuação que ilustra bem o tema. Até os anos 1990, ela costumava receber profissionais com cerca de 39 anos para reorientação de carreira. Alguns sentiam que já haviam explorado ao máximo o primeiro ciclo de oportunidades de sua vida e, naquele momento, achavam que era hora de procurar novos caminhos. Outros estavam acuados diante da mão de obra mais jovem e barata que chegava ao mercado. Hoje, diz Bernhoeft, ela recebe profissionais que vivem as mesmas angústias uma década mais cedo, antes de completar 30 anos de idade.

Nesse cenário de pressões e incertezas, o *coaching* surge como a principal ferramenta que a psicologia organizacional oferece a empresas e profissionais para humanizar o processo de T&D. Contudo, adverte a mesma Bernhoeft, *coaching* não é filantropia nem romantismo. Assim como em outros programas, os objetivos são bem concretos e mensuráveis. Mas com uma diferença: o *coaching* visa que a pessoa atinja os resultados por vontade própria, e não porque o chefe, o diretor ou o mercado está exigindo. Um dos papéis do *coach*, aliás, é ajudar a pessoa a separar o que ela quer fazer de verdade e o que faz por pressão externa.

Nas palavras de Rosa R. Krausz (2007, p. 37), o processo de *coaching*

> tem como finalidade ampliar o conhecimento do próprio indivíduo e os seus processos de pensamento. [...] Por essa razão é que *coaching* está intimamente relacionado com o fazer perguntas, e não dar respostas convencionais, estimulando o *coachee*/cliente a encontrar as respostas para suas perguntas e assim avançar em direção à sua própria autonomia.

O *coaching* é utilizado, principalmente, em desenvolvimento gerencial, em treinamentos atitudinais (conforme já comentamos neste capítulo) e em desenvolvimento de planos de carreira (assunto que veremos no próximo capítulo). Embora as consultorias muitas vezes utilizem métodos próprios, podemos dizer que, de modo geral, o processo de *coaching* envolve as seguintes etapas:

- encontrar-se com o cliente para explicar as metas e o processo de *coaching*;
- discutir com o cliente seus propósitos de vida e seus valores;
- analisar com o cliente suas forças e limitações;
- identificar as metas de curto e longo prazo do cliente;
- desenvolver, testar e implementar um plano de ação;
- analisar os resultados e trocar *feedback* periodicamente (LACHLAN GROUP, apud KRAUSZ, 2007, p. 82).

> *O coaching é o principal programa de desenvolvimento um para um – em contraposição a quase todos os outros programas de T&D que estudamos aqui, que eram um para muitos. Outros importantes modelos um para um são o mentoring e o counseling. Pesquise esses termos na Internet e explique os conceitos aos colegas.*

ESTUDO DE CASO

PARCEIROS, PARCEIROS; NEGÓCIOS À PARTE

Segundo a professora Marisa Eboli (2006, p. 60), um dos princípios da universidade corporativa é a sustentabilidade — a UC deve "ser um centro gerador de resultados para a empresa". A Dell Anno, fábrica de móveis sediada em Bento Gonçalves, na serra gaúcha, levou essa recomendação bem a sério: diferentemente do que ocorre na imensa maioria das universidades corporativas, na UC da Dell Anno o executivo que quiser estudar tem de pagar.

E não pense que são valores simbólicos: um curso para lojistas com 72 horas de duração sai por cerca de 10 mil reais. Ou seja, aproximadamente 138 reais a hora-aula, valor superior ao de qualquer MBA.

Na verdade, quando decidiu implantar sua universidade corporativa, a Única Indústria de Móveis S/A — proprietária das marcas Dell Anno, Favorita e New — não pensava em lucrar, nem em mudar o foco do seu negócio para a educação. O objetivo era combater o desperdício que vinha ocorrendo. Segundo declarou na época o presidente Frank Zietolie à revista *Exame*, antes de inaugurar a universidade a Dell Anno agia como a maioria dos franqueadores: oferecia treinamento gratuito em atendimento e vendas aos donos e gerentes das franquias.

Contudo, a direção percebeu que esse investimento estava virando fumaça devido à alta rotatividade de pessoal. De cada dez pessoas treinadas, apenas três permaneciam na empresa nos doze meses seguintes. O modelo pago foi, então, a maneira que a organização encontrou para que os franqueados passassem a valorizar o treinamento recebido.

No começo, foi difícil convencê-los, visto que estavam acostumados ao sistema gratuito. Marcelo Rossi, gerente de treinamento da Única, conta que passou quase três meses em peregrinação pelo país explicando os motivos aos lojistas. Mas, passado o susto inicial, a receptividade surpreendeu. A primeira turma lotou — e parece que o investimento salgado valeu a pena: segundo dados da empresa, as lojas que participaram desse primeiro curso cresceram 60% nos dois anos seguintes.

Em 2009, a universidade corporativa da Dell Anno passou por uma vigorosa ampliação e estabeleceu a meta de atender três mil alunos por ano. Agora, os cursos estão abertos para todos os funcionários da rede, de qualquer nível hierárquico. São cinco opções de formação, entre elas um programa que busca transformar vendedores em consultores de ambientes.

Os novos cursos são todos gratuitos. O único que continua sendo pago é o que deu início à universidade: o curso de gestão de pessoas dirigido a lojistas e gerentes.

Fontes: NAIDITCH, Suzana. Aprendeu? Pague a conta. *Exame*, fev. 2008. • Única amplia Universidade Dell Anno. *Gead – Guia de Engenheiros, Arquitetos e Decoradores*, 28 mar. 2009. • EBOLI, Marisa. Educação corporativa: panorama e perspectivas. In: BOOG, Gustavo G.; BOOG, Magdalena T. (Orgs.) *Manual de treinamento e desenvolvimento*: gestão e estratégias. São Paulo: Pearson Prentice Hall, 2006. p. 57-68. • www.dellano.com.br.

1. Em geral, as pessoas valorizam menos um produto ou serviço quando o recebem gratuitamente do que quando pagam por ele. Esse é um dos maiores desafios para os programas de T&D. Na sua opinião, exigir pagamento em troca do treinamento é uma boa medida? Em que casos? Quais medidas as empresas podem tomar para garantir o empenho dos funcionários em treinamentos gratuitos?
2. Quais razões você imagina que o gerente da Única apresentou para convencer os lojistas a pagar pelo treinamento? Quais você apresentaria?

NA ACADEMIA

- Reúnam-se em grupos de cinco a seis colegas e discutam as seguintes questões:
  - A teoria da hierarquia das necessidades, de Abraham Maslow, representou um grande avanço em sua época. Vocês acham que ela ainda tem aplicabilidade hoje? Por quê? Quais os pontos fortes e fracos da teoria? Vocês acreditam que as alterações propostas por Clayton Alderfer, com sua teoria ERG, foram suficientes? Por quê?
  - Vocês concordam que a maioria das pessoas não gosta de trabalhar, foge da responsabilidade e é pouco ambiciosa, como sugere a teoria X? Releiam as premissas das teorias X e Y e discutam a respeito.
  - Refaçam a pesquisa de Herzberg entre vocês: descrevam uma situação em que se sentiram extremamente bem no trabalho e outra em que se sentiram extremamente mal. Os fatores que ocasionaram a satisfação (motivadores) e os que causaram insatisfação (higiênicos) coincidem com os listados pela teoria dos dois fatores? (Se não houver pessoas com experiência profissional no grupo, façam o teste com amigos ou familiares e transmitam o resultado aos colegas.)
  - Releiam o quadro sobre a teoria das necessidades adquiridas, de McClelland. Em qual grupo cada um de vocês se encaixa?
  - Algum de vocês já viveu uma situação de inequidade no trabalho, conforme descreve a teoria da equidade? Como foi?
  - Vocês acham que a teoria do estabelecimento de metas também funciona na vida pessoal, isto é, a fixação de objetivos pessoais pode ser um agente de motivação? Vocês costumam fazer isso? Discutam suas experiências.
  - Oralmente, apresentem ao professor um breve relatório sobre o debate.

Pontos importantes

- Motivação é "o processo responsável pela intensidade, direção e persistência dos esforços de uma pessoa para o alcance de uma determinada meta" (ROBBINS, 2005, p. 132), meta essa que pode ou não estar relacionada ao trabalho. Acredita-se que a motivação tem o mesmo peso que a capacidade para o alcance de um bom desempenho.
- A teoria da hierarquia das necessidades, de Abraham Maslow, afirma que as necessidades humanas podem ser agrupadas em cinco categorias: fisiológicas, de segurança, sociais, de estima e de autorrealização. Quando atende às necessidades de uma categoria, o ser humano sente-se novamente insatisfeito e busca atender às necessidades da categoria seguinte. Segundo Douglas McGregor, a teoria X prevê que as pessoas não gostam de trabalhar, evitam a responsabilidade e são

pouco ambiciosas. Já a teoria Y prevê que o trabalho pode ser uma fonte de satisfação e que as pessoas podem aprender a assumir responsabilidades e ter ambição. A teoria dos dois fatores de F. Herzberg afirma que os fatores relacionados às necessidades inferiores causam insatisfação no trabalho, enquanto aqueles relacionados às necessidades superiores levam à satisfação.

- Existem outras teorias sobre motivação, tais como a teoria das necessidades adquiridas, de David McClelland (necessidade de realização, poder ou associação); a teoria ERG, de Clayton Alderfer (que reduz os cinco degraus da pirâmide de Maslow a apenas três: existência, relacionamento e crescimento); a teoria da equidade, de J. Stacy Adams (a pessoa percebe uma iniquidade quando sua relação entradas/resultados lhe parece diferente da relação entrada/resultados dos outros); a teoria da expectativa, de Victor Vroom (a motivação é resultado da multiplicação entre valência, instrumentalidade e expectativa); e, por fim, a teoria do estabelecimento de metas, de Gary P. Latham e Edwin A. Locke (a fixação de objetivos conscientes é a melhor forma de motivação).
- As teorias sobre motivação podem se traduzir em diversas práticas organizacionais, sendo as principais: a administração por objetivos (ou gestão por resultados); os programas de reconhecimento; os programas de envolvimento; os esquemas flexíveis; os programas de remuneração variável; e os benefícios flexíveis.
- Programas de T&D são poderosos instrumentos para melhorar o desempenho dos colaboradores, pois agem ao mesmo tempo sobre os dois lados da "equação do desempenho": na capacidade e na motivação. A diferença entre treinamento e desenvolvimento é que o primeiro tem efeito corretivo e pontual, enquanto o segundo tem efeito prospectivo e holístico.
- Um programa efetivo de T&D deve conter as seguintes etapas: a) identificação das necessidades de treinamento; b) planejamento e programação do treinamento; c) execução do treinamento; e d) avaliação dos resultados do treinamento.
- *Coaching* é um programa de desensolvimento em que o *coach* (normalmente um psicólogo especializado) ajuda o colaborador da empresa, chamado de *cliente* ou *coachee*, a identificar suas metas pesoais e proficionais, traçaram um plano de ação para alcançá-las e monitorar o andamento de tal plano, por meio de *feedback* periódico.

Referências

BERNHOEFT, Rosa Elvira Alba de. Ferramentas de humanização: *coaching, counseling* e *mentoring*. In: BOOG, Gustavo; BOOG, Magdalena (Coords.). *Manual de gestão de pessoas e equipes*: operações. v. 2. São Paulo: Gente, 2002.

CARVALO, Gumae; ACIOLI, Gustavo. Para a vida toda. *Melhor*, fev. 2005.

GRACEFFI, Vicente. Planejamento e execução do T&D. In: BOOG, Gustavo G.; BOOG, Magdalena T. *Manual de treinamento e desenvolvimento*: processos e operações. São Paulo: Pearson Prentice Hall, 2006. p. 24-39.

HERZBERG, Frederick. One more time: how do you motivate employees? *Harvard Business Review*, jan.-fev. 1968.

KRAUSZ, Rosa R. *Coaching executivo*: a conquista da liderança. São Paulo: Nobel, 2007.

LESLIE, Bruce; ARING, Monika; BRAND, Betsy. Informal learning: the new frontier of employee & organizational development. *Economic Development Review*, v. 15, n. 4, 1998.

LOBATO, André. Profissional é pouco comprometido. *Folha de S.Paulo*, 15 mar. 2009.

MASLOW, Abraham H. *Motivación y personalidad*. 3. ed. Madrid: Diaz de Santos, 1991.

MEISTER, Jeanne C. Ten steps to creating a corporate university. In: CORTADA, James W.; WOODS, John A. (Orgs.) *The knowledge management yearbook 2000-2001*. Woburn (MA): Butterworth-Heinemann, 2000.

MINER, John B. *Organizational behavior*: essential theories of motivation and leadership. v. 1. Armonk (NY): M. E. Sharpe, 2005.

McGREGOR, Douglas. *The human side of enterprise*. New York: McGraw-Hill, 2006.

PALMEIRA, Cristina Gomes. Avaliação de resultados – retorno do investimento. In: BOOG, Gustavo G.; BOOG, Magdalena T. (Orgs.) *Manual de treinamento e desenvolvimento*: processos e operações. São Paulo: Pearson Prentice Hall, 2006. p. 40-50.

POMI, Rugenia Maria. O cuidado do caminhar de uma empresa para sustentabilidade. *rh.com.br*, 16 abr. 2007.

ROBBINS, Stephen P. *Comportamento organizacional*. 11. ed. Tradução técnica de Reynaldo Marcondes. São Paulo: Pearson Prentice Hall, 2005.

WEISS, Cristina Aich. Treinamento de integração: a primeira impressão de uma instituição. In: BOOG, Gustavo G.; BOOG, Magdalena T. (Orgs.). *Manual de treinamento e desenvolvimento*: processos e operações. São Paulo: Pearson Prentice Hall, 2006. p. 117-126.

WINTER, David G. The motivational dimensions of leadership: power, achievement, and affiliation. In: RIGGIO, R. E.; MURPHY, S.E.; PIROZZOLO, F. J. (Eds.). *Multiple intelligences and leadership*. Mahwah (NJ): Erlbaum, 2002. p. 119-138.

ADMINISTRAÇÃO DE CARGOS E SALÁRIOS

Capítulo 7

Neste capítulo, abordaremos as seguintes questões:
- O que é administração de cargos e salários?
- Quais elementos compõem a remuneração global de um funcionário?
- O que é um plano de cargos e salários (PCS)?
- O que é avaliação de cargos e quais os principais métodos para conduzi-la?
- Além da avaliação de cargos, quais são os outros passos na elaboração do PCS?
- Quais tipos de remuneração variável as empresas oferecem?
- Quais tipos de benefício as empresas oferecem?
- Quais as tendências atuais na administração de cargos e salários?

Introdução

O salário é a base da relação de emprego. Do ponto de vista do funcionário, sua importância é óbvia: sendo quase sempre sua principal fonte de renda, é o salário que vai determinar onde a pessoa vai morar, que carro vai ter, onde passará as férias, em que escola matriculará os filhos. Enfim, o salário definirá, em grande medida, as condições de vida do profissional que o recebe.

Por outro lado, do ponto de vista da organização, o salário não é menos importante. Para alguns tipos de empreendimento, como consultorias e agências de publicidade, a folha de pagamento representa a maior fonte de despesas. E, mesmo quando o peso dos salários não é tão grande, eles sempre ajudam a determinar o preço cobrado por produtos ou serviços, já que fazem parte dos chamados custos fixos da organização.

Neste capítulo, vamos nos dedicar a este importante tema das relações trabalhistas. Inicialmente, veremos alguns conceitos básicos para a administração de cargos e salários: o que é remuneração fixa, variável, benefícios, plano de cargos e salários etc. Depois, na segunda seção do capítulo, estudaremos como se elabora um plano de cargos e salários. Na terceira seção, descreveremos os principais programas de remuneração variável que as empresas oferecem e, na quarta seção, os principais benefícios. Por fim, na última seção, veremos as tendências atuais quanto à administração da remuneração.

Conceitos básicos

A *administração de cargos e salários* é a parte da administração de recursos humanos que lida com as recompensas materiais pelo trabalho das pessoas. Todas as pessoas em uma empresa, desde o porteiro até o presidente, trabalham esperando receber em troca recompensas materiais e não materiais.

As *recompensas não materiais*, sobre as quais falamos no capítulo anterior, incluem programas de reconhecimento, programas de T&D e outros, assim como a existência de um ambiente de trabalho acolhedor e estimulante. Quanto às *recompensas materiais*, elas podem ser decompostas em três itens:

- *remuneração fixa* — também chamada de *salário-base*, é o valor mínimo que o funcionário recebe a cada mês e que serve de referência para vários cálculos trabalhistas, como o das horas extras; no Brasil, não pode ser inferior ao salário mínimo legal;
- *remuneração variável* — inclui bônus, comissões, planos de participação nos lucros ou resultados etc.;
- *benefícios* — também denominados *remuneração indireta*, incluem benefícios obrigatórios por lei, como 13º salário e férias, e benefícios que a organização concede espontaneamente, tais como assistência médica, refeições e planos de previdência privada.

A remuneração fixa, a remuneração variável e os benefícios formam, juntos, a chamada *remuneração total* ou *remuneração global* do funcionário. Veja uma representação gráfica desses conceitos na Figura 7.1. Vale lembrar que nem todas as empresas adotam os três itens simultaneamente e, mesmo nas que adotam, nem sempre eles se aplicam a todos os cargos.

A administração de cargos e salários deve cumprir quatro funções básicas:

- *alcançar o equilíbrio interno* – isso significa que os salários devem ser distribuídos com justiça, de acordo com a complexidade das tarefas e o nível de responsabilidade concernentes a cada cargo;
- *alcançar o equilíbrio externo* – os salários devem ser compatíveis com os oferecidos pelo mercado, para que a organização consiga atrair e reter os talentos de que necessita;
- *motivar os funcionários* – os cargos e salários devem ser administrados de tal maneira que o colaborador perceba que, se cumprir sua parte para o alcance dos objetivos organizacionais, será recompensado adequadamente;
- *fortalecer a estratégia* – assim como todas as outras práticas de RH, a administração de cargos e salários deve estar alinhada à estratégia geral; por exemplo, se a organização pretende oferecer produtos ou serviços não diferenciados a preços menores que os da concorrência (uma estratégia de liderança em custos, conforme vimos no Capítulo 2), não faz sentido pagar salários muito acima da média do mercado.

Toda empresa tem uma administração de cargos e salários. Se João, dono de uma padaria, decide empregar seus dois filhos na mesma função e pagar ao mais velho o dobro do que paga ao caçula, isso já é uma maneira de administrar cargos e salários – baseada em critérios bem discutíveis, mas ainda assim considerada como tal.

Nem toda organização possui, porém, um plano estruturado de cargos e salários. O *plano de cargos e salários* (*PCS*) é uma documentação que estabelece formalmente a política

Figura 7.1 A relação de emprego: trabalho em troca de recompensas materiais e não materiais.

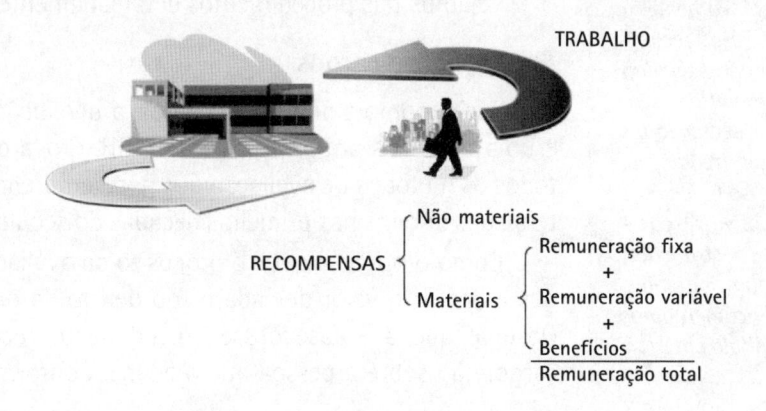

salarial da empresa. Inclui a estrutura de cargos e salários e os critérios para promoção e reajuste, entre outros itens que veremos detalhadamente na próxima seção. Um PCS pode ser feito por pessoas da própria organização (situação rara hoje em dia); por um consultor externo que dá as primeiras diretrizes para que, depois, pessoas da organização completem o trabalho; ou ainda — no arranjo que talvez seja o mais comum — por uma consultoria especializada à qual se delega toda a confecção do plano.

Um PCS bem elaborado compensa seu investimento, pois traz várias vantagens. Em primeiro lugar, ele dá transparência e solidez à política salarial, deixando claros para todos os colaboradores os critérios de promoção e reajuste. Quando as pessoas têm as responsabilidades de seu cargo bem definidas e sabem qual "caminho" podem percorrer dentro da organização, tendem a ficar mais motivadas e focadas.

Em segundo lugar, o PCS ajuda a própria organização a se planejar, pois ela passa a saber, com clareza, a dimensão de seu quadro funcional e para onde este pode se expandir. Em empresas que não possuem PCS, é comum que a cada contratação seja criado um novo cargo, o que gera uma estrutura inchada e confusa.

> Conforme vimos no capítulo anterior, a maioria das teorias sobre motivação sugere que as recompensas não materiais são mais motivadoras que as materiais. Isso pode levar à conclusão precipitada de que um bom salário ou um atraente plano de remuneração variável não sejam importantes. Não é bem assim; a visão mais aceita hoje é de que as recompensas materiais são, sim, fortes agentes de motivação. O problema é que elas "viciam" rápido: uma pessoa que recebe um aumento, por exemplo, geralmente eleva bastante seu desempenho nos primeiros meses, mas depois a tendência é que o desempenho volte a cair, porque ela se acostuma cognitivamente à nova situação. Já as recompensas não materiais têm um efeito mais duradouro — sem falar que podem ser repetidas com muito mais frequência. Assim, defende-se hoje que o programa de motivação combine diferentes estratégias, materiais e não materiais, conforme já comentamos também no capítulo anterior.

Elaboração do plano de cargos e salários

O ponto de partida para a elaboração do plano de cargos e salários é a análise de cargos, que estudamos detalhadamente no Capítulo 3. Se a empresa não dispuser de uma análise de cargos atualizada, terá de providenciá-la para a elaboração do plano. Os procedimentos seguintes depois da análise são: a) avaliação de cargos; b) pesquisa salarial; c) definição da nova estrutura salarial e enquadramento dos cargos; e d) estabelecimento da política salarial.

Vejamos tais procedimentos detalhadamente a seguir.

Avaliação de cargos

Assim como a análise de cargos, a *avaliação de cargos* é uma das mais antigas práticas de RH. Prova disso é que todos os métodos de avaliação que apresentaremos a seguir têm suas origens nas primeiras décadas do século passado.

Como o nome sugere, o propósito da avaliação de cargos é definir o valor de cada cargo dentro da organização. Observe que a ênfase desse procedimento recai sobre o cargo, não sobre a pessoa que o ocupa. Conforme veremos adiante, a avaliação de cargos continua sendo praticada, já que é imprescindível para a elaboração do PCS; contudo, a tendência atual é deslocar a ênfase do cargo para a pessoa.

Vários métodos podem ser usados para fazer uma avaliação de cargos. Os mais tradicionais são: o método do escalonamento (*job ranking*), o método da classificação (*job classification*), o método da comparação de fatores (*factor comparison*) e o sistema de pontos. Vejamos cada um deles a seguir.

Método do escalonamento (*job ranking*)

O *método do escalonamento*, também chamado *método da comparação simples*, é a abordagem mais básica e intuitiva à avaliação de cargos. Consiste em simplesmente comparar os cargos da empresa uns com os outros segundo determinado critério — complexidade ou responsabilidade, por exemplo — e ordená-los hierarquicamente. Em um pequeno restaurante, essa hierarquia poderia ter a forma representada na Figura 7.2.

Esse método é o mais comum em micro e pequenas empresas. Quando há um número maior de cargos, pode-se optar por um procedimento um pouco mais refinado: primeiro, são escolhidos alguns cargos representativos, os chamados *cargos de referência* ou *cargos amostrais* (*benchmark jobs*); em seguida, eles são comparados uns com os outros e hierarquizados. Depois, todos os outros cargos são, um por um, comparados com os cargos amostrais de acordo com a seguinte lógica: esse cargo é mais ou menos importante que o amostral? Assim, os cargos são encaixados na hierarquia antes, depois ou no mesmo nível dos amostrais.

> *De acordo com a Consolidação das Leis do Trabalho (art. 461, § 2º), as empresas que contam com um PCS não estão sujeitas ao princípio da isonomia — o que, teoricamente, as tornaria livres para estabelecer seus próprios critérios de remuneração. Contudo, do ponto de vista jurídico, um PCS só é válido quando homologado no Ministério do Trabalho. O problema é que a homologação engessa tanto o plano que, na prática, a grande maioria das empresas opta por não fazê-la. Veja um exemplo: uma das exigências legais é que o PCS atribua o mesmo peso à antiguidade e ao merecimento — isso contraria as modernas concepções de administração de RH, que dão pouco valor à antiguidade. De qualquer modo, a maior transparência trazida pela simples existência do plano, mesmo quando não homologado, costuma diminuir (embora não elimine) o risco de reclamações trabalhistas.*

O método do escalonamento e suas variações são considerados não analíticos, porque não decompõem os cargos em fatores comparáveis (experiência exigida, número de subordinados etc.). Em vez disso, aplicam uma avaliação global e subjetiva a cada cargo, oferecendo assim um grau de precisão muito baixo. Por outro lado, são métodos simples e econômicos, facilmente compreendidos tanto por dirigentes quanto por trabalhadores.

Método das categorias predeterminadas (*job classification*)

Assim como o método do escalonamento, o *método das categorias predeterminadas* (também chamado *método de escalonamento múltiplo*) não é analítico. Desse modo, oferece uma avaliação global dos cargos, sem especificar as diferenças entre eles.

Figura 7.2 Exemplo de aplicação do método do escalonamento ou da comparação simples.

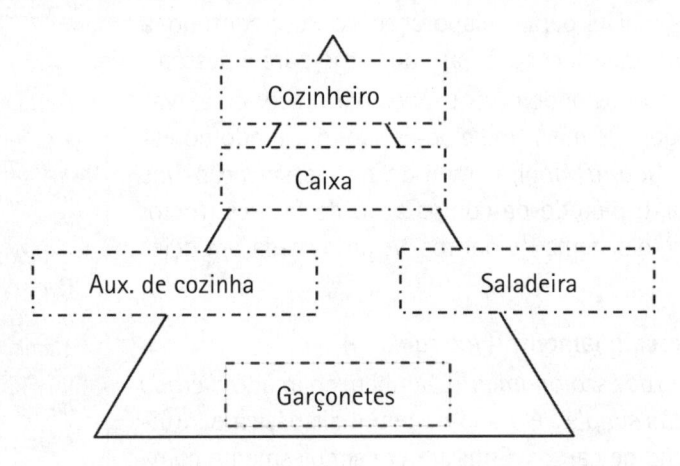

```
                    Cozinheiro
                       Caixa
        Aux. de cozinha        Saladeira
                    Garçonetes
```

Quando se opta por esse método, a primeira coisa a fazer é estabelecer algumas categorias de cargos, de acordo com a natureza do trabalho ou o grau de responsabilidade. Por exemplo:

- *Categoria 1* – Trabalho manual supervisionado.
- *Categoria 2* – Trabalho manual autônomo.
- *Categoria 3* – Supervisão de trabalhadores manuais.
- *Categoria 4* – Trabalho intelectual realizado de acordo com instruções prévias.
- *Categoria 5* – Trabalho intelectual autônomo, realizado de acordo com o senso crítico. Inclui a supervisão de outros trabalhadores intelectuais.

Depois de definidas as categorias, passa-se a distribuir entre elas os cargos da organização. Para facilitar essa distribuição, é possível estabelecer um cargo de referência (*benchmark job*) para cada categoria.

Esse método não funciona bem com cargos mais complexos, já que é difícil encaixá-los em uma categoria preestabelecida. Além disso, o método não é adequado ao dinamismo da economia atual, pois hoje a natureza das tarefas tende a mudar constantemente, o que logo tornaria as categorias obsoletas.

Método da comparação de fatores (*factor comparison*)

Ao contrário dos métodos que vimos até agora, o *método da comparação de fatores* é analítico, uma vez que decompõe cada cargo em componentes menores, os fatores. Em geral, são considerados cinco fatores: a) requisitos mentais; b) habilidades requeridas; c) requisitos físicos; d) responsabilidades; e) condições de trabalho.

São, então, escolhidos alguns cargos de referência (*benchmark jobs*) para serem decompostos nesses cinco fatores. É importante que os cargos escolhidos tenham uma remuneração adequada, pois eles servirão de base para o cálculo da remuneração de todos os outros.

Na versão original do método, atribui-se um valor monetário a cada fator, mas também há uma versão posterior na qual se atribuem pontos aos fatores. O Quadro 7.1 mostra as duas possibilidades.

A vantagem do método da comparação de fatores é que ele oferece um pouco mais de objetividade do que os métodos da comparação simples e das categorias predeterminadas. Ainda assim, os critérios para atribuir valores monetários ou pontos a cada fator permanecem subjetivos.

Esse método foi criado em 1926 por Eugene J. Benge e sua equipe depois de terem tentado, sem sucesso, implantar o sistema de pontos (sobre o qual falaremos a seguir) em uma companhia de bondes da Filadélfia. Nas décadas seguintes, inúmeros aperfeiçoamentos foram feitos. Um dos mais conhecidos foi conduzido por um dos colegas de Benge, Edward N. Hay, que se dedicou especificamente à avaliação de cargos intelectuais e gerenciais.

Em 1943, Hay fundou o Hay Group, hoje uma poderosa consultoria presente em 47 países, inclusive no Brasil. Um dos produtos oferecidos pelo grupo é o método Hay Guide Chart-Profile® para avaliação de cargos, uma versão bem complexa e aprimorada do antigo método de comparação de fatores.

Quadro 7.1 Exemplos de aplicação do método da comparação de fatores.

	Método da comparação de fatores com atribuição de valores monetários					
	Requisitos mentais	Habilidades requeridas	Requisitos físicos	Responsabilidades	Condições de trabalho	TOTAL
Operador de máquinas	R$ 50	R$ 700	R$ 100	R$ 50	R$ 100	R$ 1.000
Mecânico industrial	R$ 300	R$ 700	–	R$ 300	–	R$ 1.300
Analista de PCP	R$ 500	R$ 700	–	R$ 800	–	R$ 2.000
Supervisor de produção	R$ 600	R$ 700	–	R$ 1.000	–	R$ 2.300
	Método da comparação de fatores com atribuição de pontos					
	Requisitos mentais	Habilidades requeridas	Requisitos físicos	Responsabilidades	Condições de trabalho	TOTAL
Operador de máquinas	10	40	20	10	20	100
Mecânico industrial	20	40	0	40	0	100
Analista de PCP	30	20	0	50	0	100
Supervisor de produção	20	20	0	60	0	100

Sistema de pontos

Criado por Merrill R. Lott em 1925, o *sistema de pontos* foi o primeiro método quantitativo para a avaliação de cargos. Devido ao elevado grau de objetividade e precisão que proporciona, tornou-se muito popular e é até hoje o método mais utilizado.

Em essência, o sistema de pontos é bem parecido com o método da comparação de fatores, pois também decompõe o cargo em fatores como habilidades requeridas, responsabilidades etc. A diferença é que o sistema de pontos estabelece critérios objetivos para a atribuição de pontos a cada fator.

A aplicação do sistema exige as seguintes etapas: a) escolha dos fatores de avaliação; b) ponderação dos fatores de avaliação; c) definição dos graus de cada fator; d) avaliação dos cargos; e) obtenção da curva salarial; e f) definição das faixas salariais. Veremos essas etapas a seguir.

Escolha dos fatores de avaliação

Não existe um número fixo de fatores de avaliação, mas geralmente se escolhem de três a doze. O consultor brasileiro Beverly Glen Zimpeck (*apud* Nascimento, 2001, p. 33) sugere os seguintes:

- *conhecimentos* — avalia o nível de instrução formal exigida pelo cargo;
- *experiência* — determina o tempo total que deve ser considerado para o pleno desempenho do cargo;
- *complexidade das tarefas* — avalia o nível de rotina das tarefas e a variedade e diversidade de problemas inerentes ao cargo;
- *esforço físico* — avalia o nível de fadiga física resultante das atribuições do cargo, considerando frequência, duração e grau de incidência;
- *esforço mental/visual* — avalia o nível de fadiga mental e visual, considerando a intensidade exigida na execução de detalhes do trabalho, a fadiga proveniente de análises e solução de problemas, bem como a incidência e duração do esforço;
- *responsabilidade pelo patrimônio* — avalia o nível das perdas materiais causados ao patrimônio em decorrência de descuidos do ocupante do cargo;
- *responsabilidade pela segurança de terceiros* — avalia o nível de seriedade, caso acidentes decorrentes do trabalho desempenhado pelo ocupante do cargo atinjam terceiros;
- *responsabilidade pelo trabalho de outros* — avalia o nível de conferência e a distribuição de tarefas, considerando o número de pessoas sob a orientação ou sob a subordinação do ocupante do cargo;
- *ambiente* — avalia o nível de desconforto produzido pela ação de elementos desagradáveis no local de trabalho, considerando a incidência, a duração e a simultaneidade com que agridem o ocupante do cargo;

- *segurança* — avalia o nível de seriedade de acidentes, considerando a possibilidade de ocorrência a que o ocupante do cargo fica sujeito.

Nem todos os fatores vão se aplicar a todos os cargos; contudo, os fatores de todos os cargos precisam estar contemplados na lista. Se algum dos fatores for pouco representativo — por exemplo, nenhum dos cargos da empresa oferece riscos significativos à segurança do ocupante —, esse fator deve ser eliminado. Em organizações grandes e complexas, recomenda-se elaborar dois sistemas de pontos, um para cargos operacionais, outro para cargos técnicos e gerenciais; assim será mais fácil definir os fatores adequados a cada categoria.

Ponderação dos fatores de avaliação

Alguns fatores agregam mais valor ao negócio do que outros, por isso são mais bem remunerados. Portanto, o passo seguinte depois da definição dos fatores é *ponderá-los* segundo aquilo que a organização está disposta a pagar por eles. Geralmente, paga-se mais por fatores como responsabilidade pelo trabalho de outros, responsabilidade pelo patrimônio e conhecimentos.

Para definir a ponderação, os avaliadores devem seguir um procedimento semelhante ao descrito no método da comparação de fatores: escolher cargos de referência (*benchmark jobs*) cuja remuneração seja considerada adequada. É importante que os cargos representem trabalhos de diferentes naturezas e níveis hierárquicos. Os avaliadores vão determinar, então, qual peso cada fator está tendo para o salário daquele cargo. Feito isso, será obtida uma média entre os cargos de referência, que indicará o valor relativo que a empresa atribui a cada fator. A etapa da ponderação pode demorar bastante, pois normalmente são necessárias várias tentativas até se chegar a uma distribuição satisfatória do peso.

O Quadro 7.2 apresenta um exemplo hipotético de ponderação.

Quadro 7.2 Exemplo de ponderação de fatores de avaliação.

Fatores	Peso
Conhecimentos	15%
Experiência	15%
Complexidade das tarefas	10%
Esforço físico	3%
Esforço mental/visual	2%
Responsabilidade pelo patrimônio	10%
Responsabilidade pela segurança de terceiros	8%
Responsabilidade pelo trabalho de outros	27%
Ambiente	5%
Segurança	5%
Total	100%

Definição dos graus de cada fator

A grande vantagem do sistema de pontos é que, diferentemente dos outros métodos, ele estabelece critérios objetivos para atribuir os pontos a cada cargo. Isso ocorre porque, além da decomposição dos cargos em fatores, há uma nova decomposição – dessa vez dos fatores em graus. Por exemplo: o fator *conhecimentos* pode ser decomposto segundo os graus apresentados no Quadro 7.3.

Avaliação dos cargos

A esta altura, já estão definidos os fatores de avaliação, sua descrição, seu peso ponderado, os graus em que eles se decompõem e o número de pontos atribuído a cada grau. Todas essas informações devem ser cuidadosamente organizadas em um Manual de Avaliação de Cargos, o qual será usado para a *avaliação de cargos* propriamente dita.

Com base no manual, cada cargo é avaliado em um fator de cada vez. Lembre-se que os fatores têm pesos diferentes, portanto não basta simplesmente somar os pontos do cargo nos diferentes fatores; é preciso ponderá-los. Por exemplo, em uma organização que atribui peso de 15% a conhecimentos, de 15% à experiência e de 10% à complexidade das tarefas (conforme o exemplo que vimos no Quadro 7.2), um cargo que obtenha 15, 20 e 10 pontos nesses fatores terá a seguinte soma ponderada:

Fator	Pontos		Peso relativo		Pontos ponderados
Conhecimentos	15	×	15	=	225
Experiência	20	×	15	=	300
Complexidade	10	×	10	=	100
Soma ponderada					**625**

Obtenção da curva salarial

Terminado esse processo, teremos uma lista com todos os cargos da organização e seus respectivos pontos, já devidamente ponderados. O passo seguinte é estabelecer uma correlação entre esses pontos e os salários que a empresa atualmente paga a cada cargo.

Quadro 7.3 Exemplo de definição de graus com atribuição de pontos a cada grau.

Grau	Descrição	Pontos
A	O cargo requer ensino médio completo.	20
B	O cargo requer ensino superior incompleto ou em curso.	40
C	O cargo requer ensino superior completo.	60
D	O cargo requer ensino superior completo mais especialização.	80
E	O cargo requer ensino superior completo mais mestrado profissionalizante (MBA).	100

Para tanto, monta-se um gráfico com dois eixos, um deles representando os salários, e o outro, os valores em pontos, e inserem-se todos os cargos no gráfico. No Quadro 7.4, você vê um exemplo de lista de cargos com pontos e salários de um hipotético hotel e, na Figura 7.3, o gráfico de dispersão referente a tais dados.

Quadro 7.4 Exemplo de lista com cargos, pontos e salários atuais.

Cargo	Pontos	Salário atual
Gerente financeiro	850	R$ 3.100,00
Assistente financeiro	450	R$ 2.100,00
Gerente de marketing	745	R$ 3.000,00
Assistente de marketing	328	R$ 2.000,00
Gerente de compras	942	R$ 3.300,00
Assistente de compras	522	R$ 2.300,00
Gerente de RH	740	R$ 3.000,00
Assistente de RH	340	R$ 1.900,00
Concierge	550	R$ 2.500,00
Porteiro	222	R$ 950,00
Governanta	441	R$ 2.000,00
Camareiro	245	R$ 700,00
Faxineiro	210	R$ 550,00

Figura 7.3 Gráfico de dispersão traçado com base nos dados do Quadro 7.4.

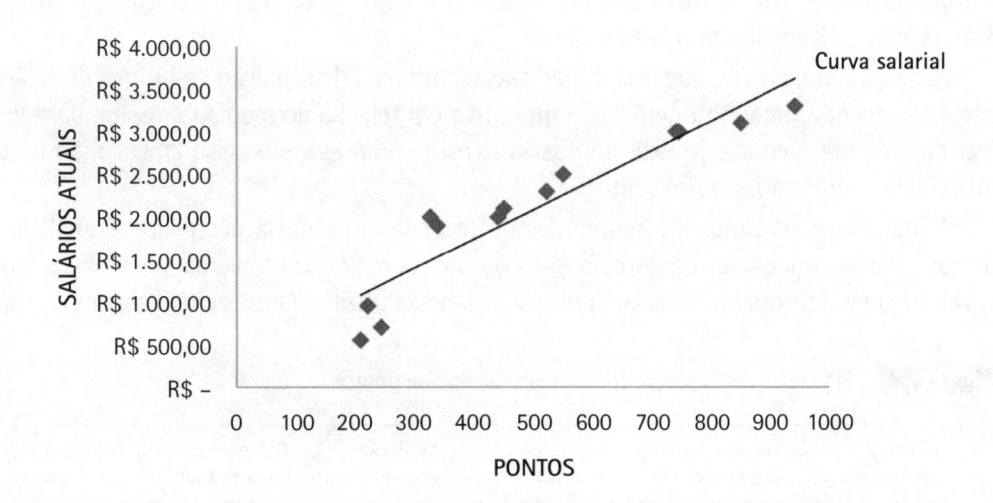

O gráfico de dispersão nos permite traçar a *curva salarial* da empresa, ou seja, uma linha que indica como a empresa atualmente remunera os fatores de avaliação. Pontos muito distantes da curva salarial podem indicar um destes dois problemas: ou há situações de iniquidade, ou os fatores foram mal definidos. No nosso caso, por exemplo, os cargos com salários abaixo de R$ 1.000,00 devem ser examinados com mais cuidado, pois podem estar sendo sub-remunerados: eles se encontram distantes da curva, exceto o de porteiro (R$ 950,00), que se encontra próximo da curva.

Definição das faixas salariais

Saber em que ponto da curva salarial cada cargo se encontra é interessante, mas não resolve o problema, pois o objetivo da administração de cargos e salários é estabelecer uma estrutura salarial, e não fazer uma análise cargo a cargo. É preciso, portanto, definir *faixas salariais* de acordo com os pontos. No nosso caso, teríamos as faixas:

- **Faixa I** de 200 a 250 pontos   de R$ 550,00 a R$ 950,00
- **Faixa II** de 251 a 350 pontos   de R$ 950,00 a R$ 1.900,00
- **Faixa III** de 351 a 450 pontos   de R$ 1.900,00 a R$ 2.100,00
- **Faixa IV** de 451 a 550 pontos   de R$ 2.100,00 a R$ 2.500,00
- **Faixa V** de 551 a 950 pontos   de R$ 3.000,00 a R$ 3.300,00

Dessa maneira, a avaliação de cargos pelo sistema de pontos segue o roteiro representado graficamente na Figura 7.4.

Pesquisa salarial

Os métodos de avaliação de cargos que comentamos — escalonamento, categorias predeterminadas, comparação de fatores e sistema de pontos — permitem analisar a atual estrutura de cargos e salários da empresa e detectar eventuais distorções. São, portanto, instrumentos importantes para cumprir o primeiro objetivo da administração de cargos e salários, que é alcançar o equilíbrio interno.

Nada garante, porém, que uma organização com uma distribuição equitativa de salários esteja oferecendo uma remuneração competitiva em relação ao mercado. Assim, para verificar como anda o equilíbrio externo dos salários da empresa, é preciso lançar mão de um outro instrumento: a *pesquisa salarial*.

A maneira mais simples e econômica de fazer uma pesquisa desse tipo é analisar as tabelas salariais veiculadas em jornais, sites ou outros meios. O problema, nesse caso, é que o grau de precisão será muito baixo, pois essas tabelas trazem dados genéricos, nem sempre

Figura 7.4   Etapas da avaliação de cargos pelo sistema de pontos.

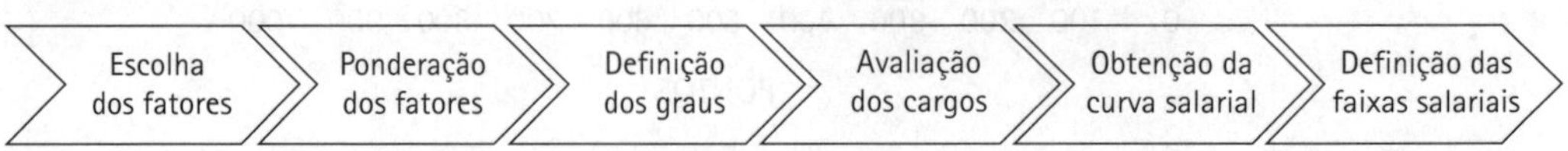

Escolha dos fatores → Ponderação dos fatores → Definição dos graus → Avaliação dos cargos → Obtenção da curva salarial → Definição das faixas salariais

adequados ao perfil do cargo e da organização. Em geral, a consulta às tabelas só é feita para resolver dúvidas pontuais, e não para implantar o plano de cargos e salários da empresa.

Durante a implantação do PCS, as empresas — ou as consultorias por elas contratadas — costumam realizar uma pesquisa salarial personalizada. Nesse caso, o primeiro passo é definir os cargos de referência que serão pesquisados. Os cargos escolhidos precisam ser facilmente encontráveis no mercado e, ao mesmo tempo, representar uma amostra significativa em cada faixa salarial da empresa.

Dentro de cada faixa, é interessante escolher cargos que representem diferentes atividades. Por exemplo: na faixa de R$ 1.000,00 a R$ 2.000,00, escolher um cargo da área de finanças, outro da área de marketing, outro de produção etc.

O segundo passo é escolher as empresas que serão convidadas a participar da pesquisa. Segundo Chiavenato (2009, p. 304), elas devem ser selecionadas segundo quatro critérios: a) localização geográfica; b) ramo de atividade; c) tamanho da empresa; e d) política salarial (agressiva ou conservadora, por exemplo).

Definidas as empresas e feitos os convites, é hora de passar à terceira etapa da pesquisa: coletar os dados entre as empresas que aceitaram participar. A forma mais comum de coletar dados é a distribuição de questionários, mas também podem ser feitas visitas e entrevistas. Em todos os casos, é importante estabelecer uma troca constante de informações com as empresas, a fim de esclarecer eventuais diferenças nas nomenclaturas dos cargos ou outras dúvidas.

> *Em troca da gentileza por ter aceitado participar da pesquisa salarial, é praxe divulgar os resultados para as empresas participantes. No entanto, deve-se manter em sigilo a identidade de cada uma. Para diminuir os custos, a pesquisa salarial também pode ser conduzida por um grupo de empresas com interesses similares.*

A última fase da pesquisa salarial é a tabulação e o tratamento estatístico dos dados. Os extremos (valores muito abaixo ou muito acima da média) costumam ser eliminados. Em geral, as medidas estatísticas tomadas nas pesquisas salariais são:

- *menor salário* da amostra;
- *maior salário* da amostra;
- *primeiro quartil* — indica que 25% dos salários são inferiores a esse nível e 75% dos salários são superiores a esse nível;
- *mediana ou segundo quartil* — indica que 50% dos salários informados são superiores a esse nível e 50% são inferiores;
- *terceiro quartil* — indica que 75% dos salários são inferiores a esse nível e 25% são superiores.

Esses conceitos são representados de maneira simplificada na Figura 7.5.

De acordo com o que acabamos de descrever, o processo de uma pesquisa salarial segue os passos representados na Figura 7.6.

Figura 7.5 Principais medidas estatísticas tomadas pelas pesquisas salariais.

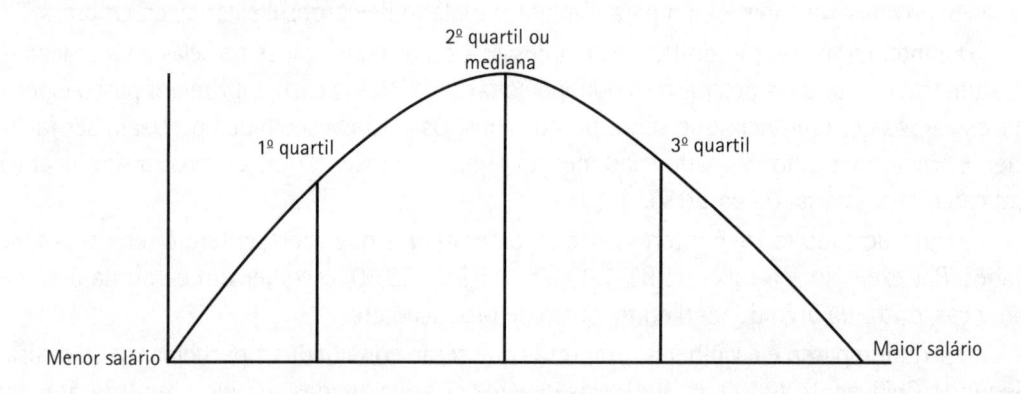

[Gráfico de curva normal mostrando: Menor salário, 1º quartil, 2º quartil ou mediana, 3º quartil, Maior salário]

Figura 7.6 Etapas de uma pesquisa salarial.

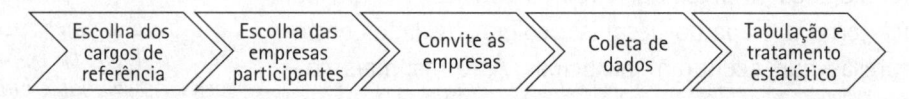

[Fluxograma: Escolha dos cargos de referência → Escolha das empresas participantes → Convite às empresas → Coleta de dados → Tabulação e tratamento estatístico]

Definição da nova estrutura salarial e enquadramento dos cargos

Nessa fase da elaboração do plano de cargos e salários, os resultados obtidos na avaliação de cargos (visão interna) e na pesquisa salarial (visão externa) são cruzados. De qual ponto da curva do mercado os salários pagos atualmente pela empresa mais se aproximam: do primeiro quartil, da mediana ou do terceiro quartil? Quais ajustes precisam ser feitos para tornar a remuneração mais competitiva? Quais áreas da empresa devem ser mais valorizadas? Questões como essas são discutidas até que se defina uma nova estrutura salarial para a empresa, mais abrangente e equilibrada do que a original.

Para definir uma estrutura salarial, é preciso classificar os cargos segundo determinado critério. Ao descrever o método de avaliação de cargos pelo sistema de pontos, já mencionamos um critério possível: o número de pontos obtidos (de 100 a 200 pontos, de 201 a 300 etc.). Outros critérios possíveis, que podem inclusive ser combinados com o de pontos, são agrupar os cargos segundo a natureza (operacionais, técnicos e gerenciais), segundo a área (de produção ou de *staff*) etc.

Seja como for, os cargos serão agrupados em *classes*, correspondendo a cada classe uma *faixa salarial*. Dentro de cada faixa, serão estabelecidos *níveis salariais* distintos, também chamados de *steps* ou *degraus*. Esses níveis captam melhor pequenas diferenças de experiência e habilidades, evitando que um funcionário tenha de esperar muito tempo para ser promovido.

Assim, uma classe poderia ter, por exemplo, esta definição:

Classe I	100 a 200 pontos	De R$ 1.000,00 a R$ 1.440,00	Steps:	Júnior – R$ 1.000,00
				Pleno – R$ 1.200,00
				Sênior – R$ 1.440,00

Definidas todas as classes e seus *steps*, o próximo passo é realizar o enquadramento dos cargos antigos na nova estrutura salarial. Durante esse processo, podem surgir três tipos de situação:

- o salário atual é igual ao determinado para o *step* e a faixa correspondentes – nesse caso, basta fazer o enquadramento, sem custo algum para a empresa;
- o salário atual é inferior ao determinado para o *step* e a faixa correspondentes – nesse caso, a empresa terá de reajustar o salário do cargo; os custos decorrentes desse tipo de reajuste são chamados de *custos de enquadramento*;
- o salário atual é superior ao determinado para o *step* e a faixa correspondentes – nesse caso, a empresa tem duas opções: ou marca aquele cargo como "fora de faixa" e deixa as coisas como estão até que surja uma oportunidade para resolver o problema (uma promoção ou transferência), ou promove o funcionário imediatamente para que seu salário condiga com o cargo; contudo, nesse caso haverá também algum custo de enquadramento, mesmo que o aumento gerado pela promoção seja pequeno.

Estabelecimento da política salarial

Uma *política salarial* é o conjunto de normas e diretrizes que orienta a administração de cargos e salários da organização. Na verdade, ao definir sua estrutura salarial, a empresa já está determinando, também, a sua política salarial. Contudo, a estrutura salarial não é um elemento definitivo; pelo contrário: ela é dinâmica, está sempre expandindo-se e alterando--se, conforme os movimentos da empresa e das pessoas que a compõem. A política salarial constitui, portanto, os "trilhos" sobre os quais correrão esses movimentos.

Assim, a política deve definir, por exemplo, os critérios de *reajuste salarial*. Geralmente, o *salário de admissão* corresponde ao piso da faixa salarial (ou seja, ao primeiro *step*). Depois, a pessoa pode receber um desses tipos de promoção:

- *promoção horizontal* – é a que ocorre de um *step* para o outro, sem troca de classe;
- *promoção vertical* – é a que ocorre quando a pessoa ascende de uma classe para a outra;
- *promoção diagonal* – é a que ocorre quando a pessoa troca de classe e, simultaneamente, de área; por exemplo: passa de assistente de marketing para gerente administrativo.

A política salarial deve estabelecer o percentual de reajuste para cada tipo de promoção. Por exemplo, 8% para promoções horizontais e 15% para promoções verticais. Para as promoções diagonais, aplicam-se critérios iguais aos das verticais.

Além desses tipos de reajuste individual, existem também os *reajustes coletivos*, cujo objetivo é manter o poder aquisitivo real dos salários, compensando a inflação do período. Os reajustes coletivos podem ser concedidos espontaneamente pelas empresas ou por meio de acordos com sindicatos (dissídios coletivos).

Outros itens a serem incluídos na política são os critérios para remuneração variável e benefícios (elementos sobre os quais falaremos a seguir) e as diretrizes referentes ao próprio PCS, tais como a periodicidade com que ele será revisto. De modo geral, recomenda-se uma revisão a cada ano.

A Figura 7.7 oferece uma visão global do processo de elaboração do plano de cargos e salários. Observe que as duas primeiras etapas (avaliação de cargos e pesquisa salarial) visam descobrir como as coisas estão atualmente, ou seja, são etapas diagnósticas, ao passo que as duas últimas (estrutura salarial e política salarial) são as que efetivamente implementam as mudanças.

Remuneração variável

Tradicionais em outros países, especialmente nos Estados Unidos, os sistemas de *remuneração variável* só chegaram ao Brasil algumas décadas atrás — mas vieram para ficar. Cada vez mais as empresas estão implantando ou ampliando programas desse tipo, devido às inúmeras vantagens que eles trazem. As principais são:

- *flexibilidade na estrutura salarial* — diferentemente da remuneração fixa, que não pode ser diminuída, a variável pode ser retraída em momentos de crise e incrementada quando a economia está a todo vapor;

Figura 7.7 O processo de elaboração de um PCS.

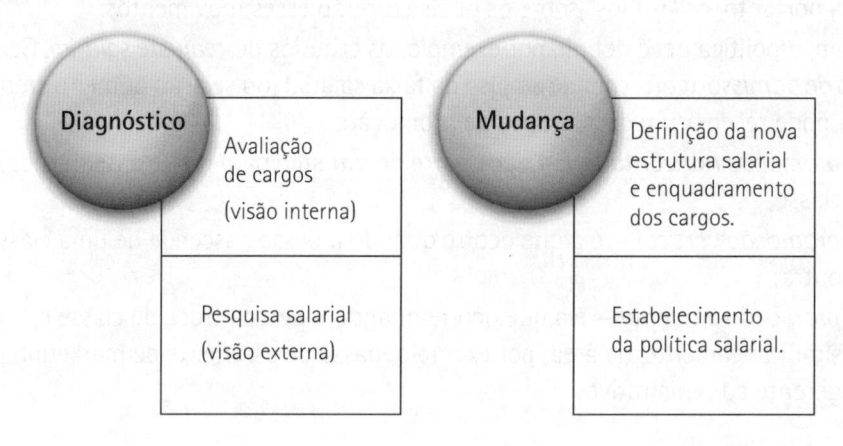

Diagnóstico
- Avaliação de cargos (visão interna)
- Pesquisa salarial (visão externa)

Mudança
- Definição da nova estrutura salarial e enquadramento dos cargos.
- Estabelecimento da política salarial.

- *empowerment do funcionário* — ao lado da gestão participativa, a remuneração variável é um importante instrumento de *empowerment* (empoderamento), pois permite que o colaborador tenha maior poder de decisão sobre aquilo que receberá;
- *aumento no comprometimento* — ao mesmo tempo, a remuneração variável eleva a sensação de pertencimento à organização, pois a pessoa "sente na pele" quando as coisas vão bem ou mal.

Os principais tipos de remuneração variável são: a) incentivos de longo prazo (ILPs); b) participação nos lucros ou resultados (PLR); c) bônus por desempenho; e d) comissões e similares. A seguir, descrevemos brevemente cada um deles.

> Assim como ocorre com outras práticas de RH, no caso do plano de cargos e salários o sucesso depende, em grande medida, de uma boa estratégia de comunicação. É fundamental que a organização mantenha os funcionários bem informados desde o início do processo. Devem ser explicados claramente os objetivos da implantação do plano, os benefícios que ela pode trazer e como eles devem contribuir. Geralmente o PCS é bem recebido, pois o funcionário nada tem a perder — como vimos, o enquadramento dos cargos antigos na estrutura nova nunca diminui o salário, podendo, pelo contrário, aumentá-lo.

Incentivos de longo prazo (ILP)

Os programas de *incentivo de longo prazo* (*ILP*) dirigem-se apenas aos níveis hierárquicos mais altos e têm como objetivo reter o colaborador na organização, sendo por isso apelidados de *golden handcuffs* (algemas de ouro). Os principais planos desse tipo são:

- *plano de participação acionária* (stock options) — conforme já comentamos no capítulo anterior, é um plano em que o colaborador tem a opção de comprar ações da empresa, geralmente a preços abaixo do mercado;
- *bônus de retenção* (retention bonus) — funciona como um empréstimo: o executivo recebe o bônus ao entrar na organização e, se ficar o tempo acordado (por exemplo, cinco anos), fica com o bônus como prêmio; se resolve sair antes, tem de devolver todo ou parte do dinheiro;
- *bônus diferido* (deferred bonus) — nesse caso, a pessoa recebe parte do bônus quando entra na empresa e o restante é parcelado por um tempo predeterminado (por exemplo, três anos); se ela sair antes, não precisa devolver nada, mas também não ganha o resto do dinheiro;
- "ações fantasma" (phantom stock) — o colaborador não compra efetivamente as ações da organização, mas recebe o que elas renderam durante o período acordado; essa opção pode ser combinada com outras, representando parte do bônus diferido, por exemplo;
- *luvas* (hiring bonus) — mais do que reter, esse incentivo visa atrair talentos: é pago quando o executivo é contratado, representando, assim, um estímulo para que ele abandone seu emprego atual.

Os programas de ILP movimentam cifras impressionantes e muitas vezes representam mais de metade da remuneração global dos executivos. Em 2009, uma pesquisa do Hay Group (consultoria sobre a qual falamos algumas páginas atrás) com 227 organizações no Brasil revelou que 95 delas ofereciam incentivos de longo prazo. Entre as que o faziam, 60% era de capital estrangeiro. Segundo a mesma pesquisa, o programa mais popular é o *stock option*, com 58% de adoção (MAGALHÃES, 2009).

Participação nos lucros ou resultados (PLR)

A *participação nos lucros ou resultados* (*PLR*) das empresas foi garantida aos trabalhadores brasileiros pela Constituição de 1988 e disciplinada posteriormente pela Lei n. 10.101/2000. De acordo com a legislação, as condições do plano de PLR devem ser negociadas entre a empresa e seus empregados mediante um destes procedimentos:

- comissão escolhida pelas partes, integrada, também, por um representante indicado pelo sindicato da categoria; ou
- convenção ou acordo coletivo.

É interessante notar que a lei fala sobre "a participação dos trabalhadores nos lucros *ou* resultados da empresa" – ou seja, é possível escolher entre as duas modalidades: lucros ou resultados. A participação nos lucros só vai existir se, obviamente, houver lucro contábil no período. Já a participação nos resultados pode existir mesmo quando não houver lucro; nesse caso, serão levados em conta outros indicadores previamente acordados, tais como índices de produtividade e qualidade ou programas de metas e prazos.

A grande maioria das empresas no Brasil adota a PLR, especialmente por causa dos benefícios fiscais que ela traz, visto que as parcelas pagas aos funcionários podem ser deduzidas como despesa operacional. Outra vantagem é que não incide qualquer encargo trabalhista sobre os valores pagos, tampouco o princípio da habitualidade – isto é, eles não podem ser considerados como parte do salário, mesmo que recebidos por vários anos seguidos. Desse modo, a PLR é uma maneira segura e prática de motivar o colaborador e aumentar seu comprometimento com as metas organizacionais.

Por outro lado, o fato de a participação ser paga a todos os funcionários indistintamente é considerada uma desvantagem do sistema. Outro problema é administrar a negociação com os sindicatos, que frequentemente pressionam as empresas pela adoção de um valor fixo e/ou irreal – o que, na verdade, contraria o espírito da lei.

Bônus por desempenho

Os *bônus por desempenho* estão intimamente relacionados à administração por objetivos (APO) ou gestão por resultados, sobre a qual falamos no Capítulo 2, e à teoria da motivação pelo estabelecimento de metas, comentada no capítulo anterior. Seu princípio é simples: são estabelecidas determinadas metas, as metas são aceitas por aquele(s) a quem se aplicam e, caso atingidas, o(s) colaborador(es) recebe(m) o bônus correspondente. Também pode haver premiações parciais, para o caso de a meta não ter sido atingida plenamente. Quanto a seu alcance, o programa pode ser estabelecido para cada colaborador individualmente, para uma equipe, uma área ou unidade, ou ainda para toda a organização.

As vantagens desse sistema já foram comentadas nos capítulos 2 e 6: o grau de objetividade que ele traz à remuneração; a possibilidade de alinhar os objetivos de cada área aos objetivos organizacionais; o incentivo que pode proporcionar, na medida em que o colaborador percebe com clareza o que se espera dele e o que ele receberá em troca etc.

Contudo, a remuneração variável por desempenho não é isenta de problemas. Para que tudo dê certo, a engrenagem precisa estar muito bem "azeitada": as metas devem ser realmente exequíveis, objetivas e mensuráveis, todo o apoio necessário deve ser fornecido ao colaborador e, principalmente, os critérios para avaliar o desempenho devem ser justos e precisos. Se isso não ocorrer, o sistema pode se transformar em um instrumento de privilégios, causando profunda frustração naqueles que também contribuíram para o alcance da meta... mas não foram contemplados pelo bônus. Outra limitação desse sistema é que ele não pode ser usado isoladamente como ferramenta de incentivo, porque desse modo, como já vimos, corre-se o risco de criar equipes "mercenárias", que só cumprem seu papel mediante um "extra".

Comissões e similares

Existem alguns tipos de remuneração variável vinculados a categorias específicas de trabalhadores, ou a áreas determinadas da organização. Por exemplo:

- *comissões* — são pagas a vendedores, corretores, promotores etc.
- *gorjetas* — são pagas por clientes a garçons, entregadores, motoristas etc.
- *gueltas* — são pagas por fornecedores a vendedores de varejo para que estes deem preferência a seus produtos; por exemplo, fabricantes de eletrodomésticos pagam gueltas a vendedores de lojas;
- *prêmios por campanhas* — são semelhantes às comissões; porém, geralmente não contemplam apenas os vendedores, mas também profissionais de outras áreas envolvidas, como marketing, administração etc.

Todos esses sistemas são formas econômicas e simples de estimular a produtividade e elevar a qualidade dos serviços. Contudo, o profissional de RH deve estar atento ao fato de que, na maioria das vezes, os tribunais brasileiros consideram esse tipo de remuneração variável como parte integrante do salário. Assim, por exemplo, no caso de um vendedor com salário de R$ 650,00 que recebe, em média, R$ 1.000,00 de comissões mensais, o valor que servirá de base para o cálculo de horas extras, 13º salário, férias, rescisão e outras verbas é de R$ 1.650,00. Isso vale inclusive para valores pagos por terceiros, como é o caso das gorjetas e das gueltas.

Benefícios

Os *benefícios*, também chamados de *remuneração indireta*, têm uma longa história nas relações de emprego. Suas origens remontam às lutas dos sindicatos por promover a segurança e o bem-estar dos trabalhadores.

A lógica por trás dos benefícios é a seguinte: o colaborador dedica uma grande parcela de suas horas, dias e semanas ao alcance dos objetivos organizacionais; portanto, é justo que, além de remunerar monetariamente seu empenho, a organização busque maneiras de tornar a vida desse trabalhador mais conveniente, segura e saudável. Isso traz vantagens óbvias para o funcionário, mas também para a própria empresa, que passa a contar com uma equipe mais tranquila, motivada e focada no trabalho, além de evitar afastamentos por doenças ou outros problemas.

Existem inúmeros tipos de benefícios e várias maneiras de classificá-los. Chiavenato (2009, p. 321-323), por exemplo, propõe a seguinte classificação:

1. *Quanto à exigência* – os benefícios podem ser *legais* (13º salário, férias, aposentadoria, adicionais de insalubridade e periculosidade) ou *espontâneos* (refeições, seguro de vida, empréstimos, assistência médica, complementação de aposentadoria).
2. *Quanto à natureza* – os benefícios podem ser *monetários* (13º salário, férias, empréstimos) ou *não monetários* (assistência médica, creche).
3. *Quanto aos objetivos* – os benefícios podem ser:
   - *assistenciais*, isto é, visam assistir o funcionário e sua família em caso de imprevistos. Exemplos: assistência médica e odontológica, assistência financeira através de empréstimos, serviço social, complementação de aposentadoria, complementação de salários nos afastamentos prolongados por doença, seguro de vida em grupo e seguro de acidentes pessoais;
   - *recreativos*, isto é, visam proporcionar ao funcionário repouso ou lazer; Exemplos: clube de férias, academia, áreas de lazer nos intervalos de trabalho, passeios e excursões;
   - *supletivos*, isto é, visam proporcionar ao colaborador facilidades que, se a empresa não oferecesse, ele teria de providenciar por si próprio. Exemplos: ônibus fretado, restaurante no local de trabalho, estacionamento privativo, cooperativa de gêneros alimentícios, agência bancária no local de trabalho.

Uma tendência forte na área são os programas de *benefícios flexíveis*, pelos quais os colaboradores podem escolher, dentro de um cardápio de benefícios, aqueles mais adequados a seus interesses e necessidades. Conforme vimos no capítulo anterior, esse sistema é uma interessante ferramenta de motivação, pois confere autonomia aos funcionários e reconhece as diferenças entre eles: uma colônia de férias pode ser atraente para pais e mães de família, mas talvez pessoas com outros perfis prefiram academia de ginástica, complementação da previdência, financiamentos etc.

Tendências em remuneração

A gestão de RH como um todo vem sofrendo profundas transformações, conforme vimos afirmando desde o início deste livro. Uma das áreas em que isso se manifesta de maneira mais clara é a gestão da remuneração. Existe uma forte tendência no sentido de trocar a abordagem *tecnicista*, na qual se gastava um tempo gigantesco com os *meios* — a análise e avaliação de cargos —, por uma abordagem *estratégica*, na qual a ênfase maior recai nos *fins* — a atração e retenção de talentos.

Ao mesmo tempo, acompanhando a tendência geral de dissolução das fronteiras organizacionais, o foco da gestão da remuneração vem se deslocando dos *cargos*, com seus limites rígidos e burocráticos, para as *pessoas*, com seu potencial e constante desenvolvimento. Nesta última seção, veremos dois exemplos concretos dessas tendências: a remuneração por competências e os planos de carreira.

Remuneração por competências

Hoje em dia, quando o assunto é gestão da remuneração, não se pode deixar de falar em *remuneração por competências*. Para entendermos melhor esse conceito, vamos começar examinando algumas diferenciações:

- *Remuneração por competências* versus *remuneração por mérito ou desempenho* — enquanto a remuneração por mérito ou desempenho olha para trás, isto é, para aquilo que o funcionário *já fez*, a remuneração por competências olha para a frente, isto é, para aquilo que o funcionário *pode fazer*. Segundo seus defensores, como Ênio Resende (2002a), ela é uma solução para aqueles inconvenientes já citados da remuneração por desempenho, principalmente o risco de injustiças e a frustração para os colaboradores não contemplados.
- *Remuneração por competências* versus *remuneração variável* — a remuneração por competências não é um programa de remuneração variável. É um programa completo de gestão da remuneração, que visa estabelecer novos critérios para a fixação das faixas e níveis salariais. Assim como ocorre no PCS tradicional, dentro da remuneração por competências pode haver, também, programas de remuneração variável. Por exemplo: a empresa pode usar o salário fixo para remunerar competências permanentes, ligadas à sua missão e visão, e bônus variáveis para remunerar competências temporárias, relacionadas a metas de curto e médio prazo (dominar uma nova tecnologia, por exemplo).

O sistema de remuneração por competências pode ser implantado em empresas que já possuem um plano de cargos e salários ou em empresas que não o possuem. No primeiro caso, será feita uma reformulação completa, com a redefinição das faixas e níveis salariais e o reenquadramento dos cargos segundo os novos critérios. Também será preciso mudar as normas da política salarial, para que passem a contemplar os critérios de promoção por competência.

No segundo caso, ou seja, quando não há um PCS prévio, a consultoria contratada vai começar o trabalho do zero. Mas, em vez dos métodos tradicionais de análise e avaliação de cargos, serão usados métodos pertinentes à gestão por competências. Ênio Resende (2002b, p. 393) explica, por exemplo, que a descrição de cargos continua sendo importante durante a implementação de um sistema de remuneração por competências; contudo, ela deve assumir um formato menos burocrático e mais realista. Por exemplo: se certo cargo é multifuncional, não adianta querer encaixá-lo "à força" em determinada área — é melhor descrevê-lo como tal. Além disso, a descrição nesse sistema deve listar as competências requeridas em cada cargo.

Em sua fase final, o sistema de remuneração por competências terá um formato parecido com o de um PCS tradicional. Contudo, os critérios sobre os quais ele se assenta são bem diferentes. Em primeiro lugar, além de buscar o equilíbrio interno e externo, o sistema de remuneração por competências visa à *remuneração estratégica* — isto é, a empresa poderá remunerar melhor os cargos em que se manifestem as competências essenciais a seu negócio.

Em relação à definição das faixas e níveis salariais, o princípio básico do sistema de remuneração por competências é, de acordo com Resende (2002b, p. 390), o representado na Figura 7.8.

Uma diferença importante entre o PCS tradicional e o sistema de remuneração por competências é que este utiliza o *broadband*, isto é, uma estrutura com faixas salariais bem amplas. O *broadband* objetiva simplificar e desburocratizar a estrutura salarial, fundindo diferentes segmentos de uma mesma carreira em uma faixa só. A Figura 7.9 traz um exemplo disso, dado pela equipe de pesquisa salarial da Catho Online (CATHO, s/d).

Figura 7.8 Princípio básico do sistema de remuneração por competências. (Adaptado de: RESENDE, 2002b, p. 390)

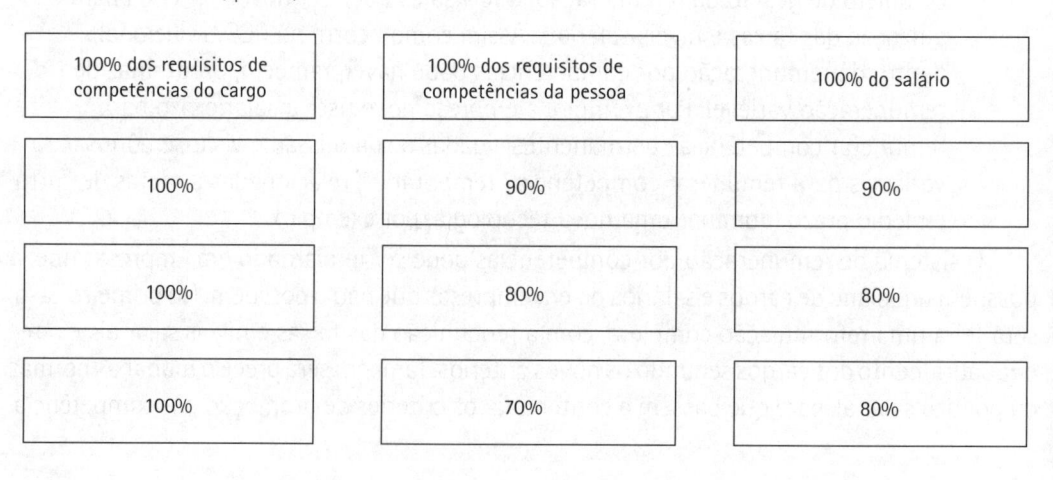

100% dos requisitos de competências do cargo	100% dos requisitos de competências da pessoa	100% do salário
100%	90%	90%
100%	80%	80%
100%	70%	80%

Figura 7.9 Exemplo de faixa salarial ampla (*broadband*).

| Auxiliar financeiro R$ 650 | Assistente financeiro R$ 1.100 | Analista financeiro R$ 2.500 | Consultor financeiro R$ 5.500 | Assessor financeiro R$ 8.200 |

Os critérios para promoção horizontal (passagem de um *step* para o outro) também são diferentes no sistema de remuneração por competências. Enquanto no modelo tradicional do PCS o funcionário progride horizontalmente por antiguidade, passando de maneira quase automática de júnior para pleno e depois sênior, no sistema de remuneração por competências ele só progride quando aprofunda ou desenvolve as competências necessárias no *step* seguinte.

O Quadro 7.5 resume as diferenças entre um PCS tradicional e um sistema de remuneração por competências.

Quadro 7.5 Principais diferenças entre um PCS tradicional e um sistema de remuneração por competências.

PCS tradicional	Sistema de remuneração por competências
Abordagem tecnicista.	Abordagem estratégica.
Ênfase nos meios (análise e avaliação de cargos).	Ênfase nos fins (atração e retenção de talentos).
Foco no cargo.	Foco nas pessoas.
Faixas estreitas, com três ou quatro *steps*.	Faixas amplas (*boadbrand*), com vários *steps*.
Várias faixas, segmentando a carreira.	Poucas faixas, cada uma abarcando uma carreira inteira.
Promoção horizontal por maior experiência (antiguidade).	Promoção horizontal por conquista ou desenvolvimento de competências.

Plano de carreira

Outro conceito relacionado à tendência de deslocar o foco do cargo para as pessoas é o de *plano de carreira*. Na verdade, essa expressão tem duas acepções distintas.

A primeira refere-se ao plano de carreira que todo profissional deve ter, esteja ele vinculado a uma organização ou não. Nesse sentido, o plano de carreira deve começar a ser delineado ainda na graduação; aliás, várias instituições de ensino superior oferecem esse tipo de orientação aos estudantes.

Levando em conta as aptidões e preferências da pessoa, o plano de carreira traça uma trajetória para que ela desenvolva suas competências, tome as decisões mais adequadas ao longo do caminho e alcance, assim, seus objetivos profissionais. Esses objetivos podem estar relacionados a ocupar certa posição em uma organização, mas não necessariamente. A pessoa pode ter como objetivo ser dona do próprio negócio, trabalhar como autônoma para ter mais flexibilidade de horários, ou mesmo tornar-se servidora pública — nesse caso, seu plano deve incluir estudos preparatórios para concursos, por exemplo.

É importante que o plano não tenha um horizonte longo demais, porque, como o mercado está em constante mutação, os objetivos traçados hoje dificilmente continuarão válidos daqui a dez anos. Portanto, é preciso prever etapas intermediárias, nas quais a pessoa poderá avaliar o que já conseguiu e repensar o que fará dali em diante. Existem diversos livros, palestras e serviços especializados que ajudam estudantes e profissionais a traçar esse tipo de plano.

A outra acepção de plano de carreira reflete o prisma das organizações: nesse caso, a expressão refere-se ao plano que a empresa ajuda o colaborador a traçar, visando atender aos interesses deste — mas, também, aos interesses da própria organização. Os parâmetros utilizados, portanto, serão outros. É claro que o potencial e as preferências da pessoa continuarão a serem levados em conta, mas a trajetória terá de ser traçada dentro daquilo que a organização pode e quer lhe oferecer.

Na grande maioria das vezes, o responsável por ajudar o colaborador a traçar um plano de carreira é o *coach* (reveja o conceito no capítulo anterior). Antes de se reunir com seu "cliente", o *coach* vai analisar os resultados de suas avaliações de desempenho e potencial (itens que estudaremos no próximo capítulo). Depois, durante as reuniões, os dois juntos vão traçar uma estratégia para que a pessoa evolua nos quadros da empresa, o que normalmente incluirá programas de treinamento e desenvolvimento.

Essa estratégia deve conter prazos e metas bem específicas. Assim, a intervalos predeterminados, o *coach* e o "cliente" voltam a se reunir para verificar se as metas foram atingidas ou não, se houve dificuldades, se ocorreram mudanças inesperadas ou se é necessário redefinir o resto da trajetória. Os planos de carreira traçados pelas empresas podem ser bem sofisticados, incluindo até mudanças de país ou de área de atuação.

SAIU NA IMPRENSA

"STATUS" CEDE ESPAÇO AO PERFIL PROFISSIONAL

GUILHERME CUCHIERATO
DA REPORTAGEM LOCAL

Batizada de "gestão por competências", a valorização das habilidades profissionais do funcionário, em vez da função ocupada, ganha força nas empresas.

De acordo com esse modelo de administração, os profissionais são pagos pelo que realmente "valem" e não porque têm um cargo com nome pomposo ou anos de experiência na mesma função. [...]

De acordo com Amaury Moraes Júnior, 50, gerente de consultoria de remuneração da Manager, as empresas tendem agora a remunerar as pessoas, não o cargo. "As pessoas têm múltiplos papéis."

Para ele, a tecnologia e os serviços não fazem mais as diferenças. "Estas são feitas pelas pessoas. As habilidades são o "saber fazer". É o que se aprende com a prática."

Polivalência

No modelo de remuneração por competências e habilidades não existe o conceito de função. "São criados cargos genéricos, que levam em conta a polivalência", explica Moraes.

"É como um almoxarife que, além de suas atribuições, sabe conduzir uma empilhadeira e controlar estoques de mercadorias. Quero que esses profissionais saibam sobre outras áreas, que conheçam melhor a empresa e sintam que fazem parte dela."

Senir Fernandez, 53, consultor da William M. Mercer, afirma que, se a ênfase da empresa for remunerar por habilidades, então são definidos salários mínimos e máximos, a partir do mercado.

"Depois a companhia estabelece um referencial de competências, os critérios de mensurá-las e, finalmente, paga os salários de acordo com o nível que cada profissional demonstrar possuir."

Segundo esse sistema, diz o consultor, os empregadores definem quais características deve ter o profissional para executar determinada atividade.

"Quando as competências esperadas são encontradas, as chances de alcançar as metas são maiores, e geralmente os resultados são obtidos exatamente pelos profissionais que têm essas competências", avalia Fernandez. [...]

"Antes eu era analista de cargos e salários sênior, hoje sou profissional administrativo-financeiro 4", diz Cláudio Rigo, 39, da Sercomtel.

Isso explica como o processo de implantação do modelo de remuneração por competências mudou os nomes clássicos dos cargos. Segundo Rigo, antes, quando a empresa criava um cargo, precisava definir pontos para atribuir a ele salário correspondente. "Agora temos, por exemplo, o eixo administrativo-financeiro, com várias atividades [contas a pagar e contabilidade, entre outras, para o profissional, que pode também atuar com recursos humanos e almoxarifado." [...]

Folha de S.Paulo, 31 mar. 2002.

1. Releia o que Senir Fernandez, consultor da William M. Mercer, explicou nessa reportagem sobre o sistema de remuneração por competências. No seu caderno ou computador, reescreva a explicação usando a terminologia que estudamos neste capítulo.
2. Com base na reportagem e no conteúdo deste capítulo, explique a mudança no nome do cargo de Cláudio Rigo.
3. Cláudio Rigo faz referência ao sistema de pontos, utilizado antes na Sercomtel. Por que esse sistema é incompatível com a remuneração por competências?
4. Conforme explica um dos especialistas ouvidos, no sistema de remuneração por competências não existe o conceito de função; são criados cargos genéricos, cujos ocupantes desempenham atividades diversas. Na sua opinião, quais as vantagens desse sistema? Quais tipos de pessoas não se adaptariam a ele? Você gostaria de trabalhar em uma empresa sem cargos definidos?
5. Um dos desafios que podem surgir durante a implantação de um sistema de remuneração por competências é o seguinte: duas pessoas que realizam as mesmas atividades podem receber salários diferentes, porque uma delas possui mais competências (portanto, mais potencial) do que a outra. No papel de gestor de RH, como você lidaria com tal situação?

NA ACADEMIA

Você sabe o que são âncoras de carreira? Individualmente, faça uma pesquisa na Internet com essa expressão. No fim da pesquisa, você deve ser capaz de responder às seguintes questões: o que são âncoras de carreira? Para que podem ser utilizadas? Elas podem ajudar a traçar um plano de carreira? Como? Quando e por quem o conceito de âncora de carreira foi criado?

Existem sites na Internet em que você pode fazer um teste e descobrir as suas âncoras de carreira. Um exemplo é esta página, ligada ao curso de Psicologia da Universidade Federal de Santa Catarina (UFSC): http://www.psico.ufsc.br/sop2/ancora/

Faça o teste nesse ou em outro site e, depois, discuta os resultados com os colegas. Lembre-se, porém, que os testes psicológicos por computador servem apenas para saciar a curiosidade e oferecer um primeiro contato com o método avaliativo. Um resultado preciso só é possível com a assistência de um psicólogo.

Pontos importantes

- A administração de cargos e salários é a parte da administração de recursos humanos que lida com as recompensas materiais pelo trabalho das pessoas.
- A remuneração global de um colaborador está composta por remuneração fixa, remuneração variável e benefícios.

- O plano de cargos e salários (PCS) é uma documentação que estabelece formalmente a política salarial da empresa. Inclui a estrutura de cargos e salários e os critérios para promoção e reajuste, entre outros itens.
- O primeiro passo na elaboração do PCS é a avaliação de cargos, processo que consiste em determinar o valor de cada cargo dentro da organização. Os principais métodos de avaliação de cargos são o método do escalonamento (*job ranking*), o método da classificação (*job classification*), o método da comparação de fatores (*factor comparison*) e o sistema de pontos.
- Depois da avaliação de cargos, os outros passos na elaboração do PCS são: realização da pesquisa salarial; definição da nova estrutura salarial e enquadramento dos cargos; e estabelecimento da política salarial.
- Os principais tipos de remuneração variável oferecidos pelas empresas são incentivos de longo prazo (ILPs); participação nos lucros ou resultados (PLR); bônus por desempenho; e comissões e similares.
- Os inúmeros tipos de benefício existentes podem ser classificados como legais ou espontâneos; como monetários ou não monetários; e como assistenciais, recreativos ou supletivos.
- As tendências atuais na administração de cargos e salários incluem o abandono da abordagem tecnicista, centrada nos meios, em favor de uma abordagem estratégica, centrada nos fins; e o deslocamento do foco, que deixa de estar no cargo e passa a estar nas pessoas. São exemplos concretos disso os sistemas de remuneração por competências e os planos de carreira.

Referências

BISPO, Patrícia. 10 dicas para a elaboração de um plano de carreira. *RH.com.br*. 31 ago. 2009.
CATHO ONLINE. *Broadband: bandas salariais largas*. Disponível em: www.catho.com.br. Acesso em: 19 nov. 2009.
CHIAVENATO, Idalberto. *Recursos humanos*: o capital humano das organizações. 9. ed. Rio de Janeiro: Elsevier, 2009.
MAGALHÃES, Luana Cristina de Lima. Para reter talentos, empresas utilizam planos de incentivos de longo prazo. *InfoMoney*, 17 set. 2009.
MARRAS, Jean Pierre. *Administração da remuneração*. São Paulo: Thomson Learning, 2002.
NASCIMENTO, Luiz Paulo do. *Administração de cargos e salários*. São Paulo: Thomson Learning, 2001.
RESENDE, Ênio. *Cargos, salários e carreira*: novos paradigmas conceituais e práticos. São Paulo: Summus, 2002a.
_____. Remuneração por competências e habilidades. In: BOOG, Gustavo; BOOG, Magdalena (Coords.). *Manual de gestão de pessoas e equipes*: operações. v. 2. São Paulo: Gente, 2002b.

PARTE V
AVALIANDO RH

Conforme vimos no primeiro capítulo deste livro, ultimamente o RH vem deixando de ser um burocrático centro de custos para assumir o nobre papel de parceiro estratégico das organizações. Contudo, para que essa transição realmente se efetive, o RH precisa apresentar resultados palpáveis — somente assim as outras áreas estarão dispostas a dedicar-lhe respeito e investimentos. Nesta última parte do livro, veremos justamente isto: como mensurar os resultados dos esforços desprendidos na gestão de pessoas.

Primeiro, no Capítulo 8, estudaremos as principais ferramentas para avaliar o potencial e o desempenho dos colaboradores — indicadores essenciais para que o RH planeje suas ações e, depois, avalie em que medida elas foram efetivas. Em seguida, no Capítulo 9, examinaremos os instrumentos para a avaliação global dos investimentos em gestão de pessoas, tais como o balanced scorecard e os indicadores de desempenho.

Capítulo 8

AVALIAÇÃO DE PESSOAS

Neste capítulo, abordaremos as seguintes questões:
- Qual a diferença entre avaliação por competências e avaliação de competências?
- O que são indicadores de competências?
- Por quais transformações a avaliação de desempenho vem passando?
- O que é avaliação de potencial?
- Quais os principais instrumentos usados na avaliação de pessoas?
- Quais estratégias podem ser empregadas para implantar um sistema de avaliação de pessoas?

Introdução

Este capítulo tem a seguinte estrutura: primeiro, esclareceremos alguns conceitos basilares na avaliação de pessoas — avaliação por/de competências, indicadores de competências, avaliação de desempenho e avaliação de potencial. Em seguida, na segunda seção, descreveremos os principais instrumentos de avaliação de pessoas utilizados pelas empresas, classificados segundo a técnica empregada e segundo quem avalia, ou seja, quais pontos de vista são levados em conta. Depois, na última seção, enumeraremos as estratégias que se pode empregar para implantar um sistema de avaliação de pessoas.

Avaliando competências, desempenho e potencial

Para entender plenamente o processo de avaliação de pessoas, é preciso antes saber distinguir entre as ideias que lhe servem de fundamento, como competências, desempenho e potencial. Embora próximos e inter-relacionados, esses conceitos apresentam diferenças importantes; nosso objetivo, nesta seção, é delimitá-los com clareza. Veremos também um importante elemento da avaliação de competências: os indicadores de competência.

Avaliação por/de competências

No Capítulo 2, explicamos o que são competências organizacionais e competências individuais. Desde então, vimos examinando vários conceitos que envolvem competências:

- gestão de pessoas *por competências*;
- seleção *por competências*;
- remuneração *por competências*.

Observe que em todas essas expressões a competência entra como um parâmetro, não como uma prática distinta de RH. A gestão de pessoas, a seleção e a remuneração são práticas de RH que existiam bem antes de Prahalad e Hamel falarem em competências, e continuam existindo independentemente do conceito de competências. Quando uma empresa resolve adotar o modelo de gestão por competências, ela está optando por empregar um novo parâmetro para suas práticas de RH, e não criando novas práticas.

Assim, quando falamos em *avaliação por competências*, referimo-nos ao fato de que as pessoas serão avaliadas segundo o critério das competências. É precisamente desse modo que Benedito Milioni (2002, p. 320) define o termo em seu "Glossário de termos e expressões de gestão de recursos humanos":

> **Avaliação por competências**
>
> Processo em que as competências mapeadas, descritas e referendadas como a perspectiva de resultados de um cargo, função, especialização ou equipe de trabalho são pontuadas como "indicadores da entrega", ou seja, dos produtos ou dos resultados efetivos.

Assim, uma avaliação de desempenho pode ser realizada sob o critério das competências — e nesse caso será mais propriamente denominada *avaliação de desempenho por com-*

petências. Em geral, o objetivo desse tipo de avaliação é determinar em que medida o colaborador atingiu as metas pré-acordadas de aquisição ou desenvolvimento de competências.

Mas como saberemos se o colaborador adquiriu ou desenvolveu as competências em questão? Fazendo uma *avaliação de competências*. Assim, neste ponto da discussão, podemos fazer a primeira distinção entre dois conceitos pertinentes à avaliação de pessoas:

Avaliação por competências = avaliação que toma as competências como critério.	≠	Avaliação de competências = a mensuração das competências em si.

De acordo com essa definição, a avaliação *por* competências ocorre somente na etapa do processo de administração de RH que diz respeito à avaliação de pessoas, ou seja, somente quando o colaborador já foi recrutado, selecionado, já passou por algum tipo de treinamento (ainda que informal) e, agora, está sendo avaliado. A avaliação *de* competências, porém, não ocorre apenas nessa etapa.

Para entender por quê, vamos retomar o Capítulo 2, no qual vimos que um processo de gestão por competências contempla os seguintes passos (BRANDÃO; GUIMARÃES, 1999):

1. estabelecer os objetivos estratégicos da organização;
2. identificar as competências necessárias ao alcance de tais objetivos;
3. mapear as competências internas, ou seja, aquelas que a organização já possui;
4. comparar as competências necessárias com as atuais, a fim de identificar o *gap* (lacuna) a ser preenchido;
5. planejar como esse *gap* será preenchido — os meios mais comuns são recrutamento e seleção, treinamento e desenvolvimento e/ou gestão de carreira;
6. preencher o *gap* recrutando e selecionando novos talentos e, ao mesmo tempo, desenvolvendo os já existentes na organização;
7. por fim, apurar os resultados alcançados e compará-los com os esperados.

Ora, conforme ilustra a Figura 8.1, a avaliação de competências entra em jogo não apenas na etapa 7 (avaliação dos resultados), mas também nas etapas 3 (mapeamento das competências internas) e 6 (seleção de novos talentos). Veremos, a seguir, como ela ocorre em cada um desses momentos. Depois, no próximo tópico, estudaremos os indicadores de competência, um elemento-chave da avaliação de competências.

Desse modo, aproveitaremos a discussão do presente capítulo para aprofundar nosso conhecimento em gestão por competências, bem como esclarecer dúvidas que eventualmente tenham ficado dos capítulos anteriores.

Figura 8.1 Etapas do processo de gestão por competências nas quais entra em jogo a avaliação de competências.

```
1 Estabelecer objetivos
      estratégicos
          ↓
     2 Identificar
competências necessárias
          ↓
  3 Mapear competências  ⇐  AVALIAÇÃO DE COMPETÊNCIAS
         atuais
          ↓
  4 Identificar o gap a ser
        preenchido
          ↓
    5 Planejar ações para
      preencher o gap
          ↓
    6 Selecionar novos       ⇐  AVALIAÇÃO DE COMPETÊNCIAS
  talentos/treinar os atuais            (PROGNÓSTICO)
          ↓
  7 Apurar os resultados  ⇐  AVALIAÇÃO DE COMPETÊNCIAS
```

A avaliação de competências durante o mapeamento de competências

Em diferentes momentos deste livro, já falamos sobre o mapeamento de competências internas e, a esta altura, você já deve saber o que isso significa: identificar as competências que os atuais colaboradores da empresa possuem e em que grau eles as possuem. Mas como um mapeamento desse tipo é feito?

Tudo começa nas duas primeiras etapas do processo de gestão por competências: estabelecer os objetivos estratégicos da organização e identificar as competências necessárias para atingi-los. Para entender isso melhor, vamos imaginar um exemplo prático.

A DigiTudo é uma empresa regional que presta serviços de tecnologia da informação (TI) a clientes de vários segmentos, incluindo o de saúde. Atualmente, ela está passando por uma reformulação: pretende se transformar na DigiMed e focar a área de saúde, oferecendo soluções de conectividade, digitalização de exames e outros serviços a clínicas e hospitais. Convencida de que colocar os talentos certos nos lugares certos será a chave para o seu sucesso, a empresa contratou uma consultoria especializada em gestão por competências para assessorá-la durante a reorganização.

Após várias reuniões entre consultores e executivos, concluiu-se que as competências que a DigiTudo precisa ter para alcançar seus novos objetivos são as apresentadas no Quadro 8.1.

Quadro 8.1 Competências que a DigiTudo precisa ter para se transformar com sucesso na DigiMed.

Competência	Descrição
Conhecimento do cliente	Conhecimento profundo sobre a dinâmica das empresas da área de saúde, com capacidade de ouvir o cliente, entender suas necessidades e desenvolver uma relação de confiança com ele.
Espírito de equipe	Capacidade de dividir as responsabilidades pela execução de uma tarefa, de cumprir a sua parte e atuar cooperativamente para que os colegas cumpram a deles.
Criatividade e inovação	Capacidade de enxergar velhos problemas sob novas perspectivas, de quebrar paradigmas, de ter *insights* pouco ortodoxos e de exercitar o pensamento divergente (a partir de um único ponto, chegar a vários destinos).
Orientação para resultados	Capacidade de identificar, entre as ideias criativas, aquelas que têm chances de gerar resultados reais, com a habilidade de manter o foco e distinguir entre atividades prioritárias e secundárias.
Aprendizado constante	Desejo de manter-se constantemente atualizado em sua área, sempre em busca de novas soluções e tecnologias, com a habilidade de planejar e monitorar seu autodesenvolvimento.

Determinou-se também que, das competências descritas no Quadro 8.1, a *essencial*, ou seja, aquela que dará uma vantagem competitiva à nova DigiMed, distinguindo-a de outras empresas de TI, é a primeira: conhecimento do cliente. Alguns colaboradores da empresa, que anteriormente já atendiam clientes da área médica, detêm algum grau dessa competência, mas é necessário aprofundá-la e disseminá-la pela organização.

As outras quatro competências apresentadas no quadro também foram consideradas determinantes para o sucesso da DigiMed e, assim, junto com a primeira, passaram a constituir suas competências *corporativas* ou *institucionais*, isto é, aquelas que todas as pessoas da organização precisam ter. Além disso, os consultores também ajudaram a definir as competências *específicas* ou *funcionais*, isto é, aquelas que apenas os funcionários de determinada área ou processo devem apresentar.

> *No Capítulo 2 já apresentamos o conceito de competências corporativas ou institucionais, específicas ou funcionais, entre outras classificações possíveis. Se necessário, reveja esse conteúdo.*

Para tanto, foi preciso também redefinir as áreas da empresa. Os consultores sugeriram que a DigiMed adotasse uma estrutura com quatro gerências: 1) uma gerência de contas, responsável pela prospecção de novos clientes e pela gestão do relacionamento com o cliente; 2) uma gerência de desenvolvimento, responsável pelo desenvolvimento e atualização das soluções tecnológicas; 3) uma gerência de suporte, responsável por prestar suporte remoto e local aos clientes; e 4) uma gerência administrativa, responsável pelo RH, pelo marketing e por tarefas administrativas (contas a pagar, receber etc.).

> *Na verdade, o que apresentamos aqui é uma versão resumida de matriz. Uma matriz completa precisa estabelecer o grau em que cada competência é necessária em cada área. Por exemplo: os profissionais de desenvolvimento precisam exibir um alto grau de "criatividade e inovação", ao passo que os profissionais administrativos podem exibir essa mesma competência em um grau baixo — basta apenas que não sejam totalmente ortodoxos. Vale lembrar que almejar um alto grau de todas as competências, em todos os colaboradores e em todas as áreas, é uma ilusão inútil. Outra diferença é que as matrizes da "vida real" costumam ter um número maior de competências específicas, sobretudo em organizações com muitas áreas ou processos distintos. Por fim, ressaltamos que esse modelo é apenas um exemplo. Existem várias outras formas de descrever competências.*

Desse modo, a matriz de competências da DigiMed ficou com o formato apresentado na Figura 8.2.

Até aqui, sabemos de quais competências a organização como um todo e cada área necessitam. Mas como saber onde estamos e quanto falta para atingirmos tal meta — ou seja, como identificar o *gap*? É aí que entra em jogo o mapeamento de competências.

Os métodos e ferramentas para o mapeamento de competências podem variar muito. Contudo, é importante que eles sejam múltiplos e levem em conta a perspectiva de diferentes pessoas. Lembra-se de quando vimos, no Capítulo 5, a variada gama de técnicas de seleção pelas quais os candidatos a um emprego passam? Aqui o raciocínio deve ser o mesmo: deve-se partir do pressuposto de que um único instrumento não será suficiente para avaliar com precisão as competências da pessoa. Além disso, competências distintas exigem abordagens distintas: uma dinâmica de grupo pode ser muito útil para avaliar o grau de "comunicação" dos colaboradores, mas pouco eficaz para avaliar sua *expertise* (domínio técnico).

Na segunda seção deste capítulo, veremos os principais instrumentos empregados na avaliação de competências durante o mapeamento e em outros momentos.

A avaliação de competências durante a seleção

Depois de mapear as competências que já existem na organização, o próximo passo é, como vimos, contrastá-las com as competências de que a empresa necessita para atingir seus objetivos e, assim, determinar o *gap* a ser preenchido (etapa 4). Em seguida, são planejadas ações para preenchê-lo (etapa 5).

Essas ações frequentemente se traduzem em programas de T&D, mas também podem incluir o recrutamento e a seleção de novos talentos. Nesse caso, a empresa empregará uma seleção por competências — processo que novamente envolverá, de certo modo, uma avaliação de competências.

Contudo, durante a seleção a "avaliação" é prognóstica, voltada para o futuro. O selecionador tenta identificar se o candidato possui as competências necessárias ao exercício do cargo em questão. Para tanto, conforme vimos no Capítulo 5, ele geralmente aplica uma entrevista comportamental, a fim de prever, com base no comportamento passado do candidato, qual será seu comportamento futuro.

Figura 8.2 Matriz de competências da DigiMed, antiga DigiTudo.

Gerência de contas
+ Comunicação
+ Negociação
+ Orientação para vendas

Gerência de suporte
+ Comunicação
+ Resolução de problemas
+ Autocontrole

COMPETÊNCIAS CORPORATIVAS
Foco no cliente
Espírito de equipe
Criatividade e inovação
Orientação para resultados
Aprendizado constante

Gerência de desenvolvimento
+ *Expertise*
+ Resolução de problemas
+ Ênfase nos detalhes

Gerência administrativa
+ Planejamento e organização
+ Liderança
+ Tomada de decisão

Note que, por mais habilidoso que seja o selecionador, é praticamente impossível evitar que o candidato minta ao narrar seu comportamento passado. Vamos supor, por exemplo, que o selecionador da DigiMed queira verificar se o candidato a um posto na área de suporte tem a competência "autocontrole", e, para tanto, faça-lhe a seguinte pergunta:

> No seu último emprego como analista de suporte, certamente houve situações em que um cliente se comportou de maneira irritante. Conte-me uma dessas situações e como você agiu.

Imagine, agora, que imediatamente venha à memória do candidato um episódio em que um cliente presunçoso e grosseiro deixou-o tão fora de si que ele acabou lhe dizendo umas poucas e boas — o que culminou na perda daquela conta. Qual a probabilidade de esse candidato descrever exatamente o que aconteceu? Ele pode até admitir que ficou exasperado, mas dificilmente confessará os detalhes mais condenáveis do seu comportamento.

Mesmo se, em vez de uma entrevista comportamental, o selecionador estiver aplicando uma técnica vivencial (ferramenta também muito empregada na seleção por competências, conforme vimos no Capítulo 5) com o objetivo de observar *in loco* o comportamento dos candidatos, ainda assim devemos

> Antes de acusar os candidatos a emprego de falta de ética, é bom saber que a maioria das pessoas age dessa maneira inconscientemente. Pesquisadores das ciências humanas e sociais há muito tempo conhecem o chamado efeito da desejabilidade social: durante uma entrevista ou situações similares, as pessoas tendem a dar as respostas que consideram mais socialmente desejáveis, ou a se comportar da maneira que consideram a mais aceita — mesmo em contextos nos quais não perderão nada sendo sinceras.

lembrar que se trata de uma *simulação*, não de uma situação real. Os candidatos sabem que estão sendo avaliados, por isso tenderão a mostrar seu melhor lado e a camuflar atitudes indesejáveis.

É por isso que dissemos que a seleção por competências envolve, *de certo modo* — mas apenas de certo modo — uma avaliação de competências. A avaliação propriamente dita só pode ocorrer quando a pessoa já enfrentou situações reais no cotidiano da organização, e seu comportamento pôde ser observado por ela mesma e por aqueles que a cercam: superiores, colegas, clientes, fornecedores etc.

A avaliação de competências durante a avaliação de pessoas

Chegamos, então, ao terceiro e último momento do processo de gestão por competências em que a avaliação de competências se aplica: a avaliação propriamente dita. É nessa etapa que se faz, como dito, uma avaliação *por* competências.

Quando uma organização decide utilizar as competências como critério, o processo de avaliação assume um caráter orientador, e não punitivo. Orientador para a empresa, que pode verificar se aquele talento está no lugar certo, ou se deveria ser transferido ou mesmo promovido; pode planejar programas de treinamento e desenvolvimento adequados àquela pessoa; e pode mensurar a efetividade de seus programas anteriores. A avaliação por competências também é orientadora para o colaborador, visto que lhe permite conhecer-se melhor e saber a opinião dos outros a seu respeito. Veremos essa questão com mais detalhes no tópico sobre avaliação de desempenho e, principalmente, no estudo de caso ao fim do capítulo.

Indicadores de competências

No exemplo que mencionamos há pouco, o selecionador precisava descobrir se o candidato a analista de suporte tinha "autocontrole" e, para tanto, pediu que ele contasse uma situação em que enfrentara um cliente desagradável. Determinar se a pessoa tem autocontrole a partir de uma narração desse tipo pode ser relativamente fácil. Mas como determinar se uma pessoa tem, por exemplo, "orientação para vendas" — uma das competências necessárias na área de contas da DigiMed, segundo a nossa matriz?

Além disso, como fazer com que o processo de avaliação de competências tenha a objetividade necessária? Para determinado avaliador, soltar um comentário irônico diante de um cliente grosseiro pode significar uma tremenda falta de autocontrole, mas, para outro avaliador, talvez isso não seja tão grave assim.

É justamente para garantir a uniformidade e a objetividade durante a avaliação de competências que os especialistas estabelecem *indicadores de competências*. Os indicadores são comportamentos observáveis e, sobretudo, facilmente compreensíveis por todos. Talvez nem todos os colaboradores de uma organização saibam explicar o que é "orientação para vendas" — mas certamente todos sabem o que significa "atender a base já formada de clientes para produzir negócios adicionais".

Esse é um dos indicadores que a Caliper, uma multinacional de RH, estabeleceu para a competência "orientação para vendas". Veja os outros:

- Ser motivado para persuadir (gostar de ouvir "sim").
- Apresentar ideias de forma assertiva e com segurança.
- Adaptar as apresentações para atender às necessidades e expectativas do interlocutor.
- Responder às objeções com flexibilidade.
- Negociar para chegar a resultados mutuamente aceitáveis.
- Solicitar comprometimento (fechamento).
- Suportar a rejeição/ser resiliente (força de ego).

Algumas consultorias, como a Caliper, trabalham com indicadores predefinidos como esses. Outras, porém, preferem estabelecê-los de maneira personalizada para cada cliente. É o caso de Rogério Leme, diretor do Grupo Âncora RH, que utiliza uma metodologia própria para a definição dos indicadores.

Segundo ele, o processo começa com a escolha de uma amostra de colaboradores pertencentes a todas as áreas da organização. Esses profissionais, que devem representar de 10% a 20% do quadro, receberão formulários para avaliar todas as pessoas com quem se relacionam, como colegas, subordinados, superiores ou fornecedores/clientes internos.

Cada colaborador da amostra receberá apenas um formulário, no qual avaliará todas as pessoas da sua rede de relacionamentos, sem identificar seus nomes. O participante também não se identificará – o que lhe dará liberdade para expressar-se com franqueza.

Antes da atividade, o consultor deve explicar claramente do que se trata e instruir o colaborador a pensar nas pessoas com quem se relaciona na empresa, uma por uma. Assim, para cada pessoa, o colaborador escreverá frases curtas descrevendo os comportamentos dela que lhe agradam ou não em uma destas três colunas: Gosto/Não gosto/O ideal seria. Se a mesma frase se aplicar a mais de uma pessoa, não é necessário repeti-la.

> No exemplo que apresentamos aqui, baseado no modelo proposto por Rogério Leme (2005), usam-se questionários para levantar os indicadores de competência. Mas também é possível utilizar outras ferramentas, tais como entrevistas e grupos focais (focus groups).

Veja um exemplo de preenchimento do formulário no Quadro 8.2.

Quadro 8.2 Exemplo de atividade "Gosto/Não gosto/O ideal seria", recomendada pelo consultor Rogério Leme (2005) para coletar indicadores de competências.

Gosto	Não gosto	O ideal seria
Soluciona de forma rápida os problemas do cliente.	Não é cortês com os colegas de trabalho.	Que fosse objetivo ao expor suas ideias.
Traz soluções criativas para os problemas que parecem difíceis de resolver.	Não sabe ouvir os *feedbacks*.	Que compartilhasse o mérito pelos resultados obtidos.

Depois de preenchidos os formulários, começa a etapa mais trabalhosa para o consultor: consolidar os resultados, agrupando frases parecidas e relacionando-as às competências correspondentes. Veja um exemplo disso no Quadro 8.3.

Observe que, durante a consolidação, os indicadores devem ser escritos na forma de frases afirmativas, iniciadas por verbos no infinitivo. Se o colaborador escreveu dois indicadores na mesma frase ("o ideal seria que pedisse menos favores aos colegas e organizasse melhor seu tempo"), o consultor deve separá-los adequadamente.

Uma vez que todos os indicadores tenham sido definidos e associados às competências, será bem mais fácil construir os instrumentos de avaliação. Se a consultoria for usar um questionário, bastará transformar cada indicador em uma pergunta: "[O avaliado] soluciona de forma rápida os problemas do cliente?". Se, em vez disso, a ideia for usar uma técnica vivencial, como a dinâmica de grupo, o especialista usará os indicadores como critério para determinar em que grau a pessoa exibe aquela competência: se ela expuser suas ideias com bastante objetividade, por exemplo, é sinal de que tem alto grau da competência "comunicação".

> *Embora a palavra* feedback *tenha um caráter mais amigável, há empresas que fazem questão de usar "avaliação" mesmo, para deixar claro que se trata disso. Assim, elas buscam dar maior transparência a suas práticas, evitando que o colaborador fique com a sensação de que estão "dourando a pílula". Outras organizações preferem, ainda, usar o termo em inglês* (assessment)*; nesse caso, a célula de avaliação da empresa recebe o nome de* assessment center.

Quadro 8.3 Exemplo de associação dos indicadores às competências, dentro da metodologia proposta por Rogério Leme (2005).

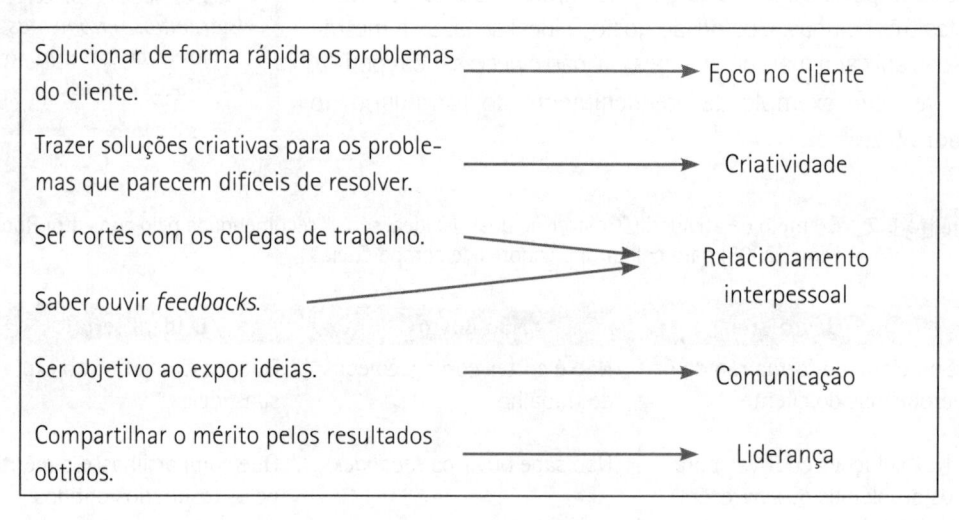

Indicador	Competência
Solucionar de forma rápida os problemas do cliente.	Foco no cliente
Trazer soluções criativas para os problemas que parecem difíceis de resolver.	Criatividade
Ser cortês com os colegas de trabalho.	Relacionamento interpessoal
Saber ouvir *feedbacks*.	Relacionamento interpessoal
Ser objetivo ao expor ideias.	Comunicação
Compartilhar o mérito pelos resultados obtidos.	Liderança

A vantagem de estabelecer indicadores de competências personalizados para cada empresa é o maior grau de adequação, visto que são os próprios membros daquela cultura organizacional que os definem; portanto, a probabilidade de tais indicadores serem entendidos e aceitos pelos outros colaboradores é maior. Por outro lado, indicadores predefinidos economizam um tempo precioso. Geralmente, consultorias que trabalham com indicadores predefinidos fazem pesquisas para assegurar que eles sejam válidos e precisos (se necessário, reveja os conceitos de validade e precisão no Capítulo 5).

Avaliação de desempenho

A avaliação de desempenho não é nenhuma novidade no mundo corporativo. Na verdade, aqueles antigos estudos de tempo e movimentos realizados por Taylor, pelo casal Gilbreth e outros (reveja o Capítulo 3) com o objetivo de estabelecer um "tempo padrão" para a realização de tarefas, já eram uma forma primitiva de avaliar o desempenho. Afinal, o tempo real que cada operário levava para realizar aquela tarefa era contrastado com o "tempo padrão" e, assim, determinava-se se ele estava acima da média (e, por isso, ganharia um bônus) ou abaixo dela (e, nesse, caso deveria ser retreinado ou demitido).

> *A gestão por competências é um tema relativamente novo em recursos humanos; por isso, ainda encontramos uma grande heterogeneidade na nomenclatura. Por exemplo: aquilo que estamos chamando de indicadores é chamado por certos autores de ações, comportamentos ou dinâmicas. Do mesmo modo, o que chamamos de matriz de competências também pode ser denominado inventário de competências, e assim por diante. Não se preocupe em reter todos esses nomes, e sim em compreender bem os conceitos.*

De lá para cá, muita coisa mudou na avaliação de desempenho, acompanhando a natural evolução da economia e da administração de empresas. A mudança mais significativa pode ser verificada no próprio termo usado para designar o processo: aos poucos, a palavra *avaliação*, com toda sua carga ameaçadora, está sendo trocada por *feedback*.

Essa nova denominação reflete melhor o significado que a avaliação tem hoje: em vez de submeter o colaborador a uma "prova" na qual ele pode levar "bomba", como nos tempos da escola, a ideia agora é *informá-lo* sobre como a organização e os demais o enxergam, o que esperam dele e como acham que ele pode se desenvolver. Outro objetivo é levá-lo a refletir sobre sua vida profissional e suas atitudes no trabalho.

Segundo Claerte Martins (2002, p. 52), que comandou a implantação de um sistema de avaliação de desempenho na Telefonica (você lerá mais sobre isso no estudo de caso ao fim do capítulo), quando não existe um programa de avaliação consistente, as pessoas não cumprem as expectativas simplesmente porque as desconhecem. Nas palavras da autora, na maioria das vezes as pessoas não fazem o que se espera porque:

- desconhecem as expectativas;
- não têm autoridade para fazê-lo;
- a organização dificulta o trabalho;

- o ambiente de trabalho cria obstáculos;
- as fontes de informação são inacessíveis, mal desenhadas ou inexistentes;
- elas são ignoradas por fazer o correto;
- são recompensadas por fazer o errado;
- falta *feedback*;
- não sabem fazer o trabalho;
- não estão motivadas.

Desse modo, percebe-se que o papel de um sistema de avaliação de desempenho vai muito além de "punir os piores" ou "premiar os melhores". Ou — melhor dizendo — seu papel passa longe disso. O objetivo de um sistema de avaliação de desempenho é mudar positivamente a cultura organizacional, tornando-a mais transparente, dinâmica e alinhada. A ideia não é punir os que não estão trabalhando direito, mas sim ajudá-los a perceber e superar os problemas.

Em vez de pensar em uma hierarquia com colaboradores melhores e piores, hoje em dia se pensa em colaboradores diferentes, e busca-se conhecer essas diferenças para melhor aproveitá-las. Hoje, os resultados da avaliação de desempenho são considerados importantes insumos para: a) o planejamento da organização como um todo e do RH em particular; b) programas de treinamento e desenvolvimento; c) programas de remuneração estratégica; e d) programas de retenção, motivação e sucessão.

Para cumprir com esses seus novos objetivos, a avaliação de desempenho também está mudando seus critérios. Antes rainhas absolutas, as medidas quantitativas — como prazos cumpridos, número de unidades produzidas ou de contratos fechados — vêm dividindo espaço com medidas qualitativas, ou mesmo sendo substituídas por elas. O maior exemplo disso é a avaliação de desempenho por competências, ou baseada em competências, sobre a qual já falamos um pouco e que retomaremos no estudo de caso.

Outra importante tendência na avaliação de desempenho é a ampliação do número de pontos de vista levados em conta. Antigamente, a avaliação era do tipo *top-down* (de cima para baixo): apenas o superior avaliava o subordinado. Hoje em dia, também se leva em conta o ponto de vista da própria pessoa (autoavaliação), de seus colegas e, muitas vezes, de subordinados, clientes, fornecedores ou outras pessoas com quem a pessoa tenha contato frequente. O símbolo máximo desse novo modelo é a avaliação ou *feedback* 360 graus, sobre o qual falaremos na próxima seção.

Por fim, essa ampliação dos públicos também levou a uma outra mudança: os ocupantes dos níveis hierárquicos mais altos, que antes apenas julgavam os degraus mais baixos, agora também são avaliados. Nada mais justo, uma vez que os rumos da organização dependem basicamente de suas atitudes e decisões.

A Figura 8.3 resume as transformações pelas quais a avaliação de desempenho está passando.

Figura 8.3 Tendências atuais em avaliação de desempenho.

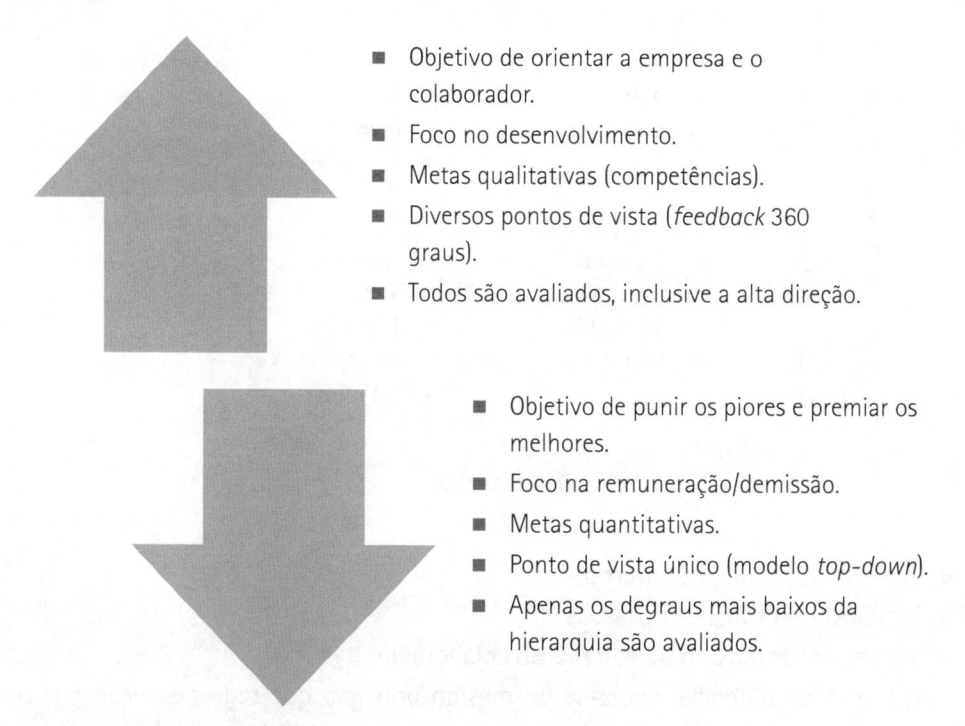

- Objetivo de orientar a empresa e o colaborador.
- Foco no desenvolvimento.
- Metas qualitativas (competências).
- Diversos pontos de vista (*feedback* 360 graus).
- Todos são avaliados, inclusive a alta direção.

- Objetivo de punir os piores e premiar os melhores.
- Foco na remuneração/demissão.
- Metas quantitativas.
- Ponto de vista único (modelo *top-down*).
- Apenas os degraus mais baixos da hierarquia são avaliados.

Avaliação de potencial

Na gestão de pessoas, considera-se *potencial* como a prontidão interna que uma pessoa tem para desempenhar determinados papéis, ou realizar certas atividades. É algo que ela tem ou não tem, e que pode vir à tona ou não. Quando o potencial encontra as circunstâncias adequadas para se manifestar, transforma-se em *desempenho*.

Uma pessoa com alto potencial pode ter baixo desempenho, e vice-versa. Em cada caso, conforme argumenta Almiro dos Reis Neto (2002), a organização deve tomar atitudes diferentes. O Quadro 8.4 ilustra essa relação.

Uma *avaliação de potencial* visa identificar, portanto, quão alto pode ser o desempenho de um colaborador caso este encontre as condições ideais de trabalho. Antigamente ela era feita com base em testes psicológicos, que nem sempre geravam o resultado esperado. Hoje, com a introdução da avaliação de competências nas empresas, acredita-se que o processo se tornou bem mais confiável.

Durante a seleção de candidatos externos, obviamente se faz uma avaliação de potencial. Porém, aqui vamos nos referir especificamente à avaliação de potencial feita com pessoas que já atuam na organização. Nesse caso, ela é utilizada para:

- identificar os *high potentials* (reveja o conceito no Capítulo 4);
- organizar planos de sucessão (assunto também abordado no Capítulo 4);

Quadro 8.4 Relação entre potencial e desempenho e ações a serem tomadas pela organização em cada caso (REIS NETO, 2002, p. 67).

		Baixo	Médio	Alto
Potencial	Alto		■ Reter. ■ Estimular.	■ Reter. ■ Investir. ■ Promover.
	Médio			
	Baixo		■ Procurar função mais adequada. ■ Demitir.	■ Trocar de área. ■ Trocar gerente. ■ Estimular.

Desempenho

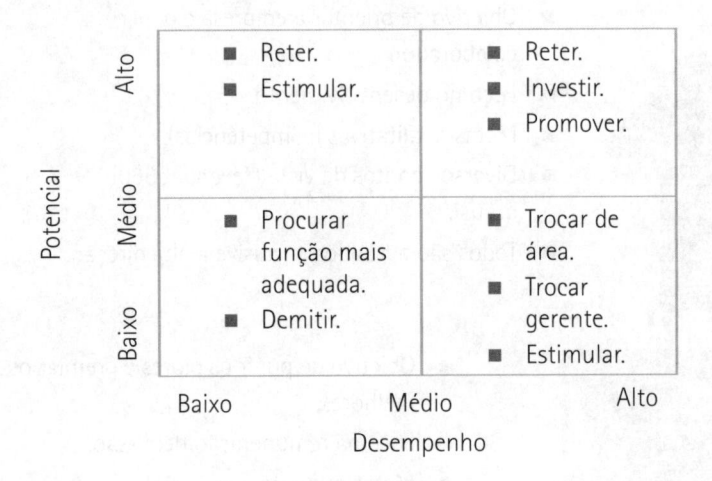

- realizar recrutamento interno;
- promover ou transferir pessoas;
- confeccionar o plano de carreira do colaborador.

A avaliação de potencial apoia-se no mesmo princípio que rege a seleção por competências: o comportamento passado ajuda a predizer o comportamento futuro. Contudo, durante a seleção, na maioria das vezes o candidato já tem experiência na função que pretende desempenhar; portanto, o objetivo é descobrir como ele se comportou anteriormente naquela função para, assim, tentar predizer se vai se comportar adequadamente ocupando um cargo semelhante na nossa organização. No caso da avaliação de potencial entre pessoas que já trabalham para a organização, o objetivo é outro: descobrir se a pessoa será capaz de "dar um salto", passando a exercer uma função diferente da que exerce hoje.

Nesses casos, como explica Almiro dos Reis Neto (2002, p. 70), teremos de usar métodos capazes de prever se a pessoa conseguirá:

- agregar *maior grau de complexidade* às competências que já possui no momento;
- adquirir *novas competências*.

Para ilustrar essa ideia, Reis Neto cita uma situação bem comum: a empresa planeja promover um de seus melhores vendedores para gerente de vendas. Será que o colaborador se dará bem na nova função? Ou será que a empresa perderá um excelente vendedor e ganhará um péssimo gerente de vendas?

No Capítulo 6, ao explicar a teoria das necessidades adquiridas, do psicólogo David McClelland, já abordamos essa questão. No Quadro 6.3, comentamos que, nos termos da citada teoria, os bons vendedores geralmente têm necessidade de realização — mas, se não tiverem também uma alta dose de necessidade de poder, não serão bons gerentes.

Almiro dos Reis Neto trata do mesmo assunto, mas agora sob o viés das competências. De acordo com o autor, o conjunto de competências necessário para ser um bom vendedor não é idêntico ao necessário para ser um bom gerente. E, mesmo nos casos em que as competências coincidem, os indicadores ou comportamentos relacionados a elas podem diferir. No Quadro 8.5, extraído do texto de Reis Neto, visualizamos bem o problema.

É claro que os papéis de vendedor e gerente de vendas variam bastante de empresa para empresa; contudo, o Quadro 8.5 já nos dá uma boa ideia da comparação entre eles. Como se

Quadro 8.5 Exemplos das diferenças entre as competências necessárias para ser um bom vendedor e para ser um bom gerente de vendas (REIS NETO, 2002, p. 71).

Competências	Indicadores de comportamento	
	Vendedor	Gerente de vendas
RELACIONAMENTO	Com colegas e clientes.	Com lideranças e formadores de opinião da comunidade.
NEGOCIAÇÃO E INFLUÊNCIA	No processo de venda. Para liberação de crédito ao cliente.	No processo orçamentário, para definição de recursos. Para a motivação da equipe.
CONHECIMENTO DO PRODUTO	Características do produto e seus benefícios para o cliente.	Margem de contribuição e custo de estoque.
FLEXIBILIDADE	Para trabalhar com diferentes tipos de clientes e suas necessidades.	Para entender e multiplicar diferentes estratégias.
ORIENTAÇÃO PARA O CLIENTE	Atender bem os clientes. Ética.	Conhecer as principais necessidades dos clientes e definir processos de melhoria.
MEMÓRIA	Para vender o que a empresa realmente tem em estoque.	—
DESENVOLVIMENTO DE EQUIPE	—	Para contratar, integrar, treinar e reter novos vendedores de bom desempenho.
DEFINIÇÃO ESTRATÉGICA	—	Avaliar situações de mercado, inclusive concorrência, lucratividade, oportunidades e definir direções.

observa no quadro, nesse exemplo hipotético o gerente de vendas precisa das competências "desenvolvimento de equipe" e "definição estratégica", dispensáveis para o vendedor. Por outro lado, o vendedor precisa de uma excelente memória, característica desnecessária no gerente de vendas. Ambos precisam ter 'flexibilidade', mas o vendedor precisa ser flexível para tratar com diferentes tipos de cliente, enquanto o gerente precisa ser flexível para lidar com diferentes estratégias (o que é algo razoavelmente distinto), e assim por diante.

Essa comparação, segundo Reis Neto, é o primeiro passo da avaliação de potencial. Depois, para responder àquelas duas questões — conseguirá o colaborador agregar maior grau de complexidade às competências que já possui e, também, adquirir novas competências? —, teremos de nos apoiar em dois princípios. O primeiro é semelhante ao da seleção por competências: observando o comportamento atual do colaborador, tentaremos predizer seu comportamento futuro na nova função.

Assim, mesmo que um vendedor nunca tenha precisado fazer um "desenvolvimento de equipe", podemos observar como ele trata os colegas novatos: ele os acolhe positivamente, estimula-os e dispõe-se a compartilhar seus conhecimentos com eles? Um raciocínio parecido pode ser aplicado às outras competências que o vendedor precisa adquirir ou ampliar. "Mas decidir a promoção de um indivíduo baseando-se somente nessas observações isoladas pode ainda significar alta dose de risco", argumenta Reis Neto. Portanto, é necessário também observar em que medida ele exibe competências relacionadas à capacidade de aprendizagem, tais como: capacidade de mudança, inovação, flexibilidade, busca de informações, diversidade e tolerância ao estresse.

Portanto, a avaliação de potencial usará como parâmetros os dois conjuntos de competências representados na Figura 8.4.

A observação e mensuração desses conjuntos de competências são feitas pelos instrumentos normalmente usados em outros tipos de avaliação de competências: questionários, entrevistas, dinâmicas de grupo, jogos, estudos de caso etc. (veja a próxima seção). Segundo Reis Neto, geralmente participam dos exercícios o gestor da pessoa que está sendo observada, o técnico de RH e um ou dois clientes ou fornecedores internos que interajam regularmente com o profissional. Depois de consolidados, os resultados são apresentados para validação conjunta de toda a diretoria, a fim de evitar que eventuais atritos ou questões pessoas interfiram na análise.

No exemplo que examinamos — um vendedor em vias de ser promovido para gerente de vendas — a etapa seguinte na carreira do profissional estava bem definida. Contudo, a avaliação de potencial muitas vezes é usada em situações nas quais o caminho a seguir não está tão claro assim. É o que ocorre, por exemplo, nos planejamentos de carreira ou na identificação dos high potentials. Nesses casos, avalia-se um leque de oportunidades, em vez de uma oportunidade só, e as competências relacionadas à capacidade de aprendizagem ganham maior relevância.

Para preservar a precisão terminológica, Reis Neto sugere que se use a expressão avaliação de potencial apenas para o caso de termos um objetivo bem definido; nos outros casos, o autor recomenda estimativa de potencial ou identificação de potencial.

Figura 8.4 Conjuntos de competências considerados na avaliação de potencial.

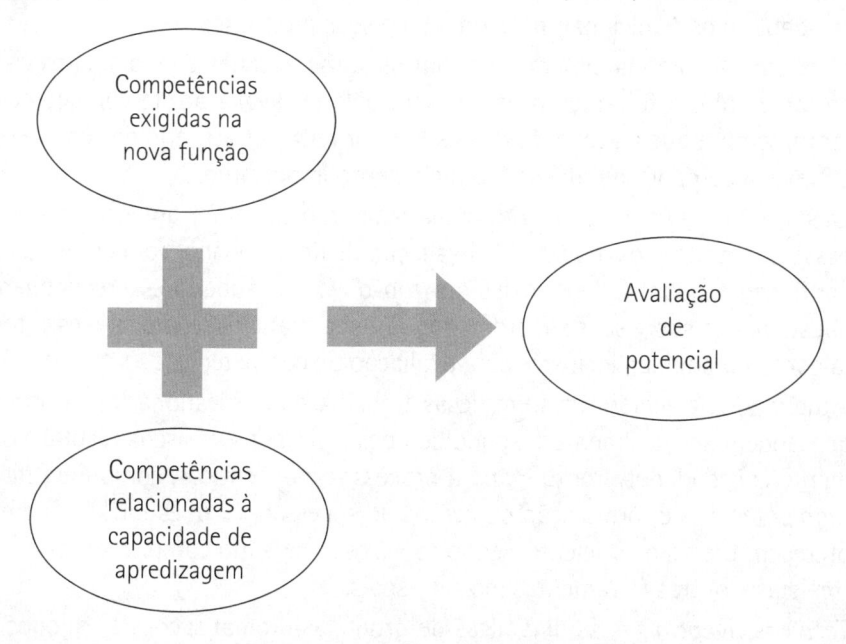

- Competências exigidas na nova função
- Competências relacionadas à capacidade de apredizagem
- → Avaliação de potencial

Ferramentas de avaliação

Podemos classificar as ferramentas de avaliação segundo a técnica utilizada e as pessoas que participam.

Ferramentas segundo a técnica utilizada

No que diz respeito à técnica empregada, as ferramentas de avaliação de pessoas coincidem, em grande medida, com as utilizadas em outras práticas de RH. As principais delas são:

1. *Testes ou inventários de personalidade* – no Capítulo 5, ao enumerar os testes psicológicos comumente usados em seleção, já falamos sobre os testes ou inventários de personalidade. Trata-se, geralmente, de questionários estruturados em que o respondente encontra várias frases e deve informar se concorda ou não com cada uma delas, ou, ainda, assinalar um quadradinho em uma gradação (por exemplo: muito, mais ou menos, pouco ou nada). Conforme já mencionamos no mesmo Capítulo 5, o Inventário Multifásico de Personalidade de Minnesota (MMPI), o Myers-Briggs Type Indicator (MBTI) e o Sistema Hogan de Avaliação de Liderança (SHAL) são exemplos de testes ou inventários de personalidade.

Esses testes são empregados apenas na primeira avaliação de competências, ou seja, quando o objetivo é identificar as competências dos atuais colaboradores (mapeamento). Algumas consultorias desenvolvem testes de personalidade próprios, ou ainda adaptam os tradicionais de acordo com seus propósitos.

2. *Entrevistas* — como já dissemos em outras passagens deste livro, a entrevista comportamental é a ferramenta básica em qualquer avaliação de competências. Portanto, sempre que a avaliação de pessoas for feita pelo critério das competências, a entrevista comportamental será um elemento importante.

3. *Questionários* — os questionários são a mais tradicional ferramenta de avaliação de pessoas. Nos antigos modelos de avaliação de desempenho, com critérios predominantemente quantitativos e sistema *top-down*, os superiores preenchiam longos questionários sobre seus subordinados. Por sua praticidade, até hoje essa ferramenta continua popular, inclusive para avaliação de competências.

Atualmente, a maioria das empresas trabalha com questionários informatizados, que podem ser facilmente respondidos pela intranet e ter seus resultados rapidamente consolidados. Contudo, para processos mais críticos, como identificação de *high potentials* e formulação de planos de sucessão, os questionários nem sempre oferecem precisão suficiente, sendo às vezes necessário complementá-los com entrevistas e outras ferramentas mais pessoais.

4. *Técnicas vivenciais* — as dinâmicas de grupo, as dramatizações e os jogos são importantes ferramentas na avaliação de competências, especialmente no caso das comportamentais, tais como espírito de equipe ou liderança.

5. *Estudos de caso* — algumas empresas identificam as competências de seus colaboradores pedindo a eles que analisem e resolvam estudos de caso. A SulAmérica, por exemplo, após localizar *high potentials* em seu banco de talentos, distribui a eles *cases* relacionados ao mercado de seguros. Individualmente ou em grupo, os profissionais têm dois dias para analisar o caso e desenvolver uma linha de raciocínio. Às vezes, o colaborador deve expor sua análise a executivos de outras áreas da empresa, que atuam como uma banca de avaliação. Essa também é uma forma de colocar os futuros talentos em contato com os líderes da empresa (LAGO, 2007).

> Ao utilizar questionários para avaliar competências, deve-se sempre estabelecer uma gradação para as respostas, visto que as competências não são absolutas, isto é, as pessoas têm graus diferentes da mesma competência. Claerte Martins (2002, p. 58) sugere usar gradações por frequência (nunca, ocasionalmente, frequentemente, sempre) em vez de gradações por conceitos (excelente, muito bom, bom, mediano, fraco), pois estas últimas expressam juízos de valor — algo pouco adequado às modernas concepções de feedback.

Ferramentas segundo o ponto de vista considerado

Em relação a quem participa da avaliação, ou seja, quais pontos de vista são levados em conta, temos basicamente os seguintes modelos:

1. *Top-down* — como já dissemos, esse é o modelo mais tradicional: cada colaborador é avaliado apenas por seu superior direto. Trata-se de um sistema simples e econômico, mas

com a evidente desvantagem de apoiar-se em um único ponto de vista. Isso pode ser prejudicial para o superior, que tem de arcar sozinho com a responsabilidade de julgamento, e também para o colaborador, que fica nas mãos de uma única pessoa e seus critérios subjetivos. Atualmente, o sistema *top-down* é aplicado apenas para cargos de menor importância.

2. *Autoavaliação* – embora raramente seja utilizada sozinha, a autoavaliação pode complementar todos os outros modelos. Em particular, quando usada em conjunto com o *top-down*, ela consegue manter a simplicidade do sistema e, ao mesmo tempo, torná-lo mais democrático.

3. *Avaliação 180 graus* – nesse modelo, além do superior e da própria pessoa, os colegas também participam da avaliação. Sua vantagem é ter mais credibilidade do que o *top-down*; afinal, agora não é apenas o superior que está dando aquela opinião, mas também os colegas. Contudo, esse modelo não permite uma diversidade de pontos de vista tão ampla quanto o 360 graus. Geralmente é utilizado para cargos intermediários, com importância mediana na organização, ou quando o colaborador não tem subordinados ou não se relaciona com o público externo, como ocorre em certas funções técnicas.

4. *Avaliação 360 graus* – esse é o modelo mais amplo de *feedback* no qual, além do superior, do próprio avaliado e dos colegas, também são escolhidas algumas pessoas na rede de relacionamentos para opinar. Essas pessoas podem ser subordinados, clientes, fornecedores ou parceiros. Não se recomenda incluir um número muito grande de avaliadores, porque gerenciar a opinião de muita gente pode se tornar complexo.

Em uma avaliação desse tipo, nem todos terão condições de julgar todos os aspectos. Um cliente externo, por exemplo, talvez não saiba como o avaliado se relaciona com os colegas. Nesse caso, o sistema de avaliação deve prever sobre quais quesitos cada avaliador opinará.

Por sua maior complexidade, o *feedback* 360 graus costumava ser aplicado apenas a pessoas-chave da organização. Contudo, com o avanço da informática, esse modelo tem sido usado em diversos níveis, sem dificuldades e a um custo relativamente baixo.

Na Figura 8.5, você encontra uma representação gráfica dos principais modelos de avaliação, no que diz respeito às pessoas que participam do processo.

> *Para ser justo e eficiente, um modelo de avaliação de pessoas deve conjugar diversas ferramentas e o ponto de vista de diversas pessoas. Nesse sentido, a ajuda de uma consultoria especializada pode fazer toda a diferença. Uma boa consultoria pode oferecer sistemas de avaliação estruturados e profissionais treinados em observação de comportamentos, superando assim o importante desafio de minimizar a subjetividade do processo.*

Figura 8.5 Os principais modelos de avaliação, segundo quem participa: a) *top-down*; b) 180 graus; e c) 360 graus.

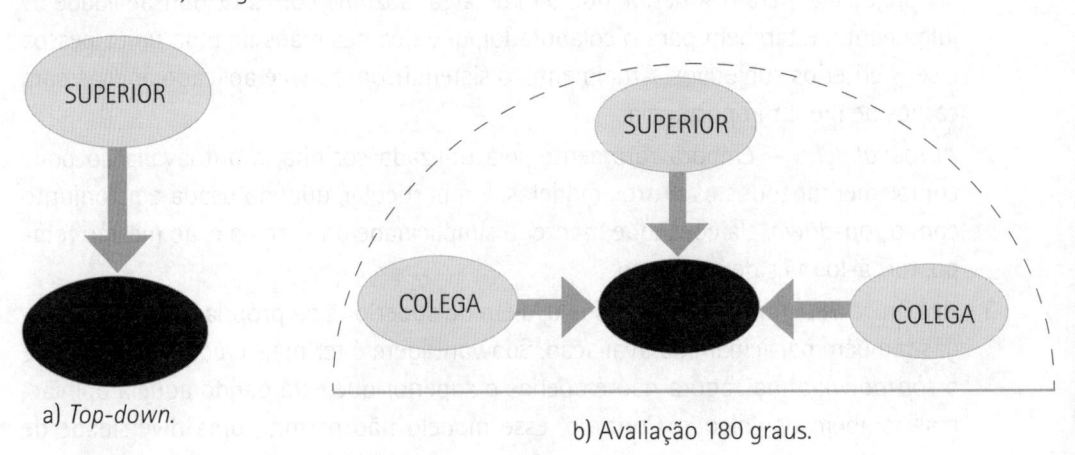

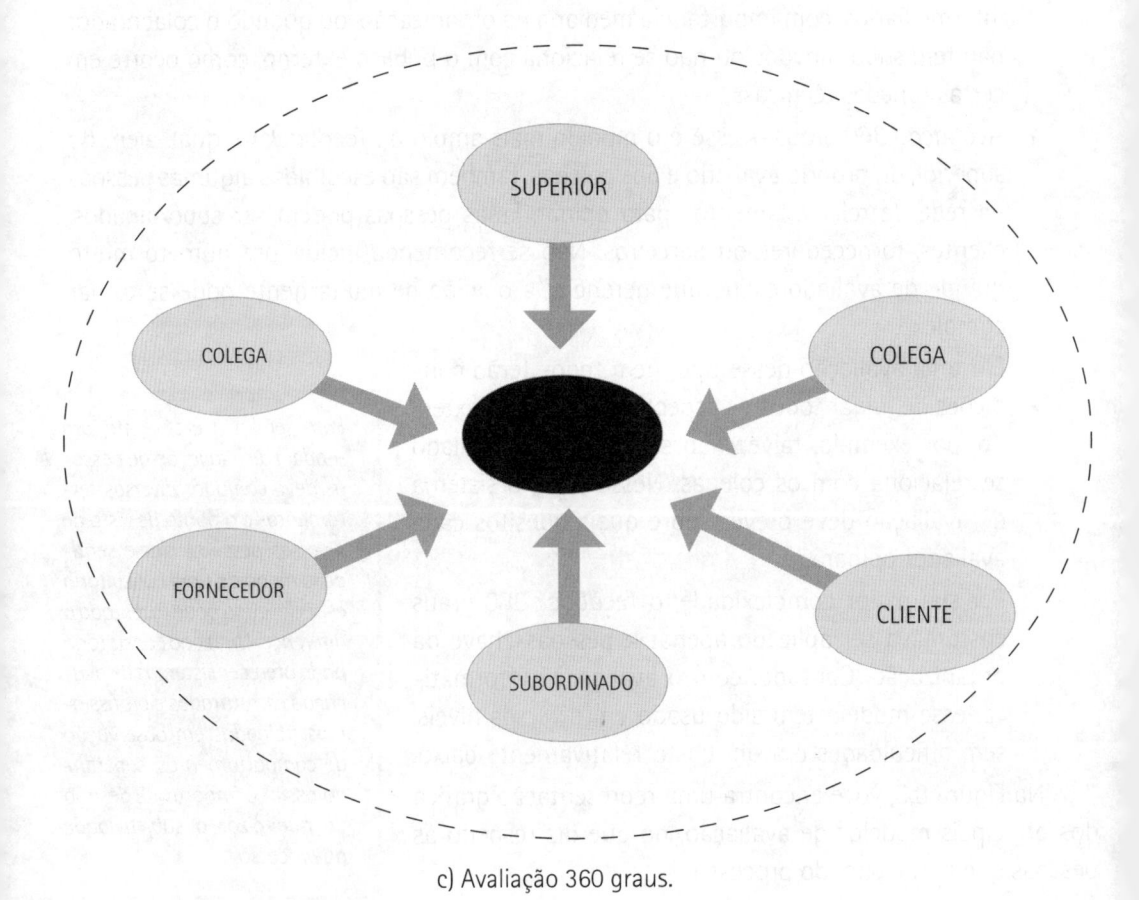

a) *Top-down*.

b) Avaliação 180 graus.

c) Avaliação 360 graus.

Estratégias para implantar sistemas de avaliação

Conforme vimos neste capítulo, os sistemas de avaliação de pessoas podem trazer grandes vantagens; no entanto, a dificuldade para implantá-los não costuma ser menor. A maioria das pessoas sente-se desconfortável diante da ideia de ser avaliada. Uma série de questionamentos – bastante legítimos, aliás – passa por sua mente:

- Por que estou sendo avaliado?
- A pessoa que vai me avaliar conhece meu trabalho o suficiente?
- Essa pessoa está gabaritada para me avaliar?
- Ela é isenta?
- Sob quais critérios serei avaliado?
- As limitações de recursos que enfrento serão levadas em conta?
- Etc.

Para driblar essa natural resistência, os responsáveis pela implantação de um sistema de avaliação devem formular estratégias capazes de conquistar a aderência de todos. As principais recomendações para uma implantação bem-sucedida são as seguintes:

1. *Conquistar o engajamento da alta direção* – se a cúpula da empresa não estiver convencida da importância de implantar um sistema de avaliação de pessoas, as chances de sucesso são quase nulas. Na verdade, o apoio da alta direção é crucial para qualquer prática de RH; contudo, na avaliação de pessoas ele torna-se ainda mais crucial, visto que os níveis hierárquicos mais altos também serão afetados pelo sistema.

2. *Comunicar, comunicar, comunicar* – a avaliação de pessoas talvez seja a prática de RH que mais exige esforços de comunicação. A implantação de um novo sistema, ou a alteração do atual, deve ser cercada por um plano de comunicação amplo e transparente, capaz de atingir adequadamente todos os níveis hierárquicos.

3. *Demonstrar as vantagens* – o plano de comunicação deve ser capaz de mostrar ao colaborador que ele só tem a ganhar com o sistema de avaliação. Afinal, o objetivo é desenvolver suas competências, e essa conquista o colaborador levará sempre consigo, mesmo que saia da organização. Se participar de um programa para desenvolvimento da capacidade de liderança, por exemplo, isso pode lhe ser útil para o resto da vida.

4. *Não atropelar etapas* – segundo Rogério Leme (2009), um erro fatal na implantação de sistemas de avaliação é vincular a primeira avaliação de todas (ou seja, o mapeamento das competências internas) a uma avaliação de desempenho. Uma coisa não tem nada a ver com a outra. Como podemos cobrar determinados resultados dos colaboradores se não os informamos antes sobre isso, nem lhes proporcionamos os meios adequados para atingi-los? A primeira avaliação tem função apenas diagnós-

tica e deve ser conduzida da maneira mais tranquila possível. Só assim os colaboradores se sentirão à vontade para traçar um autorretrato franco e revelar eventuais limitações.

Outro erro comum nesse sentido é implantar um *feedback* 360 graus — sistema que exige maturidade — em organizações que não têm nenhuma tradição de avaliação. O ideal nesses casos é começar com sistemas mais simples e, depois, ir abrindo o leque de participação.

5. *Dedicar especial atenção à redação* — um sistema de avaliação depende fundamentalmente de documentos escritos. Portanto, a redação da descrição das competências, dos indicadores e das questões que compõem as ferramentas de avaliação deve ser cuidadosamente pensada e revista. Várias pessoas, de diferentes grupos de trabalho, devem participar desse processo, de maneira que se chegue a um resultado compreendido e referendado por todas as áreas da empresa.

6. *Prever um consistente programa de feedback e acompanhamento* — todo sistema de avaliação precisa prever, de maneira clara e coerente, o que fazer com os resultados levantados. Qual a maneira mais adequada de fazer a devolutiva (dar o *feedback*), quais ações de T&D estarão vinculadas à avaliação e como o sistema será acompanhado e continuado ao longo do tempo são questionamentos fundamentais nesse aspecto.

ESTUDO DE CASO

MAIS QUE AVALIAÇÃO, UMA NOVA CULTURA ORGANIZACIONAL

"Quando fui convidada para assumir a área de avaliação de desempenho, não podia imaginar que se tratava de um desafio e tanto. Já estávamos discutindo o assunto havia algum tempo, antes mesmo da privatização, quando a Telesp virou Telefonica. Só não sabia que seria eu a profissional identificada para "tocar" o projeto de implantação do instrumento de avaliação e *feedback* em 360 graus. Tínhamos de começar do zero, já que não havia grande experiência anterior na organização, quando ainda era a Telesp — empresa do sistema Telebrás. O desafio entusiasmou-me especialmente porque era um antigo sonho de todo o RH, a maioria profissionais oriundos da própria Telesp."

É assim que Claerte Martins (2002, p. 51) começa a descrever sua experiência à frente da implantação do sistema de avaliação de desempenho na Telefonica, a operadora de telefonia fixa do estado de São Paulo. Continuando a narrativa, a executiva afirma que, logo após a privatização, o maior desafio da companhia era identificar seus talentos — uma operação nada simples para quem tem mais de 10 mil funcionários.

"Nosso diretor-geral, patrocinador e entusiasta desse processo, sempre dizia que não existe nada mais injusto do que tratar todos igualmente", lembra Martins. A ideia, portanto, era localizar os profissionais de alta performance a fim de lhes proporcionar o reconhecimento e promoção merecidos. De quebra, seria possível identificar aqueles com maior necessidade de desenvolvimento.

Conhecendo as melhores práticas de organizações internacionais, Martins e sua equipe tinham certeza de que o modelo mais adequado era um *feedback* 360 graus, voltado à performance e ao desenvolvimento. Várias soluções foram analisadas, até que se optou por um instrumento com as seguintes vantagens:

- é totalmente informatizado, o que significa rapidez na resposta e análise dos dados;
- pode ser customizado, com a descrição das competências e dos indicadores escolhidos pela organização; e
- permite formular questões específicas para cada grupo de avaliadores: os pares do avaliado respondem a um conjunto de questões, os clientes respondem a outro, e assim por diante.

No início, a Telefonica contou com o apoio de uma consultoria, que desenvolveu o instrumento customizado. Nessa fase, atuaram ativamente os profissionais do RH interno e líderes das outras áreas, que ajudaram a definir as competências buscadas e seus indicadores. Depois, o RH deu seguimento ao trabalho da consultoria, organizando *workshops* e palestras nos quais se explicava para que servia o instrumento e como ele funcionava.

Como era natural, inicialmente as pessoas reagiram com desconfiança, mas o trabalho persistente de comunicação venceu as resistências. Hoje, o instrumento é considerado um aliado no desenvolvimento de cada um.

Na prática, o sistema funciona assim: o público-alvo são os executivos de todos os níveis hierárquicos — presidente, vice-presidente, diretores, superintendentes e gerentes. A avaliação é realizada por grupos de cargos num universo de 360 graus, de forma que, no fim, praticamente toda a empresa participa do processo. "Para outros níveis hierárquicos não executivos pode-se utilizar o mesmo instrumento de *feedback*, restringindo-se eventualmente a rede de avaliadores", explica Martins.

Embora várias pessoas opinem, os resultados ficam disponíveis apenas para o avaliado, seu superior imediato e o pessoal do RH. Outra característica importante desse modelo é que o plano para corrigir os problemas detectados parte do próprio colaborador. Após receber os resultados, a pessoa deve apresentar uma proposta de autodesenvolvimento a seu superior; então os dois, juntos, discutem essa proposta e definem como a pessoa preencherá seus *gaps*.

Segundo Martins, esse sistema muda drasticamente a relação entre avaliador e avaliado no momento do *feedback*. Antes, o chefe ficava numa posição incômoda para julgar o desempenho do subordinado com base apenas em sua percepção — que podia ser facilmente contestada pelo avaliado. "No processo de avaliação em 360 graus, o chefe é mais um dos avaliadores e pode colocar-se na posição de *coaching*." Isso ocorre porque o líder deve utilizar o resultado da avaliação para motivar, desenvolver, tranquilizar e também corrigir seus subordinados — agindo, portanto, como gerente e *coaching* ao mesmo tempo.

Com seu sistema de avaliação de desempenho, a Telefonica conseguiu implantar uma nova cultura organizacional, voltada ao *feedback* e ao desenvolvimento constante. Nesses moldes, a palavra *avaliação* deixou de ser um tabu para virar sinônimo de crescimento pessoal.

Fonte: MARTINS, Claerte. Avaliação de desempenho. In: BOOG, Gustavo; BOOG, Magdalena (Coords.). Manual de gestão de pessoas e equipes: operações. v. 2. São Paulo: Gente, 2002.

1. O sistema de avaliação da Telefonica utiliza somente questionários. Porém, a cada questão há espaços para o avaliador fazer comentários discursivos. Na sua opinião, uma ferramenta desse tipo é suficiente para uma boa avaliação de competências? Considerando seu custo e complexidade, você acha que entrevistas e técnicas vivenciais são sempre necessárias? Em que fases do processo elas seriam mais importantes?
2. Uma crítica comum à gestão por competências é que ela supostamente tende a padronizar as pessoas, na medida em que existe uma lista de competências corporativas que todos na organização precisam desenvolver. Qual seu ponto de vista sobre essa crítica? Se você estivesse implantando um sistema de avaliação vinculado ao desenvolvimento de competências e surgisse esse tipo de crítica, como você a rebateria?
3. Como você se sentiria se, durante um processo de avaliação na empresa em que trabalha, recebesse um *feedback* sugerindo o desenvolvimento de determinada competência? Você se sentiria pressionado a mudar traços de sua personalidade? Ou feliz pela oportunidade de aprender algo novo?

NA ACADEMIA

- Será que é fácil definir as competências e seus indicadores? Para descobrir, reúna-se em grupo com quatro ou cinco colegas.
- Imaginem que a instituição de ensino superior onde vocês estudam os contratou para fazer a seleção de novos professores. Quais competências são necessárias para ser um bom professor no seu curso? Quais são os indicadores dessas competências, ou seja, os comportamentos observáveis que nos permitem afirmar que a pessoa possui aquela competência? Dentro dessa lista de competências, quais são essenciais e quais são apenas desejáveis?
- Debatam as questões detalhadamente até chegar à melhor redação para as competências, sua descrição e seus indicadores. Observem a lista final e reflitam: esse seria um bom critério para avaliar professores universitários? Há outros critérios, além das competências, que deveriam ser levados em conta? Quais? Quais públicos deveriam opinar em uma avaliação de professores universitários?
- No fim da atividade, os grupos devem comparar suas listas de competências e mostrá-las ao professor. Será uma rica troca de pontos de vista!

Pontos importantes

- Avaliação *por* competências é aquela que utiliza as competências como critério. Ocorre apenas durante a fase do processo de administração de RH em que as pessoas são avaliadas. Por sua vez, a avaliação *de* competências é a mensuração das competências em si. Ocorre pelo menos em três momentos do processo: durante o mapeamento das competências internas, durante a seleção de novos talentos e durante a avaliação propriamente dita.

- Indicadores de competências são os comportamentos observáveis e facilmente compreensíveis que nos permitem afirmar se alguém possui determinada competência, e em que grau a possui.
- A avaliação de desempenho vem passando, principalmente, pelas seguintes transformações: o antigo objetivo de punir os piores e premiar os melhores vem sendo substituído pelo objetivo de promover o desenvolvimento de todos os colaboradores; as metas quantitativas vêm dividindo espaço com as qualitativas (sobretudo competências) ou sendo substituídas por elas; a participação de públicos na avaliação vem se ampliando, passando-se do modelo *top-down* para as avaliações 180 e 360 graus; o público avaliado também está se expandindo, passando a incluir os ocupantes dos níveis hierárquicos mais altos.
- A avaliação de potencial é feita não apenas na seleção de novos talentos, mas também na identificação de *high potentials*, nos planos de sucessão, nos processos de recrutamento interno, promoções e transferências e nos planejamentos de carreira. Seu objetivo é determinar se a pessoa conseguirá agregar maior grau de complexidade às competências que já possui e se será capaz de adquirir novas competências. Para tanto, examina-se se a pessoa pode desenvolver as competências exigidas na nova função e se ela tem competências relacionadas à capacidade de aprendizagem.
- Em relação à técnica empregada, as principais ferramentas usadas na avaliação de pessoas são: testes de personalidade objetivos, entrevistas, questionários, técnicas vivenciais e estudo de caso. Em relação a quem participa da avaliação, os três modelos predominantes são: *top-down* (superior avalia subordinado); avaliação 180 graus (os colegas também opinam) e avaliação 360 graus (colegas, subordinados, clientes e fornecedores podem opinar). A autoavaliação costuma ser conjugada com os outros modelos.
- As estratégias para implantar um sistema de avaliação de pessoas devem ter como objetivo: conquistar o engajamento da alta direção, comunicar o projeto adequadamente, demonstrar as vantagens, respeitar a ordem das etapas, sem atropelos, dedicar atenção especial à redação de todos os documentos e elaborar um processo consistente de *feedback* e acompanhamento.

Referências

BRANDÃO, Hugo Pena; GUIMARÃES, Tomás de Aquino. Gestão de competências e gestão de desempenho: tecnologias distintas ou instrumentos de um mesmo constructo? In: 23º Encontro da Associação Nacional dos Programas de Pós-Graduação em Administração — ENANPAD, 1999, Foz do Iguaçu. *Anais do 23º ENANPAD.* Foz do Iguaçu: Associação Nacional dos Programas de Pós-Graduação em Administração — ANPAD, 1999.

CALIPER Estratégias Humanas do Brasil Ltda. *Análise Caliper do potencial de desempenho profissional.* Disponível em: www.caliper.com.br. Disponível em: 29 nov. 2009.

LAGO, Fabíola. Tomar a medida certa. *Melhor*, jun. 2007.

LEME, Rogério. *Aplicação prática de gestão de pessoas por competências.* Rio de Janeiro: Qualitymark, 2005.

_____. Por que utilizar a avaliação de desempenho com foco em competências? Entrevista concedida a Patrícia Bispo. *RH.com.br*, 16 fev. 2009.

MARTINS, Claerte. Avaliação de desempenho. In: BOOG, Gustavo; BOOG, Magdalena (Coords.). *Manual de gestão de pessoas e equipes*: operações. v. 2. São Paulo: Gente, 2002.

MILIONI, Benedito. Glossário de termos e expressões de gestão de recursos humanos. In: BOOG, Gustavo; BOOG, Magdalena (Coords.). *Manual de gestão de pessoas e equipes*: estratégias e tendências. v. 1. São Paulo: Gente, 2002.

REIS NETO, Almiro dos. Avaliação de potencial e competência. In: BOOG, Gustavo; BOOG, Magdalena (Coords.). *Manual de gestão de pessoas e equipes*: operações. v. 2. São Paulo: Gente, 2002.

Capítulo 9

AVALIAÇÃO DA GESTÃO DE PESSOAS

Neste capítulo, abordaremos as seguintes questões:
- O que é e como funciona o *balanced scorecard*?
- Quais são os principais indicadores de desempenho em gestão de pessoas?
- O que é o Prêmio Nacional de Qualidade® e quais são seus Critérios de Excelência específicos para a gestão de pessoas?

Introdução

Ao longo deste livro, não apenas enfatizamos a necessidade de aplicar instrumentos para mensurar os resultados da gestão de pessoas, como também demos alguns exemplos disso. Vimos, assim, os principais indicadores empregados na avaliação do processo de recrutamento e seleção (Capítulo 5) e nos programas de treinamento e desenvolvimento (Capítulo 6).

Existem, porém, indicadores que buscam avaliar os processos de gestão de pessoas como um todo — e são eles o tema deste último capítulo. Por sua importância, selecionamos os seguintes instrumentos para serem comentados: *balanced scorecard*, indicadores de desempenho em RH e critérios de excelência do Prêmio Nacional de Qualidade.

Balanced scorecard

As origens do *balanced scorecard* (*BSC*) remontam ao ano de 1990, quando o Instituto Nolan Norton, ligado à gigante mundial de auditoria KPMG, patrocinou uma pesquisa chamada "Medindo Performance na Organização do Futuro". Liderada por David Norton, CEO do instituto, e por Robert Kaplan, professor da Harvard Business School, a pesquisa havia nascido de uma desconfiança: o emprego exclusivo de indicadores financeiros — prática reinante até então — parecia estar limitando a visão das empresas ao "aqui e agora". Para manter-se competitivas ao longo do tempo, elas precisavam adquirir e manter certos ativos intangíveis, como a confiança do cliente e o aprendizado dos funcionários; mas, aparentemente, o foco nos objetivos de curto prazo e nas métricas financeiras não estava deixando espaço para pensar nisso.

Assim, durante aquele ano de 1990, representantes de mais de dez empresas de diferentes segmentos reuniram-se bimestralmente com os pesquisadores para discutir o problema. O resultado foi um novo conjunto de indicadores, que avaliavam o desempenho da empresa sob quatro perspectivas, conforme indica a Figura 9.1:

Figura 9.1 Conceito básico do *balanced scorecard*.

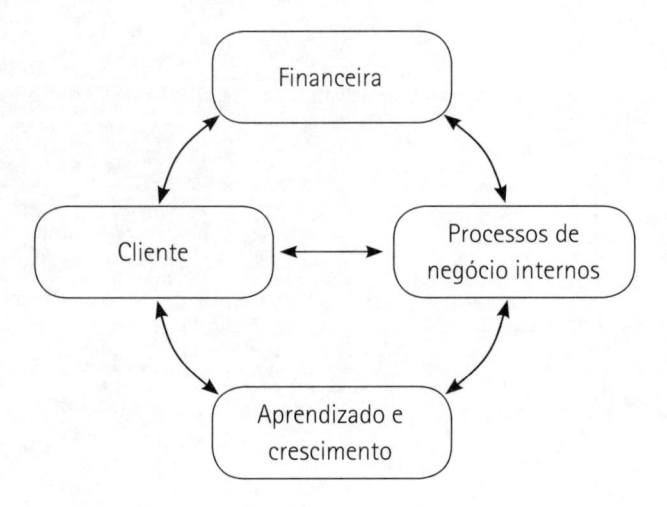

- a tradicional perspectiva financeira;
- a perspectiva dos clientes;
- a perspectiva dos processos de negócio internos; e
- a perspectiva do aprendizado e crescimento.

O objetivo era *equilibrar* métricas financeiras e não financeiras, alvos de curto e longo prazo, perspectivas internas e externas. Daí o nome escolhido para o novo conjunto de indicadores: *balanced scorecard* (*BSC*) — algo como "placar equilibrado" Em relação aos indicadores tradicionais, o BSC oferecia as inovações apresentadas no Quadro 9.1.

A metodologia foi apresentada no artigo "The balanced scorecard: measures that drive performance" ("O *balanced scorecard*: medidas que impulsionam a performance"), publicado na *Harvard Business Review* em 1992. A recepção foi excelente e em pouco tempo várias organizações já haviam implantado o BSC, muitas vezes com a ajuda dos próprios Kaplan e Norton.

Contudo, os pesquisadores logo notaram que a maioria das empresas estava aplicando o novo sistema apenas para medir velhas práticas. Os resultados eram usados para promover melhorias pontuais, como redução de custos ou diminuição dos tempos de resposta, mas não para identificar os processos realmente estratégicos, aqueles que fariam a diferença para o sucesso da empresa.

Apenas alguns poucos CEOs haviam percebido o verdadeiro potencial do BSC. Aproveitando a experiência desses líderes inovadores, em 1993 Kaplan e Norton publicaram um

Quadro 9.1 Diferença entre indicadores tradicionais e o *balanced scorecard*.

Indicadores tradicionais	Balanced scorecard
Eram elaborados de baixo para cima (*bottom-up*): cada área formulava suas métricas, sem conexão com uma estratégia central.	Feito de cima para baixo (*top-down*): a estratégia central da organização é que determina as métricas, as quais não são divididas por áreas, e sim pelas quatro perspectivas.
Muitas métricas; é impossível visualizar o que a empresa pretende.	Poucas métricas; é possível visualizar a lógica por trás delas.
Indicam o que ocorreu antes, mas não o que fazer a seguir.	Permitem localizar problemas críticos e, assim, encontrar soluções para o futuro.
Não permitem estabelecer relações de causa e efeito, sobretudo entre fatores não financeiros.	Permitem estabelecer relações de causa e efeito, inclusive envolvendo fatores não financeiros (p. ex., alto investimento em treinamento e desenvolvimento x maior satisfação do cliente ou maior lucro líquido).
Não permite integrar os programas das diferentes áreas, nem distinguir o que funciona daquilo que é mero modismo.	Permite integrar os diferentes programas e identificar os realmente úteis.

novo artigo na *HBR*, intitulado "Putting the balanced scorecard to work" ("Colocando o *balance scorecard* para funcionar"), no qual instavam as empresas a usar o sistema para repensar sua estratégia, e não apenas para medir processos preexistentes.

Começava, assim, uma transição: nascido como *sistema de medição*, o *balanced scorecard* passava a ser visto como um *sistema de gestão*. Essa nova fase foi consagrada em 1996, quando os autores publicaram o artigo "Using the balanced scorecard as a strategic management system" ("Usando o *balanced scorecard* como um sistema de gestão estratégica"), outro clássico da *HBR*.

Hoje, o *balanced scorecard* é considerado um sistema estratégico de planejamento, gestão e monitoramento. É empregado por organizações dos mais diversos segmentos (incluindo órgãos públicos e ONGs) para "amarrar" as ações práticas, do dia a dia, ao planejamento global de longo prazo. Para entender isso melhor, vejamos como esse sistema funciona na prática.

O BSC na prática

O pré-requisito para a implantação do BSC é ter definidas a missão e a visão da empresa, pois é desses dois elementos que dependerão todos os outros. Feito isso, começa a metodologia propriamente dita.

Se necessário, reveja no Capítulo 2 o que estudamos sobre visão, missão, valores, objetivos, metas e sobre o planejamento estratégico como um todo.

Quando se trata de uma organização não muito grande ou com processos simples, um único BSC pode ser implantado para toda a empresa. Mas, no caso de organizações grandes e complexas, com várias unidades de negócio, deve ser implantado um BSC para cada uma delas.

Seja como for, os facilitadores (pessoas responsáveis pela implantação do sistema) devem reunir um comitê com os principais líderes da empresa, ou da unidade de negócios. Juntos, eles tentarão responder às seguintes questões:

Se minha visão para o futuro for alcançada, como vou me diferenciar...

... aos olhos dos meus acionistas?
... aos olhos dos meus clientes?
... sob o ponto de vista dos meus processos internos?
... em minha capacidade de inovar e crescer?

Esses questionamentos identificarão os *processos críticos* da empresa, isto é, aqueles que a diferenciarão diante das outras, gerando sua vantagem competitiva. O passo seguinte será identificar os *indicadores de desempenho* adequados para mensurar tais processos críticos, distribuindo-os pelas quatro perspectivas do BSC — financeira, clientes, processos de negócios internos e aprendizado e crescimento. No final do processo, haverá cerca de quatro a seis indicadores para cada perspectiva.

Você entenderá melhor essa ideia observando a Figura 9.2. Os exemplos usados na figura foram retirados de um caso real, analisado por Kaplan e Norton no artigo da *HBR* de 1993. Os dados referem-se à Rockwater, líder mundial em construção e engenharia subaquática.

Figura 9.2 Exemplo de construção de um *balanced scorecard*. (Adaptado de KAPLAN; NORTON, 1993.)

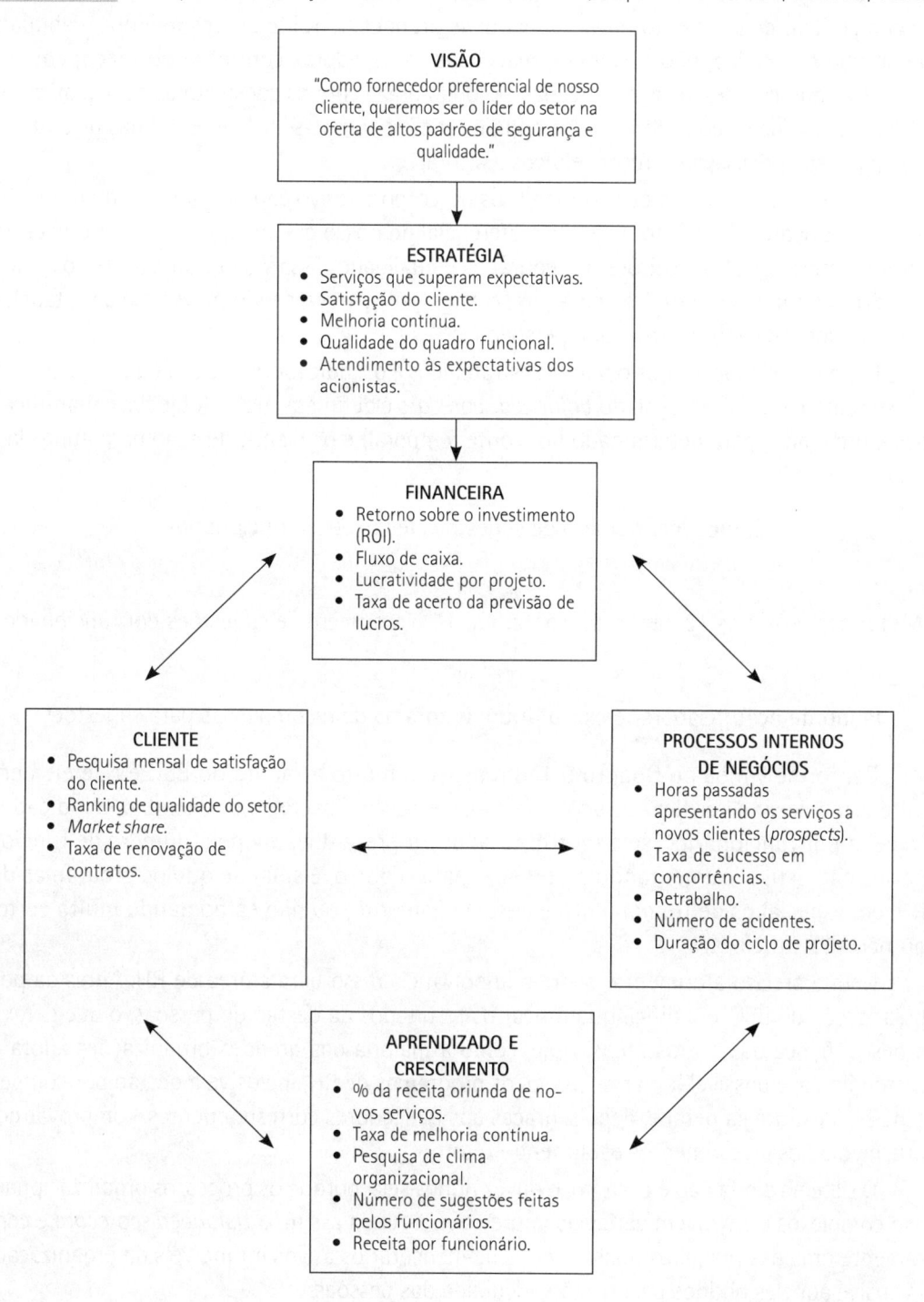

VISÃO
"Como fornecedor preferencial de nosso cliente, queremos ser o líder do setor na oferta de altos padrões de segurança e qualidade."

ESTRATÉGIA
- Serviços que superam expectativas.
- Satisfação do cliente.
- Melhoria contínua.
- Qualidade do quadro funcional.
- Atendimento às expectativas dos acionistas.

FINANCEIRA
- Retorno sobre o investimento (ROI).
- Fluxo de caixa.
- Lucratividade por projeto.
- Taxa de acerto da previsão de lucros.

CLIENTE
- Pesquisa mensal de satisfação do cliente.
- Ranking de qualidade do setor.
- *Market share*.
- Taxa de renovação de contratos.

PROCESSOS INTERNOS DE NEGÓCIOS
- Horas passadas apresentando os serviços a novos clientes (*prospects*).
- Taxa de sucesso em concorrências.
- Retrabalho.
- Número de acidentes.
- Duração do ciclo de projeto.

APRENDIZADO E CRESCIMENTO
- % da receita oriunda de novos serviços.
- Taxa de melhoria contínua.
- Pesquisa de clima organizacional.
- Número de sugestões feitas pelos funcionários.
- Receita por funcionário.

No fim dos anos 1980, o CEO da empresa, Norman Chambers, percebeu que o ambiente competitivo do segmento havia mudado: as grandes petrolíferas, cosumidoras habituais desse tipo de serviço, não escolhiam mais suas fornecedoras com base no preço; em vez disso, elas queriam desenvolver parcerias de longo prazo com as construtoras subaquáticas. A Rockwater queria se concentrar nesse tipo de cliente e tornar-se a "preferida" das gigantes — mas para isso precisava oferecer serviços à altura.

Assim, Chambers e os outros membros do corpo diretivo formularam a seguinte visão para a Rockwater: "Como fornecedor preferencial de nosso cliente, queremos ser o líder do setor na oferta de altos padrões de segurança e qualidade". Essa visão traduziu-se nos cinco objetivos estratégicos descritos na figura, e estes, por sua vez, serviram de base ao estabelecimento dos indicadores para cada perspectiva.

Depois de estabelecer os objetivos estratégicos e os indicadores para cada perspectiva, o passo seguinte na construção do *balanced scorecard* é definir as metas (objetivos quantificados e projetados para determinado horizonte temporal) e os planos de ação para atingi-las. Veja um exemplo:

Indicador: número de sugestões feitas pelos funcionários.

↓

Meta: nos próximos 12 meses, aumentar em 15% o número de sugestões por funcionário.

↓

Plano de ação: elaborar e executar um programa de recompensas para sugestões.

Conforme vimos no Quadro 9.1, um aspecto muito atraente do BSC é que ele permite estabelecer e verificar *relações de causa e efeito*. Observe, por exemplo, o indicador "receita por funcionário": se a receita total da empresa dividida pelo número de funcionários não estiver aumentando de um ano para o outro, é sinal de que os programas de RH, em especial os de treinamento e desenvolvimento, ou não estão dando muito certo, ou não são suficientes.

Nem é preciso argumentar sobre a importância disso para a área de RH. Antes da popularização do BSC, era difícil quantificar os resultados da gestão de pessoas, o que gerava a desconfiança das outras áreas. Hoje, como a maioria das grandes organizações adota a metodologia, é possível "amarrar" todos os programas de RH, inclusive a gestão por competências, à estratégia geral e, depois, graças aos indicadores correspondentes, comprovar em que medida os investimentos estão tendo retorno.

O sistema ainda não é perfeito, e talvez nunca seja, porque os processos organizacionais são complexos e envolvem variáveis imprevisíveis. Ainda assim, o *balanced scorecard* é certamente uma das maneiras mais precisas de mensurar os ativos intangíveis da organização, inclusive aqueles obtidos pela gestão adequada das pessoas.

Indicadores de desempenho em RH

No Capítulo 2, ao comentarmos o planejamento de RH, já mencionamos brevemente alguns indicadores de desempenho da área, como o nível de absenteísmo e de rotatividade. Ainda há pouco, ao observar um exemplo de construção do *balanced scorecard*, tivemos contato com alguns outros: resultados da pesquisa de clima organizacional, número de sugestões feitas pelos funcionários, receita por funcionário e número de acidentes. Todos esses são indicadores que podem ser usados pelo RH para avaliar seus próprios processos.

Contudo, ao montar um sistema com essa finalidade, os profissionais de RH sentem falta de um repertório abrangente e estruturado de indicadores, entre os quais seja possível escolher os mais adequados a seu contexto. O mesmo ocorre quando eles precisam sugerir indicadores de sua área para o *balanced scorecard*.

Nesse sentido, é útil conhecer os *sistemas de indicadores de desempenho em RH*. Esses sistemas geralmente são patenteados por grandes consultorias, que ajudam as empresas a aplicá-los.

O "pai" de todos os sistemas de indicadores utilizados hoje é o norte-americano Jac Fitzenz. Em 1978, em um periódico especializado, esse pioneiro defendeu uma tese que soava então como disparate: os resultados das atividades de RH não só poderiam, como deveriam ser medidos.

O artigo foi solenemente ignorado, e Fitz-enz continuou tocando a vida como executivo de RH em uma empresa de informática do Vale do Silício. Mas ele estava convicto de que suas ideias poderiam revolucionar o mundo corporativo e assim, em 1980, deixou o emprego para fundar sua própria consultoria, o Saratoga Institute.

Os primeiros anos foram duros. Sem clientes, Fitz-enz conta que chegou a dever fortunas no cartão de crédito. As coisas só começaram a mudar em 1984, quando a Sociedade Norte-Americana de Administração de Pessoal (hoje Sociedade de Administração de Recursos Humanos) resolveu confiar no consultor quase falido. Naquele ano, com o apoio da associação, o Saratoga Institute reuniu 15 profissionais de RH a fim de desenvolver o primeiro conjunto de fórmulas para medir o desempenho das práticas da área.

Ao longo dos anos, aquele conjunto inicial de indicadores recebeu inúmeros acréscimos e refinamentos. As 30 métricas do princípio transformaram-se em mais de 75. Com adaptações em função da localização, taxa de crescimento, setor e tamanho da empresa, chegou-se a um conjunto de mais de 250 métricas. E o mais importante: Jac Fitz-enz e seu Saratoga Institute tornaram-se respeitadíssimos e viraram referência obrigatória quando o assunto é mensuração da gestão de pessoas.

Hoje o Saratoga é um braço da PricewaterhouseCoopers. No Brasil, a metodologia é aplicada desde 1995 pela Sextante Brasil (antigamente chamada de Saratoga Institute Brasil). Desde 1996, a entidade publica anualmente a *Pesquisa Brasileira em Gestão do Capital Humano – Benchmarking*.

Aliás, uma importante característica dos indicadores propostos por Fitz-enz é sua natureza de *benchmarking* (comparação). Os indicadores são sempre representados por uma relação entre duas variáveis; por exemplo: despesa total de RH/despesas gerais. Comparando os seus resultados nessa relação com os de empresas com características similares às suas, a organização cliente pode verificar se está acima ou abaixo da média e, conforme o caso, tomar as providências adequadas.

Veja um exemplo: a Orbitall, a maior processadora de cartões de crédito e débito do país, participa desde o ano 2000 da pesquisa da Sextante Brasil. Em uma das primeiras participações, dois indicadores chamaram a atenção. A quantidade de horas extras e o absenteísmo na Orbitall estavam de 10% a 15% acima da média de mercado.

A solução para o primeiro problema foi conscientizar os gestores sobre os prejuízos que horas extras em excesso podem trazer, inclusive para o colaborador, e sobre a importância de planejar melhor o trabalho. Em relação às faltas excessivas, os gestores de cada área foram instruídos a serem mais rigorosos na abonação de faltas, e os responsáveis pelos ambulatórios médicos orientados sobre como agir em relação a problemas de saúde mais sérios (ALVARES, 2003).

Os indicadores no modelo Saratoga variam conforme o país, o ramo de atividade e o porte da empresa, entre outros fatores. Mas, de maneira geral, eles dizem respeito a seis dimensões: eficácia organizacional; estrutura de RH; remuneração e benefícios; absenteísmo e rotatividade; recrutamento e seleção; e treinamento e desenvolvimento. O Quadro 9.2 apresenta alguns exemplos de indicadores referentes a cada dimensão.

Quadro 9.2 Exemplos de indicadores do Saratoga Institute.

Eficácia organizacional	Absenteísmo e rotatividade
Faturamento líquido/colaborador Despesa operacional/colaborador Lucro operacional/colaborador	Desligamentos/efetivo total Desligamentos voluntários efetivo total Afastamentos médicos/efetivo total
Estrutura de RH	**Recrutamento e seleção**
Despesa total de RH/despesas Custo total de pessoal de RH/despesas Custo de terceiros em RH/despesas	Contratações por recrutamento externo/efetivo total Contratações por recrutamento interno/efetivo total Número de dias para preencher vaga/contratações por recrutamento externo
Remuneração e benefícios	**Treinamento e desenvolvimento**
Custo da remuneração/faturamento líquido Custo da remuneração de executivos/custo da remuneração total Custos de benefícios relacionados à assistência médica/número de colaboradores cobertos	Custo total de T&D/colaboradores treinados Custo total de T&D/despesa operacional Custo total de T&D/horas totais de treinamento

Além dessas seis dimensões, a Sextante Brasil pesquisa outras três: saúde ocupacional e segurança do trabalho; relações trabalhistas e sindicais; e perfil dos recursos humanos.

A partir dos indicadores do sistema Saratoga podem ser calculados vários índices financeiros referentes ao capital humano, sendo o principal deles o HCROI (*human capital return on investment*, ou retorno sobre o investimento do capital humano). Segundo Fitz-enz (2000), o HCROI tem a seguinte fórmula:

$$HCROI = \frac{Receitas - (Despesas - Salários\ e\ benefícios)}{Salários\ e\ benefícios}$$

Depois do sistema de indicadores de Fitz-enz, vários outros surgiram. A multinacional de consultoria Watson Wyatt, por exemplo, patenteou no fim dos anos 1990 seu Human Capital Index® (HCI®), que relaciona diretamente práticas de gestão de capital humano ao retorno para os acionistas.

A criação do índice baseou-se em uma série de estudos. No primeiro deles, executivos de RH de grandes empresas foram convidados a responder a um questionário sobre as práticas de RH de sua organização, no tocante a remuneração, comunicação, desenvolvimento, cultura e recrutamento.

Os resultados foram cruzados com os indicadores financeiros de cada organização. Assim, com base em análises estatísticas avançadas, os pesquisadores identificaram as práticas de RH que tinham relação preditiva (positiva ou negativa) com o valor para o acionista. Determinaram, também, a variação esperada no valor de mercado associada à melhoria significativa de determinada prática.

Cada participante do estudo recebeu uma "nota", expressa em uma escala de 0 a 100, com 0 representando a gestão de capital humano mais fraca e 100 a ideal. Os participantes foram agrupados em três níveis de HCI — baixo, médio e elevado — e comparados quanto ao retorno para o acionista nos cinco anos anteriores à realização do estudo. A conclusão, expressa na Figura 9.3, foi evidente: um HCI elevado estava relacionado a maiores retornos para os acionistas.

Restava, porém, uma incerteza: será que havia realmente uma relação de causa e efeito entre boas práticas de RH e alto retorno para o acionista — ou será que, pelo contrário, empresas com alto retorno para o acionista podiam se dar ao luxo de investir em práticas de RH sofisticadas? Uma nova série de estudos, realizados em 2000 e 2001 com um universo maior de empresas, veio sanar a dúvida: havia efetivamente uma forte correlação entre boas práticas de RH e aumento no valor de mercado das empresas.

Os últimos estudos permitiram, ainda, identificar 43 práticas de RH que, quando bem implementadas e integradas, provocavam um aumento de até 47% no valor de mercado da empresa. Essas práticas foram agrupadas em cinco dimensões, às quais foram associados vários indicadores de desempenho. As dimensões e a contribuição que trazem para o aumento do valor de mercado da empresa são estas:

Figura 9.3 Relação entre o Human Capital Index® (HCI®), da Watson Wyatt, e retorno para o acionista (SACOOR, s/d).

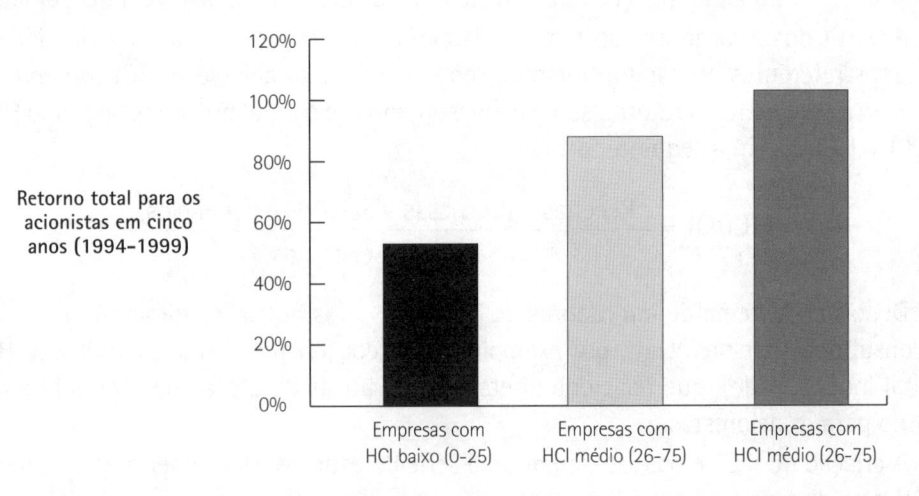

Retorno total para os acionistas em cinco anos (1994-1999)

- Empresas com HCI baixo (0-25)
- Empresas com HCI médio (26-75)
- Empresas com HCI médio (26-75)

Dimensão	Ganho no valor de mercado
1. Remuneração total, responsabilização e performance	16,5%
2. Clima e cultura	9,0%
3. Excelência no recrutamento e retenção de talentos	7,9%
4. Integridade na comunicação	7,1%
5. Uso das tecnologias em RH	6,5%

Além da Watson Wyatt, outras consultoras globais, como o InfoHRM e o Hackett Group, criaram seus próprios sistemas de indicadores de RH.

De qualquer modo, seja qual for o repertório utilizado como base, o importante é que a empresa escolha indicadores de desempenho adequados a seu perfil, em termos de objetivos estratégicos, área de atuação, localização geográfica, porte etc. Além disso, a análise dos indicadores deve ser feita sempre de maneira integrada, visto que um indicador sozinho nunca trará resultados conclusivos.

Rugênia Maria Pomi (2007) dá um exemplo interessante disso:

> Quando avaliamos, por exemplo, o tempo de preenchimento de vagas de uma empresa, e esse número está acima do resultado de 75% dos participantes de uma pesquisa, não podemos, antes de avaliar outros indicadores, considerá-lo como um número inadequado. Se agregarmos a essa análise o indicador de rotatividade (*turnover*) e constatarmos um baixo resultado, isso pode indicar um diferencial competitivo desta empresa, frente aos seus concorrentes, na medida em que um maior tempo para o preenchimento das vagas representa um trabalho mais qualificado na contratação, gerando, assim, retenção de pessoas.

Critérios de Excelência do Prêmio Nacional da Qualidade® (PNQ)

Todos os anos, o Prêmio Nacional da Qualidade® (PNQ) é concedido a organizações que praticam a excelência em gestão no Brasil. O ciclo de avaliação é conduzido pela Fundação Nacional da Qualidade – FNQ (antiga Fundação para o Prêmio Nacional da Qualidade), uma organização não governamental sem fins lucrativos criada em 1991 para essa finalidade, por iniciativa de 39 organizações públicas e privadas.

O objetivo do prêmio não é apenas reconhecer as melhores práticas, mas também servir como referencial para que as empresas façam um autodiagnóstico e conheçam as práticas de gestão mais bem-sucedidas, realizando assim seu *benchmarking*. Quando se candidata ao prêmio, a empresa deve apresentar um Relatório de Gestão, estruturado segundo os critérios e itens do PNQ (os quais conheceremos a seguir). Esse relatório é avaliado e, caso atinja uma pontuação suficiente, a empresa passa para a etapa seguinte, que é a visita às suas instalações.

No fim do processo, a empresa pode receber uma destas três formas de reconhecimento:

- *premiada* – empresa premiada no PNQ é aquela que apresentou excepcionais resultados no desempenho de sua gestão; o prêmio pode ser dividido por mais de uma empresa no mesmo ano;
- *finalista* – esse reconhecimento indica que a empresa chegou à fase final por ter apresentado bons resultados no desempenho de sua gestão;
- *destaque por critério* – essa forma de reconhecimento é concedida àquelas empresas que se destacaram no atendimento a determinado Critério de Excelência.

Mesmo as empresas que não recebem nenhuma forma de reconhecimento ganham com o processo, porque no final todas recebem um Relatório de Avaliação completo, indicando a pontuação total obtida, a pontuação obtida em cada item dos Critérios de Excelência, bem como os pontos fortes e oportunidades para melhoria. Se desejar, a empresa pode voltar a concorrer ao prêmio nos anos seguintes.

Os oito Critérios de Excelência do PNQ formam o Modelo de Excelência da Gestão® (MEG). Eles se subdividem em 24 itens de avaliação, conforme se observa no Quadro 9.3. Os critérios de números 1 a 7 referem-se a processos gerenciais. Todos os itens nesses critérios são representados por perguntas que começam com a palavra "como?". Para responder, a empresa deve informar:

- os padrões de trabalho (incluindo os responsáveis);
- os métodos utilizados para o controle (verificação do cumprimento dos padrões de trabalho);
- o grau de disseminação (processos, produtos e/ou pelas partes interessadas em que as práticas estão implementadas);
- a continuidade (início de uso e periodicidade); e
- a integração.

Já no critério de número 8 (Resultados) é que entram os indicadores de desempenho propriamente ditos. A empresa deve apresentar uma série histórica dos resultados desses indicadores, de maneira que seja possível analisar a tendência, e compará-los com algum referencial, como a média do setor, os resultados dos líderes etc.

Quadro 9.3 Os oito Critérios de Excelência do PNQ e seus respectivos itens de avaliação (FNQ, 2008, p. 16).

CRITÉRIO	PONTOS
1. Liderança	**110**
1.1 Governança corporativa	40
1.2 Exercício da liderança e promoção da cultura da excelência	40
1.3 Análise do desempenho da organização	30
2. Estratégias e planos	**60**
2.1 Formulação das estratégias	30
2.2 Implementação das estratégias	30
3. Clientes	**60**
3.1 Imagem e conhecimento de mercado	30
3.2 Relacionamento com clientes	30
4. Sociedade	**60**
4.1 Responsabilidade socioambiental	30
4.2 Desenvolvimento social	30
5. Informações e conhecimento	**60**
5.1 Informações da organização	25
5.2 Informações comparativas	10
5.3 Ativos intangíveis e conhecimento organizacional	25
6. Pessoas	**90**
6.1 Sistemas de trabalho	30
6.2 Capacitação e desenvolvimento	30
6.3 Qualidade de vida	30
7. Processos	**110**
7.1 Processos principais do negócio e processos de apoio	50
7.2 Processos de relacionamento com os fornecedores	30
7.3 Processos econômico-financeiros	30
8. Resultados	**450**
8.1 Resultados econômico-financeiros	100
8.2 Resultados relativos aos clientes e ao mercado	100
8.3 Resultados relativos à sociedade	60
8.4 Resultados relativos às pessoas	60
8.5 Resultados dos processos principais do negócio e dos processos de apoio	100
8.6 Resultados relativos aos fornecedores	30
Total de pontos possíveis	**1.000**

Todos os critérios e itens interessam ao profissional de RH. Contudo, destacam-se por sua importância os itens 1.2, 5.3, 6.1 a 6.3 e 8.4. A título de ilustração, reproduzimos, no Quadro 9.4, os itens 6.1 a 6.3, que compõem o Critério de Excelência relativo a Pessoas, e o item 8.4, que se refere aos resultados da gestão de pessoas. No *site* da FNQ (www.fnq.org.br), você pode "baixar" o documento *Critérios de Excelência 2009*, com a descrição completa de todos os critérios e itens.

Quadro 9.4 Alguns dos critérios e itens do PNQ mais importantes para o RH (FNQ, 2008, p. 31-33 e 38).

6.1 SISTEMAS DE TRABALHO (30 PONTOS)

Este item aborda a implementação de processos gerenciais que contribuem diretamente para o alto desempenho das pessoas e das equipes.

a) Como a organização do trabalho é definida e implementada em alinhamento ao modelo de negócio, aos processos, aos valores e à estratégia da organização, visando ao alto desempenho e à inovação?
  - Destacar de que forma a organização do trabalho estimula a resposta rápida e o aprendizado organizacional;
  - Destacar a autonomia dos diversos níveis da força de trabalho para buscar inovações, definir, gerir e melhorar os processos da organização;
  - Destacar de que forma se estimulam a cooperação e a comunicação eficaz entre as pessoas e entre as equipes, incluindo pessoas de diferentes localidades e áreas.
b) Como as pessoas são selecionadas, interna e externamente, e contratadas em consonância com as estratégias e as necessidades do modelo de negócio da organização?
  - Destacar de que forma a organização estimula a inclusão de minorias e assegura a não discriminação e a igualdade de oportunidades para todas as pessoas.
c) Como as pessoas recém-contratadas são integradas à cultura organizacional, visando prepará-las para o pleno exercício de suas funções?
d) Como o desempenho das pessoas e das equipes é avaliado de forma a estimular a obtenção de metas de alto desempenho, a cultura da excelência na organização e seu desenvolvimento profissional?
e) Como a remuneração, o reconhecimento e os incentivos estimulam o alcance de metas de alto desempenho e a cultura da excelência?

6.2 CAPACITAÇÃO E DESENVOLVIMENTO (30 PONTOS)

Este item aborda a implementação de processos gerenciais que contribuem diretamente para a capacitação e o desenvolvimento dos membros da força de trabalho.

a) Como as necessidades de capacitação e desenvolvimento são identificadas?
  - Destacar as formas de participação neste processo, dos líderes e das próprias pessoas da força de trabalho.
b) Como os programas de capacitação e o desenvolvimento abordam a cultura da excelência e contribuem para consolidar o aprendizado organizacional?
  - Citar os principais temas abordados e o público alcançado.
c) Como é concebida a forma de realização dos programas de capacitação e de desenvolvimento considerando as necessidades da organização e das pessoas?
d) Como a eficácia dos programas de capacitação é avaliada em relação ao alcance dos objetivos operacionais e às estratégias da organização?
e) Como a organização promove o desenvolvimento integral das pessoas, como indivíduos, cidadãos e profissionais?
  - Citar os métodos de orientação ou aconselhamento, empregabilidade e desenvolvimento de carreira.

(continua)

(continuação)

6.3 QUALIDADE DE VIDA (30 PONTOS)

Este item aborda a implementação de processos gerenciais que contribuem diretamente à criação de um ambiente seguro e saudável e à obtenção do bem-estar, da satisfação e do comprometimento das pessoas.

a) Como são identificados os perigos e tratados os riscos relacionados à saúde ocupacional, segurança e ergonomia?
- Citar as principais ações e metas para eliminá-los ou minimizá-los.

b) Como as necessidades e expectativas das pessoas da força de trabalho são identificadas, analisadas, compreendidas e utilizadas para definição e melhoria das práticas relativas às pessoas e dos benefícios, colocados à sua disposição?

c) Como o bem-estar, a satisfação e o comprometimento das pessoas são avaliados?

d) Como são tratados os fatores que afetam o bem-estar, a satisfação e o comprometimento das pessoas e como é mantido um clima organizacional favorável à criatividade, à inovação, à excelência no desempenho, e ao desenvolvimento profissional das pessoas e das equipes?
- Destacar como os benefícios são ajustados às necessidades específicas da força de trabalho e apresentar, de forma comparativa com o mercado, os principais serviços, benefícios, programas e políticas colocados à disposição da força de trabalho.

e) Como a organização colabora para a melhoria da qualidade de vida das pessoas fora do ambiente de trabalho?
- Citar as principais ações desenvolvidas.

8.4 RESULTADOS RELATIVOS ÀS PESSOAS (60 PONTOS)

Este item aborda os resultados relativos às pessoas, incluindo os referentes aos sistemas de trabalho, à capacitação e desenvolvimento e à qualidade de vida.

a) Apresentar os resultados dos principais indicadores relativos às pessoas, incluindo os relativos aos sistemas de trabalho, à capacitação e desenvolvimento e à qualidade de vida. Estratificar os resultados por grupos de pessoas da força de trabalho, funções na organização e, quando aplicável, por instalações.
- Incluir os níveis de desempenho associados aos principais requisitos de partes interessadas, assim como os níveis de desempenho de organizações consideradas como referencial comparativo pertinente; explicar, resumidamente, os resultados apresentados, esclarecendo eventuais tendências adversas, níveis de desempenho abaixo do esperado pelas partes interessadas e comparações desfavoráveis.

EM MANCHETE

Como você deve estar lembrado, no Capítulo 6, quando tratamos sobre motivação, mencionamos uma pesquisa conduzida pela consultoria de recursos humanos Gallup entre 1.004 trabalhadores brasileiros. Os resultados da pesquisa indicavam que a maioria dos funcionários era desengajada (67%), alguns eram engajados (22%) e outros eram ativamente desengajados (17%). Agora você lerá a continuação da reportagem que apresentava esses resultados, na qual se conta o "segredo" das empresas que conseguem "engajar" seus funcionários.

QUESTIONÁRIO É USADO PARA MEDIR OBJETIVOS COMO META DE VENDAS

ANDRÉ LOBATO
COLABORAÇÃO PARA A FOLHA

No ano passado, os 22 mil empregados da Volkswagen responderam ao questionário de engajamento da Gallup (veja as questões no quadro a seguir).

"A conexão entre indicadores de desempenho, como o de vendas, e engajamento é clara", diz Josef-Fidelis Senn, vice-presidente de recursos humanos da Volkswagen.

Para aprimorar o desempenho, a empresa inseriu no *balanced scorecard* (sistema para reportar e monitorar resultados em todos os níveis da organização) os números de engajamento dos funcionários.

Entre os problemas identificados, conta Senn, estava o de uma fábrica que precisava de melhores equipamentos. "Identificamos e resolvemos, melhorando os números. Tivemos um aumento de cerca de 7% no engajamento", diz.

Entre as estratégias da empresa para manter o espírito produtivo em alta estão prêmios e eventos sociais. São programas de reconhecimento financeiros e não financeiros.

Os remunerados são prêmios para os que geram ideias para a empresa. Entre os eventos sociais estão, por exemplo, encontros matinais com os executivos da companhia.

Para Senn, trata-se de um ciclo virtuoso. "Empresas no topo têm mais chances de terem empregados no topo e assim se manterem nessa posição."

José Carlos Dias Araújo, supervisor da área que produz peças, acredita que a cultura de "celebração" é um dos fortes da companhia. "Faz parte da rotina, assim como as reuniões diárias, semanais e mensais."

As 12 perguntas
1. Eu sei o que esperam de mim no trabalho?
2. Tenho os materiais e equipamentos necessários para realizar o meu trabalho corretamente?
3. No meu trabalho, tenho a oportunidade de fazer o que faço de melhor todos os dias?
4. Nos últimos sete dias, recebi reconhecimento ou elogios por realizar um bom trabalho?
5. Meu supervisor ou alguém no meu trabalho parece importar-se comigo como pessoa?
6. Há alguém no meu trabalho que estimula meu desenvolvimento?
7. No meu trabalho, as minhas opiniões parecem contar?

8. A missão/objetivo de minha empresa me faz sentir que meu trabalho é importante?
9. Meus colegas de trabalho estão comprometidos em realizar um trabalho de qualidade?
10. Tenho um melhor amigo no meu trabalho?
11. Nos últimos seis meses, alguém em meu trabalho conversou comigo sobre o meu progresso?
12. No último ano tive oportunidade de aprender a crescer no meu trabalho?

Copyright 2009 Gallup, Inc. Todos os direitos reservados..

1. Conforme você leu na reportagem, a Volkswagen utiliza os resultados da pesquisa de engajamento da Gallup como um dos indicadores em seu *balanced scorecard*. Em qual dimensão você acha que esse indicador foi inserido?
2. Por que os resultados da pesquisa de engajamento podem ser considerados um indicador estratégico para a Volkswagen?
3. Se você está empregado atualmente, responda às 12 perguntas da Gallup. Como anda seu nível de engajamento?
4. Você considera essas perguntas adequadas para medir o nível de engajamento do funcionário? Quais lhe parecem as mais importantes? Você acrescentaria alguma outra?

NA ACADEMIA

- Em um livro no qual enfatizamos tantas vezes a importância de avaliar processos, nada mais natural do que encerrar este último capítulo com um exercício de avaliação.
- Primeiro, reflita individualmente sobre as seguintes questões:
  - Qual era sua relação com a área de RH antes de iniciar este curso? O que você sabia sobre a gestão de pessoas?
  - Após conhecer melhor a área, seu interesse na gestão de pessoas manteve-se igual, intensificou-se ou diminuiu? Por quê?
  - Como você pretende aplicar o que aprendeu neste curso?
  - Dos conteúdos estudados, quais lhe despertaram maior interesse? E quais não o atraíram? Por quê?
  - Você considera adequada a maneira como os conteúdos foram apresentados? Quais aspectos poderiam ser melhorados?
  - A integração entre este livro-texto, as aulas e outros componentes do processo de ensino-aprendizagem foi adequada? Por quê?
  - Como você avalia seu desempenho durante o curso, em termos de: a) disciplina nos estudos; b) interesse em pesquisar mais sobre o conteúdo; e c) interação com os colegas e o professor?
- Depois dessa reflexão, reúna-se em um grupo de cinco ou seis colegas e troquem ideias, comparando as respostas de cada um às questões. Apresentem os resultados do debate oralmente ao professor e ao resto da classe.

Pontos importantes

- O *balanced scorecard* (BSC) é um sistema estratégico de planejamento, gestão e monitoramento que permite vincular as ações práticas, do dia a dia, ao planejamento global de longo prazo. Para construir um BSC, primeiro se definem a missão e a visão da empresa; depois se estabelecem os objetivos estratégicos e escolhem-se os indicadores mais adequados para medi-los. Os indicadores devem referir-se às quatro perspectivas do BSC – financeira, clientes, processos de negócio internos e aprendizado e crescimento.
- Existem vários sistemas ou repertórios que reúnem indicadores de desempenho em gestão de pessoas. A Sextante Brasil, por exemplo, adaptou ao nosso contexto a pioneira metodologia de Jac Fitz-enz, que utiliza *benchmarkings* distribuídos por nove dimensões: eficácia organizacional; estrutura de RH; remuneração e benefícios; absenteísmo e rotatividade; recrutamento e seleção; treinamento e desenvolvimento; saúde ocupacional e segurança do trabalho; relações trabalhistas e sindicais; e perfil dos recursos humanos.
- O Prêmio Nacional da Qualidade® é concedido anualmente a organizações que praticam a excelência em gestão no Brasil. Ele possui um Critério de Excelência específico para a gestão de pessoas, subdividido nos itens de avaliação sistemas de trabalho, capacitação e desenvolvimento e qualidade de vida. O Critério de Excelência referente aos resultados da organização também prevê um item específico para a gestão de pessoas, no qual devem ser apresentados os resultados dos indicadores de desempenho da área.

Referências

ALVARES, Tânia Nogueira. A medida justa da força de trabalho. *Gazeta Mercantil*, 22 abr. 2003.
CAUDRON, Shari. Jac Fitz-enz, metrics maverick. *Workforce Management*, abr. 2004.
FITZ-ENZ, Jac. *The ROI of human capital*: measuring the economic value of employee performance. New York: Amacom, 2000.
FNQ – Fundação Nacional da Qualidade. *Critérios de Excelência 2009*. São Paulo: FNQ, 2008.
KAPLAN, Robert S.; NORTON, David P. The balanced scorecard: measures that drive performance. *Harvard Business Review*, jan./fev. 1992.
_____; _____. Putting the balanced scorecard to work. *Harvard Business Review*, set./out. 1993.
_____; _____. *The balanced scorecard*: translating strategy into action. Boston (MA): Harvard Business School Press, 1996.
SACOOR, Nazir. Investir no capital humano pode gerar mais 47% de valor para o acionista. Disponível em: www.watsonwyatt.com. Acesso em: 1 dez. 2009.

Apêndice 1

SEGURANÇA E SAÚDE NO TRABALHO (SST) E QUALIDADE DE VIDA NO TRABALHO (QVT)

Este apêndice foi concebido como um "mapa", onde você encontrará, de maneira muito sintética, os pontos essenciais nos campos da segurança e saúde no trabalho (SST) e da qualidade de vida no trabalho (QVT). Utilize as indicações de livros e sites para aprofundar-se nos tópicos de seu interesse.

Segurança e saúde no trabalho (SST)

Segurança e saúde no trabalho (SST) são as "condições e fatores que afetam, ou poderiam afetar, a segurança e a saúde de funcionários ou outros trabalhadores (incluindo trabalhadores temporários e pessoal terceirizado), visitantes ou qualquer outra pessoa no local de trabalho" (RIBEIRO NETO; TAVARES; HOFFMANN, 2008, p. 314). No Brasil, a segurança e a saúde do trabalhador são protegidas pela legislação, que estabelece vários dispositivos obrigatórios, como seguros e programas preventivos, e também por iniciativas voluntárias das organizações, em especial pelo Sistema de Gestão da Segurança e Saúde no Trabalho (SGSST).

Veremos com mais detalhes esses dois tipos de proteção — legal e voluntária — nos tópicos a seguir.

Proteção legal

Diversas normas legais brasileiras dispõem sobre a segurança e a saúde do trabalhador, a começar pela nossa Constituição Federal. Além dela, ocupam-se do tema leis, decretos, medidas provisórias, regulamentos, portarias e sentenças normativas. Na Figura A1.1, você tem uma visão geral da hierarquia (ordem de importância) dessas normas legais.

Figura A1.1 A hierarquia entre as normas legais trabalhistas.

```
┌─────────────────────────────┐
│     Constituição Federal    │
└─────────────┬───────────────┘
              │
┌─────────────┴───────────────┐
│     CLT e leis trabalhistas │
└─────────────┬───────────────┘
              │
┌─────────────┴───────────────┐
│ Atos do Poder Executivo     │
│ (decretos, medidas          │
│ provisórias e regulamentos; │
│ portarias e NRs do MTE)     │
└─────────────┬───────────────┘
              │
┌─────────────┴───────────────┐
│    Sentenças normativas     │
│ (decisões dos TRTs ou do TST)│
└─────────────────────────────┘
```

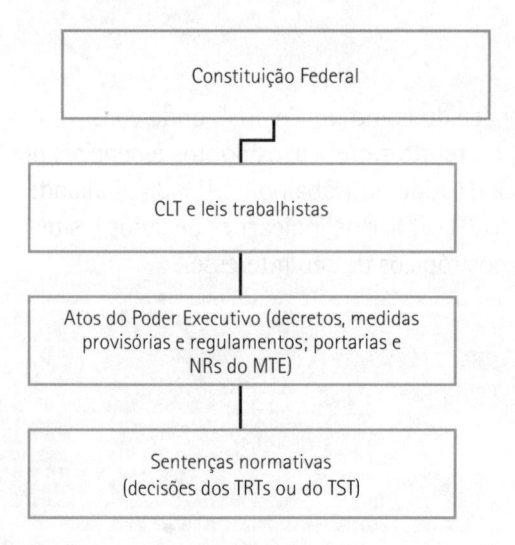

Obs.: NR = Norma Regulamentadora. MTE = Ministério do Trabalho e Emprego. TRT = Tribunal Regional do Trabalho. TST = Tribunal Superior do Trabalho.

A *Constituição Federal* (*CF*) aborda a SST em vários dispositivos, sendo o mais explícito deles o artigo 7º, que estabelece como direitos dos trabalhadores urbanos e rurais:

- redução dos riscos inerentes ao trabalho, por meio de normas de saúde, higiene e segurança;
- adicional de remuneração para atividades penosas, insalubres ou perigosas;
- seguro contra acidentes de trabalho, a cargo do empregador, sem excluir a indenização a que este está obrigado, quando incorrer em dolo ou culpa.

Esse seguro a que a CF se refere é o Seguro de Acidente do Trabalho (SAT), sobre o qual falaremos logo adiante.

Além de estar contemplada na CF, a SST é tratada também, evidentemente, na *Consolidação das Leis do Trabalho* (*CLT*). O tema ocupa todo o "Capítulo 5 — Da Segurança e da Medicina do Trabalho", cuja redação atual foi dada pela Portaria do Ministério do Trabalho nº 3.214, de 8 de junho de 1978. Essa portaria é considerada um marco na história da legislação sobre SST, porque ela incorporou as primeiras Normas Regulamentadoras (NRs) do Ministério do Trabalho à CLT — fazendo, portanto, com que elas "subissem" de nível na hierarquia legal.

As *Normas Regulamentadoras* (*NRs*) tratam de importantes temas, tais como:

- Comissão Interna de Prevenção de Acidentes — Cipa (NR 5);
- Equipamento de Proteção Individual — EPI (NR 6);
- ergonomia (NR 17); e
- condições sanitárias dos locais de trabalho (NR 24).

Outras normas trabalhistas importantes são a Lei nº 7.418/1985, que institui o vale-transporte, a Lei nº 9.032/1995, que dispõe sobre o salário mínimo, e o Decreto nº 99.684/1990, que consolida as normas sobre o Fundo de Garantia do Tempo do Serviço (FGTS).

> Você pode consultar todas as Normas Regulamentadoras (e toda a legislação trabalhista brasileira) no site do Ministério do Trabalho: www.mte.gov.br/legislacao.

Além da *legislação*, é conveniente que o profissional de RH conheça os dois outros pilares sobre os quais se sustentam as decisões dos juízes: a *doutrina* e a *jurisprudência*. No Direito, chama-se de *doutrina* os livros ou artigos escritos por juristas interpretando as leis. *Jurisprudência*, por sua vez, são as decisões já tomadas pelos juízes, sendo mais importantes as dos tribunais superiores. Os juízes não são obrigados a seguir a jurisprudência, mas costumam fazê-lo, porque elas representam o consenso. No caso da Justiça Trabalhista, a jurisprudência mais importante são os *enunciados de súmula do TST*. Veja na Figura A1.2 uma representação esquemática desses três pilares do Direito.

Figura A1.2 Legislação, doutrina e jurisprudência: os três pilares que sustentam a decisão dos juízes e a argumentação dos advogados.

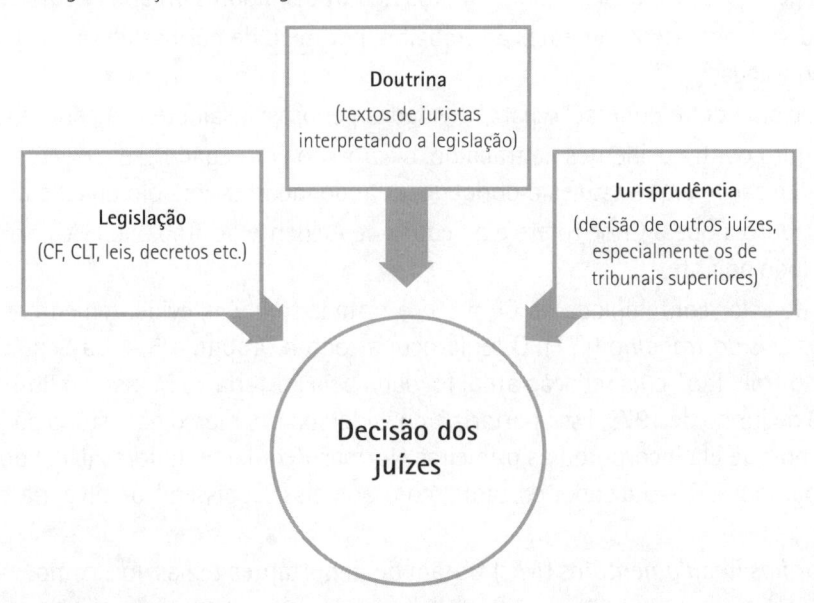

```
                    Doutrina
              (textos de juristas
          interpretando a legislação)

  Legislação                          Jurisprudência
(CF, CLT, leis, decretos etc.)    (decisão de outros juízes,
                                   especialmente os de
                                   tribunais superiores)

                 Decisão dos
                    juízes
```

As decisões do Tribunal Superior do Trabalho em dissídios coletivos geram as sentenças normativas (reveja a Figura A1.1), enquanto suas decisões nos dissídios individuais geram os enunciados. No site desse tribunal superior, você encontra um glossário com esses e outros termos do direito trabalhista brasileiro: www.tst.gov.br/ASCS/glossario.html.

Veremos agora os principais dispositivos que a legislação trabalhista brasileira criou para proteger a segurança e a saúde do trabalhador. Vamos nos concentrar, por sua maior importância, nos seguintes itens:

- Seguro de Acidente do Trabalho (SAT);
- Serviço Especializado em Engenharia de Segurança e Medicina do Trabalho (SESMT);
- Comissão Interna de Prevenção de Acidentes (Cipa);
- principais programas obrigatórios de SST — Programa de Prevenção dos Riscos Ambientais (PPRA) e Programa de Controle Médico de Saúde Ocupacional (PCMSO); e
- Norma Regulamentadora 17, que dispõe sobre ergonomia.

Seguro de Acidente do Trabalho (SAT)

Poucas páginas atrás, quando vimos os direitos garantidos pela Constituição aos trabalhadores urbanos e rurais, verificamos que um deles é um seguro em caso de acidente — trata-se do chamado *Seguro de Acidente do Trabalho (SAT)*. Como diz o texto legal, ele fica "a cargo do empregador", ou seja, é custeado pelas empresas, que pagam um adicional sobre a folha de pagamentos à Previdência Social, responsável pela administração do seguro. A alíquota varia de 1% a 3%, de acordo com o grau de risco das atividades da empresa.

Uma reclamação antiga de empresários e gestores de SST é que as organizações com boas práticas de prevenção eram prejudicadas pela lei, porque tinham de pagar a alíquota determinada para o setor, independentemente de seus esforços para mitigar o risco. O Decreto nº 6.042/2007 trouxe uma resposta a essa queixa: ele introduziu o *Fator Acidentário de Prevenção* (*FAP*), um multiplicador que pode reduzir pela metade a alíquota das empresas com boas práticas de prevenção. Por outro lado, aquelas que não implantarem nenhum programa podem ter sua alíquota dobrada.

Outra inovação introduzida pelo Decreto nº 6.042/2007 foi mudar o processo para recebimento do seguro. Antes, o trabalhador precisava apresentar um documento emitido pelo empregador, a *Comunicação de Acidente de Trabalho* (*CAT*). Na prática, muitas empresas não notificavam os acidentes nem doenças ocupacionais — e assim muita gente ficava sem receber o seguro. Com o decreto, qualquer pessoa que apresentar uma das doenças previstas em uma lista de males relacionados à sua profissão (lista essa feita com base em uma classificação internacional) pode procurar o médico do Instituto Nacional de Seguridade Social (INSS) para requerer o seguro.

Se a empresa discordar, ela é que deve apresentar provas para contestar a relação entre doença e trabalho — chamada tecnicamente de *nexo técnico-epidemiológico previdenciário*. Em linguagem jurídica, inverteu-se o ônus da prova (a responsabilidade por apresentar provas), que antes era do trabalhador e agora é da empresa.

Serviço Especializado em Engenharia de Segurança e Medicina do Trabalho (SESMT)

O *Serviço Especializado em Engenharia de Segurança e Medicina do Trabalho* (*SESMT*) é previsto no artigo 162 da CLT e regido pela Norma Regulamentadora 4. Trata-se de uma equipe que as organizações são obrigadas a manter para promover a saúde e proteger a integridade dos profissionais no ambiente de trabalho.

São isentas dessa obrigatoriedade apenas as empresas com menos de 100 funcionários e grau de risco 1, 2 ou 3 (o grau máximo é 4); se a empresa tem de 50 a 100 funcionários e grau de risco 4, já precisa manter a equipe de SESMT. As empresas com mais de 500 funcionários também precisam oferecer o serviço, mesmo que tenham grau de risco 1.

O número de pessoas que compõem a equipe depende do número de empregados e do grau de risco das atividades, variando desde apenas um técnico em segurança do trabalho até uma equipe completa, composta por um ou mais:

- técnicos em segurança do trabalho;
- engenheiros de segurança do trabalho;
- auxilares de enfermagem do trabalho;
- enfermeiros do trabalho;
- médicos do trabalho.

Comissão Interna de Prevenção de Acidentes (Cipa)

A *Comissão Interna de Prevenção de Acidentes (Cipa)* é regulamentada pela Consolidação das Leis do Trabalho (CLT), nos artigos 163 a 165, e pela Norma Regulamentadora 5. Composta por representantes do empregador e dos empregados, a comissão tem como objetivo prevenir acidentes e doenças decorrentes do trabalho. Ela é obrigatória para organizações públicas ou privadas que tenham empregados, sejam eles celetistas ou não.

O número de membros titulares e suplentes da Cipa depende do número de funcionários e das atividades da empresa. A partir de 20 funcionários, conforme o seu ramo de atividade, a empresa já estará obrigada a manter a comissão.

A participação dos funcionários é voluntária e os candidatos são eleitos por voto secreto para um mandato de um ano, sendo permitida uma reeleição. Antes da posse, a empresa deve promover treinamento para todos os membros, titulares e suplentes.

Um detalhe importante sobre a Cipa é que os funcionários integrantes — os chamados "cipeiros" — desfrutam de estabilidade desde o registro de sua candidatura até um ano após o final de seu mandato. Em outras palavras, eles não podem ser demitidos sem justa causa durante esse período. A estabilidade vale igualmente para os membros suplentes, segundo o Enunciado 339 do TST.

As reuniões da Cipa são mensais, podendo haver reuniões extraordinárias em caso de acidente de trabalho ou denúncia de risco grave e iminente ou, ainda, por solicitação expressa de uma das representações. De maneira resumida, as principais atribuições da Cipa são:

- identificar os riscos do processo de trabalho e elaborar o chamado *mapa de riscos*;
- elaborar plano de trabalho que possibilite a prevenção de problemas de SST;
- participar da implementação e do controle de qualidade das medidas de prevenção;
- realizar, periodicamente, verificações nos ambientes e condições de trabalho para identificar situações de risco;
- divulgar aos trabalhadores informações relativas à segurança e saúde no trabalho;
- requerer ao SESMT, quando houver, ou ao empregador, a paralisação de máquina ou setor onde considere haver risco grave e iminente à segurança e à saúde dos trabalhadores;
- divulgar e promover o cumprimento das Normas Regulamentadoras, bem como cláusulas de acordos e convenções coletivas de trabalho, relativas à segurança e à saúde no trabalho;
- participar, anualmente, em conjunto com a empresa, de Campanhas de Prevenção da Aids;
- promover anualmente, em conjunto com o SESMT, onde houver, a Semana Interna de Prevenção de Acidentes do Trabalho – Sipat.

Hoje em dia, a *Semana Interna de Prevenção de Acidentes do Trabalho – Sipat* não é vista apenas como um evento para "cumprir a lei", mas como uma boa oportunidade de discutir com os funcionários temas relevantes sobre saúde e qualidade de vida. É possível ministrar palestras sobre alimentação, atividade física, tabagismo, alcoolismo e outros tópicos, além de oferecer serviços como massagens terapêuticas, avaliação de estresse e *workshops* com especialistas.

> Para saber mais sobre Cipa, leia: CAMPOS, Armando. Cipa — Comissão Interna de Prevenção de Acidentes: *uma nova abordagem*. São Paulo: Ed. Senac, 1999.

Programas obrigatórios de SST

A década de 1990 viu nascer dois importantes programas oficiais de SST: o Programa de Prevenção dos Riscos Ambientais (PPRA), regido pela NR 9, e o Programa de Controle Médico de Saúde Ocupacional (PCMSO), regido pela NR 7.

O *Programa de Prevenção dos Riscos Ambientais* (*PPRA*) tem como objetivo antecipar, reconhecer, avaliar e controlar a ocorrência de riscos ambientais no ambiente de trabalho. São considerados como riscos ambientais os agentes físicos, químicos e biológicos existentes no ambiente de trabalho que, por sua natureza, concentração ou intensidade e tempo de exposição, são capazes de causar danos à saúde do trabalhador.

Veja alguns exemplos:

- *agentes físicos* — ruído, vibrações, pressões anormais, temperaturas extremas, radiações, infrassom e ultrassom;
- *agentes químicos* — substâncias, compostos ou produtos que possam penetrar no organismo por via respiratória, na forma de poeiras, fumos, névoas, neblinas, gases ou vapores, ou ainda ser absorvidos pelo organismo através da pele ou por ingestão;
- *agentes biológicos* — bactérias, fungos, bacilos, parasitas, protozoários e vírus, entre outros.

O *Programa de Controle Médico de Saúde Ocupacional* (*PCMSO*), por sua vez, concentra-se na prevenção e no diagnóstico precoce de doenças relacionadas ao trabalho, tendo, portanto, um viés mais clínico e epidemiológico. Segundo a norma correspondente, a empresa deverá designar um médico do trabalho para coordenar o PCMSO. Se a equipe de SESMT tiver entre seus membros um médico do trabalho, será ele o responsável pelo programa; senão, a empresa deverá contratar um profissional para essa finalidade. Se na localidade não houver médicos do trabalho, podem ser contratados médicos de outra especialidade. Também é dever da empresa custear sem ônus para o empregado todos os procedimentos relacionados ao PCMSO.

Outro programa obrigatório de destaque é o *Programa de Condições e Meio Ambiente do Trabalho na Indústria da Construção* (*PCMAT*) — um setor tradicionalmente marcado por altos índices de acidentes de trabalho.

Ergonomia

A palavra *ergonomia* vem do grego *ergo* (trabalho) + *nomia* (lei). Em uma definição simples, é a ciência que estuda as relações entre o homem e seu ambiente de trabalho. Por ambiente de trabalho, deve-se entender não só o ambiente em si, com seus ruídos, luzes e demais estímulos sensoriais, mas também as máquinas, equipamentos e objetos em geral com que o ser humano interage, além da própria forma de organização de trabalho, no que diz respeito ao desenho dos cargos, à carga de trabalho e à jornada.

A legislação trabalhista brasileira aborda a ergonomia de maneira mais direta na Norma Regulamentadora 17, cujo objetivo é "estabelecer parâmetros que permitam a adaptação das condições de trabalho às características psicofisiológicas dos trabalhadores, de modo a proporcionar um máximo de conforto, segurança e desempenho eficiente". Observe que o objetivo é adaptar as condições de trabalho ao ser humano, e não o oposto — princípio que está na base do conceito de ergonomia.

> Hoje a ideia de que as condições de trabalho devem ser adaptadas ao ser humano, e não o inverso, parece óbvia. Mas nem sempre foi assim. No início da industrialização, o princípio era o oposto — por isso os trabalhadores eram obrigados a executar movimentos repetitivos e ultrarrápidos, a fim de acompanhar a velocidade da linha de montagem. Ao longo dos anos, essa abordagem foi se modificando, em virtude inclusive de alterações no próprio sistema de produção, conforme estudamos no primeiro capítulo deste livro. Contudo, por incrível que pareça, o princípio ergonômico básico de adaptar as condições de trabalho às pessoas ainda não está plenamente consolidado — é o que verificaremos adiante, na seção sobre qualidade de vida no trabalho (QVT).

Note, também, que a norma fala em *características psicofisiológicas*, e não apenas fisiológicas. Esse aspecto é importante porque engloba a *ergonomia cognitiva*, que se preocupa em evitar possíveis efeitos negativos das atividades de trabalho sobre os processos mentais do ser humano, incluindo sua percepção, memória, raciocínio e resposta motora. Por exemplo: uma caixa registradora que obriga o operador a uma série de operações complexas, como o apertar de muitos botões em uma ordem confusa e pouco natural, não tem boa ergonomia cognitiva. O conceito de sistemas intuitivos e amigáveis (*user-friendly*), oriundo da indústria eletrônica, vem favorecendo muito a ergonomia cognitiva no trabalho.

Por último, observe que a norma prevê como objetivos de tal adaptação o "máximo de conforto, segurança e desempenho eficiente" — esses são, justamente, os três objetivos gerais da ciência ergonômica.

Em 2007, foram acrescentadas à NR 17 regras específicas para digitadores (ou outros profissionais que trabalham com processamento de dados eletrônicos), funcionários de *checkout* (caixas) e atendentes em teleatendimento e telemarketing. O acréscimo veio em boa hora, visto que essas profissões estão entre as mais sujeitas às lesões por esforço repetitivo (LER) e distúrbios osteomusculares relacionados ao trabalho (DORT).

Proteção voluntária: o Sistema de Gestão em Segurança e Saúde no Trabalho (SGSST)

Até poucas décadas atrás, o setor de SST das empresas limitava-se a cuidar para que todas as exigências legais fossem cumpridas. Mas esse setor também se beneficiou das transformações vividas pelo RH nos últimos tempos e, hoje, ocupa um lugar bem mais estratégico e integrado ao restante da organização.

Foi fundamental para essa evolução o conjunto de normas *Occupational Health and Safety Assessment Series* (Série de Avaliação da Segurança e Saúde no Trabalho) — OHSAS, emitido na virada do milênio por diversos organismos certificadores e entidades nacionais de normalização. Trata-se, na verdade, de dois documentos: o *OHSAS 18001*, de 1999, que estabelece os requisitos para os Sistemas de Gestão da Segurança e Saúde no Trabalho (SGSSTs), e o *OHSAS 18002*, de 2000, que traz as diretrizes para a implementação da norma anterior.

> O site AreaSeg (www.areaseg.com.br), mantido pelo engenheiro civil especialista em SST Carlos Alberto Marangon, traz muitas informações sobre ergonomia, doenças ocupacionais e outros temas da área. Outro site útil é o www.lerdort.com.br.

A série OHSAS vem se juntar a um conjunto de normas internacionais cada vez mais populares no mundo todo. A primeira e mais famosa foi a ISO 9000, usada para implantar sistemas de gestão da qualidade. Publicado pela primeira vez em 1987, vinte anos depois o conjunto de normas já havia sido adotado por quase 1 milhão de organizações em 175 países. Depois veio a série ISO 14000, referente aos sistemas de gestão ambiental, que também teve ampla aceitação: até 2007 haviam sido emitidos cerca de 150 mil certificados dessa série, 1.872 deles para organizações brasileiras.

A OHSAS 18000 segue um padrão bem semelhante ao da ISO 14000, portanto, é de fácil entendimento por profissionais que já estão familiarizados com o sistema de gestão ambiental. Segundo Ribeiro Neto, Tavares e Hoffmann (2008, p. 132), os principais componentes de um Sistema de Gestão da Segurança e Saúde no Trabalho (SGSST), nos termos previstos pela OHSAS 18000, são:

- identificar os perigos e avaliar os riscos do SST;
- identificar a legislação aplicável;
- definir a política de SST, objetivos e metas;
- definir e implementar programas;
- identificar processos e controles necessários ao SGSST;
- sistematizar processos;
- identificar e prover os recursos necessários;
- executar processos conforme especificado;
- monitorar, medir e analisar resultados, incluindo atendimento legal; e
- melhorar continuamente o sistema.

Para dar uma visão geral do SGSST conforme previsto pela norma, os autores apresentam a imagem que reproduzimos na Figura A1.3.

Figura A1.3 Visão geral do sistema de gestão de SST (SGSST), segundo a norma OHSAS 18001 (RIBEIRO NETO; TAVARES; HOFFMANN, 2008, p. 136).

A OHSAS 18001 teve uma nova edição em 2007. Entre outras alterações, a norma padronizou a denominação da SST: antes, ela era chamada também de SSO (saúde e segurança operacional), mas, agora, ficou consagrada a forma SST.

Principalmente nas grandes organizações, uma forte tendência hoje é integrar os sistemas de gestão da qualidade (ISO 9000), de gestão ambiental (ISO 14000), de SST (OHSAS 18000) e de responsabilidade social (abordado por outra norma, a SA 8000). São criados assim os chamados *sistemas integrados de gestão* – SIG. Como as normas que regem os diferentes sistemas têm princípios parecidos, essa integração simplifica bastante o trabalho de implantação e permite monitorar os resultados com mais precisão.

Qualidade de vida no trabalho (QVT)

A *qualidade de vida no trabalho* (*QVT*) é um conceito que abarca e ultrapassa o de segurança e saúde. É óbvio que um ambiente de trabalho seguro e saudável é o primeiro passo para a qualidade de vida; contudo, esta também depende de condições bem menos palpáveis, como convívio social sadio, autoestima elevada e equilíbrio entre vida pessoal e profissional. A professora Ana Cristina Limongi França (1997, p. 80), membro-fundador da Associação Brasileira de Qualidade de Vida (ABQV), lembra que "a origem do conceito vem da medicina psicossomática, que propõe uma visão integrada, holística do ser humano, em oposição à abordagem cartesiana que divide o ser humano em partes".

Os Programas de Qualidade de Vida no Trabalho (PQVTs) surgiram em organizações do norte da Europa nos anos 1960 e, ao longo das décadas seguintes, foram se disseminando para outros países do mundo industrializado e mais tarde para os países em desenvolvimento. Contudo, um estudo conduzido recentemente pela Buck Consultants com 10 milhões de funcionários em 45 países, incluindo o Brasil, revelou que a média global de implantação desses tipos de programa ainda é tímida. No mundo todo, apenas 21% das empresas conseguiram implementar plenamente um PQVT, enquanto 37% já o fizeram, mas apenas parcialmente. No Brasil os números são ainda mais baixos: 18% das empresas têm programas plenos de PQVT, ao passo que 44% admitem ter seus projetos operando apenas parcialmente (CAMPOS, 2009).

Um dos referenciais teóricos mais importantes para os PQVTs é um modelo proposto por Richard E. Walton na década de 1970, ainda hoje muito utilizado. De acordo com esse modelo, a qualidade de vida no trabalho depende fundamentalmente de oito fatores:

1. *compensação justa e adequada* – refere-se ao pagamento de uma remuneração que respeite o equilíbrio interno e externo (reveja esses conceitos no Capítulo 7);
2. *condições de trabalho* – envolve a jornada de trabalho, a carga de trabalho, as condições do ambiente físico e a qualidade e quantidade dos materiais e equipamentos disponíveis para a realização do trabalho;
3. *uso e desenvolvimento das capacidades* – refere-se às oportunidades que o profissional tem de aplicar seus conhecimentos e habilidades;
4. *chances de crescimento e segurança* – refere-se à garantia de estabilidade e às oportunidades de ascensão oferecidas pela empresa;
5. *integração social na empresa* – esse fator depende da igualdade de oportunidades e da existência de um ambiente cooperativo e amigável;
6. *constitucionalismo* – diz respeito ao grau de cumprimento dos direitos do trabalhador e do cidadão, incluindo aqueles garantidos pela legislação trabalhista e, também, pela legislação em geral (privacidade, liberdade de expressão etc.);
7. *trabalho e espaço total de vida* – esse fator refere-se ao equilíbrio entre a vida particular e a vida profissional;
8. *relevância social do trabalho* – refere-se à percepção do trabalhador sobre a responsabilidade social da organização em que ele atua e o relacionamento que ela mantém com o quadro funcional, a comunidade, a sociedade em geral, o meio ambiente etc.

O professor Mário César Ferreira, da Universidade de Brasília, é um importante estudioso dos PQVTs no Brasil e, também, defensor de uma nova abordagem para esse tipo de programa. Segundo o professor (2009a, 2009b), existem basicamente duas abordagens para a QVT: a *assistencialista* e a *preventiva*. A assistencialista é a mais tradicional e difundida, enquanto a preventiva é mais recente e ainda considerada "revolucionária", sendo por isso também chamada de *contra-hegemônica* (*hegemônico* significa "dominante, preponderante"; portanto, *contra-hegemônico* é aquilo que contraria a posição dominante).

A principal diferença entre as duas abordagens é, realmente, radical: enquanto a assistencialista visa compensar o desgaste provocado pelo trabalho, a preventiva visa acabar com o próprio desgaste. Outra distinção importante é que os PQVTs de concepção assistencialista responsabilizam o trabalhador por sua qualidade de vida, enquanto os de orientação preventiva delegam essa responsabilidade a todos na organização.

O foco da QVT assistencialista está na produtividade: a ideia é "anular" o efeito do estresse para que os funcionários continuem produzindo bem. No viés preventivo, a produtividade não é o foco, mas uma consequência; busca-se alterar fatores anteriores ao trabalho para que o estresse nem sequer aconteça, não sendo, portanto, necessário neutralizá-lo.

Na prática, os PQVTs de orientação assistencialista (que são, como dito, a maioria) oferecem diversas atividades voltadas ao bem-estar físico — como ginástica laboral, massagens e cursos de dança — ou com a proposta de equilibrar aspectos físicos e emocionais — como *tai chi chuan*, ioga e coral. Segundo o professor Ferreira e outros autores, tais atividades em si não são inúteis, mas somente paliativas.

Na verdade, no longo prazo, ações isoladas como essas podem até mesmo ter efeito contrário: provocar mais descontentamento e mais doenças. Isso porque o verdadeiro motivo do estresse, que são os processos de trabalho mal desenhados, não é alterado. E, como na concepção assistencialista a responsabilidade por ter qualidade de vida é do próprio profissional, este se sente culpado por continuar estressado, apesar dos "esforços" da organização. Nem ele nem a própria empresa percebem que, como se diz na linguagem popular, "o buraco é mais embaixo".

Segundo o professor Ferreira (2009a), o trabalho é produtor de mal-estar quando apresenta uma ou mais das características enumeradas no Quadro A1.1.

Como se percebe, então, uma sessão de *tai chi chuan* às oito da manhã não vai resolver muita coisa se, durante todo o resto do dia, o funcionário tiver de enfrentar uma ou mais das condições listadas no Quadro A1.1. Portanto, para os PQVTs de orientação preventiva, a solução está em alterar aspectos mais profundos da relação de emprego. Especificamente, tais programas buscam atuar nestas três dimensões interdependentes: condições de trabalho, organização do trabalho e relações socioprofissionais.

O primeiro passo é avaliar se, em cada uma dessas três dimensões, estão ocorrendo as condições produtoras de mal-estar listadas no Quadro A1.1. Se forem detectados problemas, devem ser propostas ações corretivas, cujo objetivo será não apenas elevar o bem-estar do funcionário — mas também a eficácia e a eficiência de seu trabalho.

Aliás, um antigo medo dos empresários — cuja origem está, na verdade, nas premissas da teoria X, tais como definidas por Douglas McGregor (reveja o Capítulo 6) — é que ações destinadas a elevar o bem-estar do funcionário acabem diminuindo sua produtividade. A abordagem preventiva à qualidade de vida pretende demonstrar justamente o contrário: que esse tipo de ação *aumenta* a produtividade, na medida em que cada pessoa pode produzir no seu ritmo, segundo suas capacidades e de acordo com o padrão de relacionamento interpessoal mais adequado à sua personalidade.

Quadro A1.1 Condições em que o trabalho produz mal-estar (FERREIRA, 2009a).

O trabalho é produtor de mal-estar quando:

- inibe ou restringe a autonomia na execução de tarefas, dificultando o estabelecimento de um ritmo pessoal e a criação de um *know-how* próprio;
- prescreve tarefas fragmentadas e de ciclos curtos;
- estabelece prazos exíguos para a execução de tarefas;
- impõe controle temporal por parte de chefias, clientes, colegas e, sobretudo, de máquinas;
- induz à aceleração de performances por meio de recompensas monetárias;
- desenha tarefas que não respeitam a variabilidade individual dos trabalhadores, padronizando performances sem considerar adequadamente as capacidades (fisiológicas e psicológicas) e limites de funcionamento do ser humano;
- estabelece metas, resultados e produtos sem a participação dos interessados e, principalmente, projeta tarefas, situações e produtos com base em um modelo simplificador de desempenho humano;
- projeta situações de trabalho que:
  - não explicitam de modo claro o que se espera do comportamento dos trabalhadores;
  - não avaliam corretamente o estado de saúde dos trabalhadores;
  - não estabelecem, previamente, as atividades de formação e treinamento necessárias;
  - desconsideram os fatores motivacionais que influenciam a conduta humana;
- busca, de modo inflexível, formatar as performances dos trabalhadores desconsiderando a complexidade das situações de trabalho;
- coloca obstáculos à atividade humana de adaptação à situação real de trabalho;
- os postos de trabalho aumentam os riscos de acidentes e doenças ocupacionais;
- as condições disponibilizadas para a execução das tarefas:
  - não proporcionam uma variabilidade postural moderada, conforme as características psicofisiológicas e antropométricas de cada trabalhador;
  - restringem ou impedem a liberdade de escolher a postura apropriada para cada situação;
  - induzem à solicitação intensiva de alguns segmentos corporais e respectivas musculaturas.

Essa concepção preventiva da qualidade de vida encontra seu apoio teórico na chamada *ergonomia da atividade*, uma abordagem científica que investiga a interrelação entre os indivíduos e o contexto de produção de bens e serviços. Essa área das ciências do trabalho analisa as contradições presentes nessa interrelação e, em consequência, as estratégias (individuais ou coletivas) que os indivíduos constroem na tentativa de responder às múltiplas exigências existentes nas situações de trabalho (FERREIRA; MENDES, 2003). Se quiser conhecer melhor a ergonomia da atividade e a abordagem preventiva à qualidade de vida, consulte os textos do professor Mário César Ferreira listados nas referências bibliográficas a seguir.

Referências

CAMPOS, Elisa. Programas de qualidade de vida ainda são desafio para empresas. *Época Negócios*, out. 2009.

FERREIRA, Mário César. Por uma ergonomia aplicada à qualidade vida no trabalho. *2º Encontro Nacional de Atenção à Saúde do Servidor*. Brasília, nov. 2009a.

_____; MENDES, Ana Magnólia. *Trabalho e riscos de adoecimento*: o caso dos auditores fiscais da Previdência Social brasileira. Brasília: Ler, Pensar, Agir, 2003.

_____; FERREIRA, Rodrigo R.; ANTLOGA, Carla Sabrina; BERGAMASCHI, Virgínia. Concepção e implantação de um Programa de Qualidade de Vida no Trabalho no setor público: o papel estratégico dos gestores. *Revista de Administração da Universidade de São Paulo*, São Paulo, v. 44, n. 2, p. 147-157, abr./maio/jun. 2009b.

FRANÇA, Ana Cristina Limongi. Qualidade de Vida no Trabalho: conceitos, abordagens, inovações e desafios nas empresas brasileiras. *Revista Brasileira de Medicina Psicossomática*, Rio de Janeiro, v. 1, n. 2, p. 79-83, 1997.

LÔBO, Irene. Trabalhador não dependerá mais da empresa para receber seguro de doença trabalhista do INSS. *Agência Brasil*, 12 fev. 2007.

RIBEIRO NETO, João Batista M.; TAVARES, José da Cunha; HOFFMANN, Silvana Carvalho. *Sistema de gestão integrados*: qualidade, meio ambiente, responsabilidade social, segurança e saúde no trabalho. São Paulo: Ed. Senac, 2008.

DIREITO E RELAÇÕES TRABALHISTAS

No Apêndice 1, já apresentamos uma visão geral do Direito do Trabalho e suas principais normas. Aqui, vamos examinar com um pouco mais de detalhe as particularidades do nosso direito trabalhista, apresentando ao final um pequeno glossário da área.

Particularidades do nosso direito trabalhista

A mais importante norma trabalhista brasileira, a Consolidação das Leis do Trabalho (CLT), foi promulgada em 1º de maio de 1943. O Brasil vivia então um momento peculiar. Estávamos no auge da Era Vargas, que se estendeu de 1930 a 1945. Alguns anos mais tarde o presidente voltaria ao poder, para um novo mandato de 1951 a 1954 — o qual se encerrou com o dramático suicídio no Palácio do Catete, como está bem registrado nos livros de História.

Fortemente influenciado pelo fascismo de Benedito Mussolini, o governo Vargas buscava apoiar-se na massa de trabalhadores. Para tanto, oferecia-lhes uma série de benefícios, voltados sobretudo à garantia de estabilidade no emprego e à sua proteção diante do empregador em caso de discórdia. Consolidou-se nessa época um dos princípios do direito trabalhista, que é considerar o funcionário como a parte mais fraca na relação de trabalho — na linguagem jurídica, isso significa que ele é *hipossuficiente*.

> *Nas relações de consumo, o consumidor também é considerado hipossuficiente em relação ao fornecedor do produto ou serviço.*

Enquanto obtinha a simpatia (ou mesmo devoção) do trabalhador, Vargas tentava neutralizar a ação dos sindicatos, que, influenciados pelo anarquismo e outras ideologias de esquerda, poderiam ameaçar seu poder. A solução encontrada para isso foi uma robusta legislação sindical: ao mesmo tempo que dava a esses organismos um grande peso nas relações trabalhistas, as leis tornavam sua atuação sujeita a uma série de regras burocráticas — o que, no fim das contas, mantinha afastados os sindicalistas mais revolucionários. Além disso, a Constituição varguista de 1937 previu a possibilidade de os sindicatos *imporem* contribuições a seus associados — mais tarde, esse dispositivo foi regulamentado e se transformou na famigerada contribuição sindical obrigatória.

Para muitos especialistas, esse tipo de legislação teve méritos importantes em sua época, quando vivíamos o início da nossa industrialização e era, de fato, necessário estabelecer regras para que o mundo do trabalho não virasse uma "terra sem lei". Contudo, o engessamento provocado pela CLT (que reunia e ampliava uma série de leis anteriores, daí seu nome de "consolidação") nas relações de emprego e nos sindicatos pode, no fundo, ter prejudicado os próprios trabalhadores.

Veja, por exemplo, o que argumenta a advogada Sylvia Romano (2007):

> [...] o funcionário brasileiro é um dos mais privilegiados em termos de benefícios, pois conta com 13º salário, férias de 30 dias, vale-transporte, vale-refeição, licença-maternidade, planos de saúde e de aposentadoria, cestas básicas e por aí afora. Mas, mesmo assim, continua vivendo e se alimentando mal, sofrendo com a falta de bons serviços de saúde, sem estabilidade no emprego e sem a segurança de que conseguirá outro caso perca o que tem e, finalmente, quando se aposenta recebe miseravelmente.

Tão protegido que é por leis rígidas, este trabalhador não percebe o quão mal remunerado é. Ele se contenta com migalhas eleitoreiras, que lhe dão a falsa impressão de segurança e que atestam a sua incapacidade de gerar a sua própria vida. [...]

Amparada em pesquisas internacionais, a advogada compara ainda nossa situação com a de outros países, como Canadá e Estados Unidos, nos quais os profissionais têm menos "direitos" — mas, em compensação, desfrutam de um nível de vida melhor e têm muito mais autonomia.

Já não é de hoje que empresários, economistas e acadêmicos vêm solicitando mudanças na CLT. Muitos projetos estão em trâmite no Congresso, mas sempre esbarram na pressão exercida por certos setores, sobretudo sindicatos. Não se defende, evidentemente, a exposição do trabalhador a riscos, muito menos a tratamento injusto, mas sim a adequação dos dispositivos à realidade da economia atual, para benefício dos próprios profissionais. Nunca é demais lembrar que quatro longas e transformadoras décadas nos separam da promulgação da CLT.

A Consolidação das Leis do Trabalho possui 922 artigos, distribuídos pelos seguintes títulos:

Título I – Introdução

Título II – Das normas gerais de tutela do trabalho

Título III – Das normas especiais de tutela do trabalho

Título IV – Do contrato individual do trabalho

Título V – Da organização sindical

Título VI – Convenções coletivas de trabalho

Título VI– Das comissões de conciliação prévia

Título VII – Do processo de multas administrativas

Título VIII – Da justiça do trabalho

Título IX – Do Ministério Público do Trabalho

Título X – Do processo judiciário do trabalho

Título XI – Disposições finais e transitórias

Seria impossível descrever aqui todas as particularidades dessa norma legal, assim como de outras pertinentes ao Direito do Trabalho. Assim, apenas a título de uma primeira aproximação, apresentamos a seguir um glossário com alguns conceitos trabalhistas que o profissional de RH deve conhecer. As definições foram adaptadas do site www.guiadedireitos.org, elaborado e mantido pelo Núcleo de Estudos da Violência da Universidade de São Paulo.

Glossário[1]

Relação de emprego — principais conceitos

Relação de emprego
É o vínculo de obrigações existente entre o trabalhador e o empregador. O que caracteriza a relação de emprego é a dependência em que o trabalhador se encontra diante do empregador. Esse vínculo de dependência ou subordinação distingue a relação de emprego de outras relações de trabalho, como a existente entre uma pessoa jurídica e um autônomo.

Estabilidade no emprego
- É o direito do empregado de permanecer no emprego, mesmo contra a vontade do empregador, só podendo ser dispensado por justa causa.
Aplica-se nos seguintes casos:
- *acidente de trabalho* — tendo o empregado gozado auxílio acidente, tem estabilidade por um ano após o retorno ao trabalho (art. 118 da Lei nº 8.213/91);
- *dirigente sindical* — desde o registro da candidatura até um ano após o término do mandato;
- *membro da Comissão Interna de Prevenção a Acidentes (Cipa)* — desde o registro da candidatura até um ano após o término do mandato, conforme já vimos no Apêndice 1;
- *gestante* — desde a confirmação da gravidez até cinco meses após o parto;
- *outras hipóteses* — estabilidade pactuada em negociações sindicais (exemplo: alguns meses após a paralisação por greve); um ano antes da aposentadoria; etc.

Horas extras
São aquelas trabalhadas além da jornada contratual de cada empregado. Assim, se a jornada for de 4, 6 ou 8 horas, todos as excedentes deverão ser pagas como extras. O valor da hora extra é de uma hora normal de trabalho acrescido de, no mínimo, 50%, mas é importante consultar as convenções ou acordos coletivos porque esse percentual pode ser ampliado.

Licença-paternidade
É o direito do homem de afastar-se do trabalho por cinco dias, sem prejuízo em seu salário, para auxiliar a mãe de seu filho, que não precisa ser necessariamente sua esposa.

Licença-maternidade ou licença-gestante
É um benefício de caráter previdenciário, garantido pelo artigo 7º, inciso XVII, da Constituição, que consiste em conceder à mulher que deu à luz licença remunerada de 120 dias. Toda mulher trabalhadora empregada tem direito à licença, inclusive as empregadas domésticas. O salário da trabalhadora em licença é chamado de salário-maternidade, é pago pelo empregador e por ele descontado dos recolhimentos habituais devidos à Previdência Social. A trabalhadora pode sair de licença a partir do último mês de gestação.

---

[1] Adaptado de: www.guiadedireitos.org

Férias

Após um ano de trabalho, todo trabalhador passa a ter direito a um período de até 30 dias para descanso e lazer, sem deixar de receber seu salário.

Funciona assim: um ano após a contratação, o trabalhador passa a ter direito às férias; entretanto, o empregador tem o período de um ano, a partir da data em que a pessoa adquire o direito, para conceder as férias. Por outro lado, se o funcionário completar dois anos sem sair de férias, ele passa a ter o direito de recebê-la em dinheiro. Nesse caso, receberá pelas férias vencidas e não tiradas duas vezes o valor de seu salário. Essa quantia será paga assim que o funcionário sair de férias ou quando for despedido da empresa.

O período em que serão as férias independe de pedido ou consentimento do trabalhador, pois é ato exclusivo do empregador. Para que o trabalhador possa se organizar, o período de férias deve ser informado com uma antecedência mínima de 30 dias. Contudo, na prática as empresas costumam negociar com seus funcionários a data das férias.

Quando o trabalhador sair de férias, receberá o salário do mês acrescido de mais um terço (1/3). Esse pagamento deve ser feito até dois dias antes do início do período de férias.

Se no momento da rescisão do contrato o trabalhador não tiver completado 12 meses de trabalho, terá direito a receber o valor das férias proporcionais aos meses trabalhados.

Férias coletivas

São as férias concedidas, simultaneamente, aos trabalhadores de uma empresa. Podem ser concedidas a todos os trabalhadores, a determinadas unidades, ou somente a certos setores da empresa.

As férias coletivas podem acontecer em no máximo dois períodos anuais, sendo que nenhum deles pode ser inferior a 10 dias. Elas se estendem a todos os funcionários, independentemente de terem completado um ano de trabalho. Nesse caso, as férias serão computadas proporcionalmente e, ao término delas, começará a contagem do novo período de trabalho.

Para a empresa conceder férias coletivas, ela deve comunicar o órgão local do Ministério do Trabalho e Emprego, com antecedência mínima de 15 dias, enviar cópia da comunicação aos sindicatos das respectivas categorias profissionais e afixar cópia de aviso nos locais de trabalho.

É proibido fracionar o período de férias dos empregados menores de 18 e maiores de 50 anos. Nesse caso, a empresa deve conceder férias individuais, em sequência às coletivas, até quitar o número total de dias a que esses trabalhadores tiverem direito.

Sindicatos e greve — principais conceitos

Sindicatos

São pessoas jurídicas de direito privado que têm base territorial de atuação e são reconhecidas por lei como representantes de categorias de trabalhadores (*sindicatos de trabalhadores*) ou econômicas (*sindicatos patronais*).

Os sindicatos defendem os direitos e interesses, coletivos ou individuais, de uma categoria. Além disso, mantêm serviços de orientação sobre direitos trabalhistas e a maioria deles conta também com um departamento jurídico para defender os interesses de seus associados.

No Brasil os sindicatos são subsidiados por uma contribuição obrigatória (conhecida como imposto sindical) e também arrecadam recursos por via de contribuições assistenciais (estipuladas em dissídios, acordos e convenções coletivas) ou confederativas.

Categoria profissional
Trabalhadores que exercem a mesma profissão, possuem profissões similares ou conexas ou que prestam serviços para empregadores de uma mesma categoria econômica formam uma categoria profissional.

Categoria econômica
Empregadores que empreendem atividades idênticas, similares ou conexas formam uma categoria econômica.

Unicidade sindical
É o reconhecimento legal de apenas um sindicato na qualidade de representante de uma categoria, profissional ou econômica, em determinada base territorial. A Constituição Federal de 1988, em seu artigo 8º, inciso II, dispõe: "É vedada a criação de mais de uma organização sindical, em qualquer grau, representativa de categoria profissional pelos trabalhadores ou empregadores interessados, não podendo ser inferior à área de um município". A unicidade sindical garante ao sindicato o direito de negociar para toda a categoria e não só para seus associados.

Federação de sindicatos
É um órgão de grau superior ao dos sindicatos e deve ser formada por, no mínimo, cinco sindicatos da mesma categoria.

Confederação de sindicatos
A confederação é órgão de grau superior à federação e são necessárias três federações de uma mesma categoria para sua formação.

Data-base
O mês de reajuste salarial de determinada categoria profissional. A data-base varia de acordo com a categoria profissional.

Convenções coletivas de trabalho (CCT)
São acordos firmados entre sindicatos de empregadores e sindicatos de trabalhadores. Uma vez por ano, na data-base, é convocada assembleia geral para instalar o processo de negociações coletivas. Isso significa que, nessa data, reajustes, pisos salariais, benefícios, direitos e deveres de empregadores e trabalhadores serão objeto de negociações. Se os sindicatos, autorizados pelas respectivas assembleias gerais, estiverem de acordo com as condições

estipuladas na negociação, assinam a convenção coletiva de trabalho (CCT), o documento que deverá ser registrado e homologado no órgão regional do Ministério do Trabalho (DRT). As determinações da convenção coletiva atingem a todos os integrantes da categoria.

Acordo coletivo

É o documento que formaliza os termos das negociações trabalhistas firmadas entre uma empresa e o(s) sindicato(s) dos trabalhadores. Atinge apenas os trabalhadores da empresa envolvida e não toda a categoria, como é o caso da convenção coletiva.

Dissídios coletivos

São ações propostas à Justiça do Trabalho por pessoas jurídicas (sindicatos, federações ou confederações de trabalhadores ou de empregadores) para solucionar questões que não puderam ser solucionadas pela negociação direta entre trabalhadores e empregadores.

Os dissídios coletivos podem ser de natureza econômica ou jurídica. Os de natureza econômica criam normas que regulamentam os contratos individuais de trabalho, como, por exemplo, cláusulas que concedem reajustes salariais ou que garantem estabilidades provisórias no emprego. Os dissídios de natureza jurídica, conhecidos também como dissídios coletivos de direito, visam à interpretação de uma norma legal preexistente que, na maioria das vezes, é costumeira ou resultante de acordo, convenção ou dissídio coletivo.

Greve

É a suspensão coletiva, temporária e pacífica, parcial ou total, das atividades de trabalho pelos empregados, a fim de postular uma pretensão perante o empregador. No Brasil, o direito à greve é garantido pela Lei nº 7.783/1989.

A greve deve ser decidida em assembleia geral convocada pelo sindicato da categoria; se não houver sindicato, uma assembleia geral dos trabalhadores assume esse papel. Em ambos os casos, os interessados precisam definir uma lista de reivindicações e notificar o sindicato patronal ou os empregadores com antecedência mínima de 48 horas.

Durante a greve, o sindicato ou a comissão de negociação deve manter em atividade equipes de empregados para assegurar os serviços cuja paralisação resultem em prejuízo irreparável (pela deterioração irreversível de bens, máquinas e equipamentos), bem como a manutenção daqueles essenciais à retomada das atividades quando o movimento cessar. Se não houver acordo nesse sentido, o empregador pode contratar trabalhadores temporários para prestar tais serviços urgentes.

Referências

ROMANO, Sylvia. Número exacerbado de direitos trabalhistas engessa o Brasil. *Consultor Jurídico*, mar. 2007. Disponível em: www.conjur.com.br. Acesso em: 4 dez. 2009

GRÁFICA PAYM
Tel. (011) 4392-3344
paym@terra.com.br